价值驱动

黄小伟 赵力 邵俊杰 著

数据分析
价值逻辑与实战方法

电子工业出版社
Publishing House of Electronics Industry
北京·BEIJING

内 容 简 介

本书以分析从业者的职业发展为主题，以可持续的价值创造为主线，呈现了一套清晰的认知逻辑与实战方法论。全书分为 3 篇，第 1 篇是起始：企业价值，主要介绍企业的使命、愿景、战略目标与解码的基本逻辑，以及如何通过经营管理和分析型企业建设来保障年度经营规划的达成；第 2 篇是终局：分析价值，站在企业全局视角，从规模、成本与效率三个角度审视，并基于此尝试提出分析的价值主张、业务驱动的方法论——SE 环和若干实战打法经验；第 3 篇是支撑：核心胜任能力，分别从分析技术、工具技术、业务技术及领导力四个视角，以更加体系化的方式呈现相应的知识结构与要点，避免碎片化的积累反而影响。

本书以综述型的方式，向大家展示认知逻辑、方法论及实践经验，并体系化地呈现各种关键能力要素及应用心得，适合具备 3 年及以上经验的分析从业者、企业管理人员阅读，也适合 SaaS 及 To B 行业从业者阅读。

未经许可，不得以任何方式复制或抄袭本书之部分或全部内容。
版权所有，侵权必究。

图书在版编目（CIP）数据

价值驱动：数据分析价值逻辑与实战方法 / 黄小伟，赵力，邵俊杰著. —北京：电子工业出版社，2023.5
ISBN 978-7-121-45601-5

Ⅰ. ①价… Ⅱ. ①黄… ②赵… ③邵… Ⅲ. ①数据分析 – 应用 – 企业管理 Ⅳ. ①F272.7

中国国家版本馆CIP数据核字（2023）第085549号

责任编辑：张慧敏　　　　　特约编辑：田学清
印　　刷：中国电影出版社印刷厂
装　　订：中国电影出版社印刷厂
出版发行：电子工业出版社
　　　　　北京市海淀区万寿路173信箱　　　邮编：100036
开　　本：720×1000　1/16　　印张：16.5　　字数：291千字　　彩插：1
版　　次：2023年5月第1版
印　　次：2023年5月第1次印刷
定　　价：109.00元

凡所购买电子工业出版社图书有缺损问题，请向购买书店调换。若书店售缺，请与本社发行部联系，联系及邮购电话：（010）88254888，88258888。
质量投诉请发邮件至zlts@phei.com.cn，盗版侵权举报请发邮件至dbqq@phei.com.cn。
本书咨询联系方式：faq@phei.com.cn。

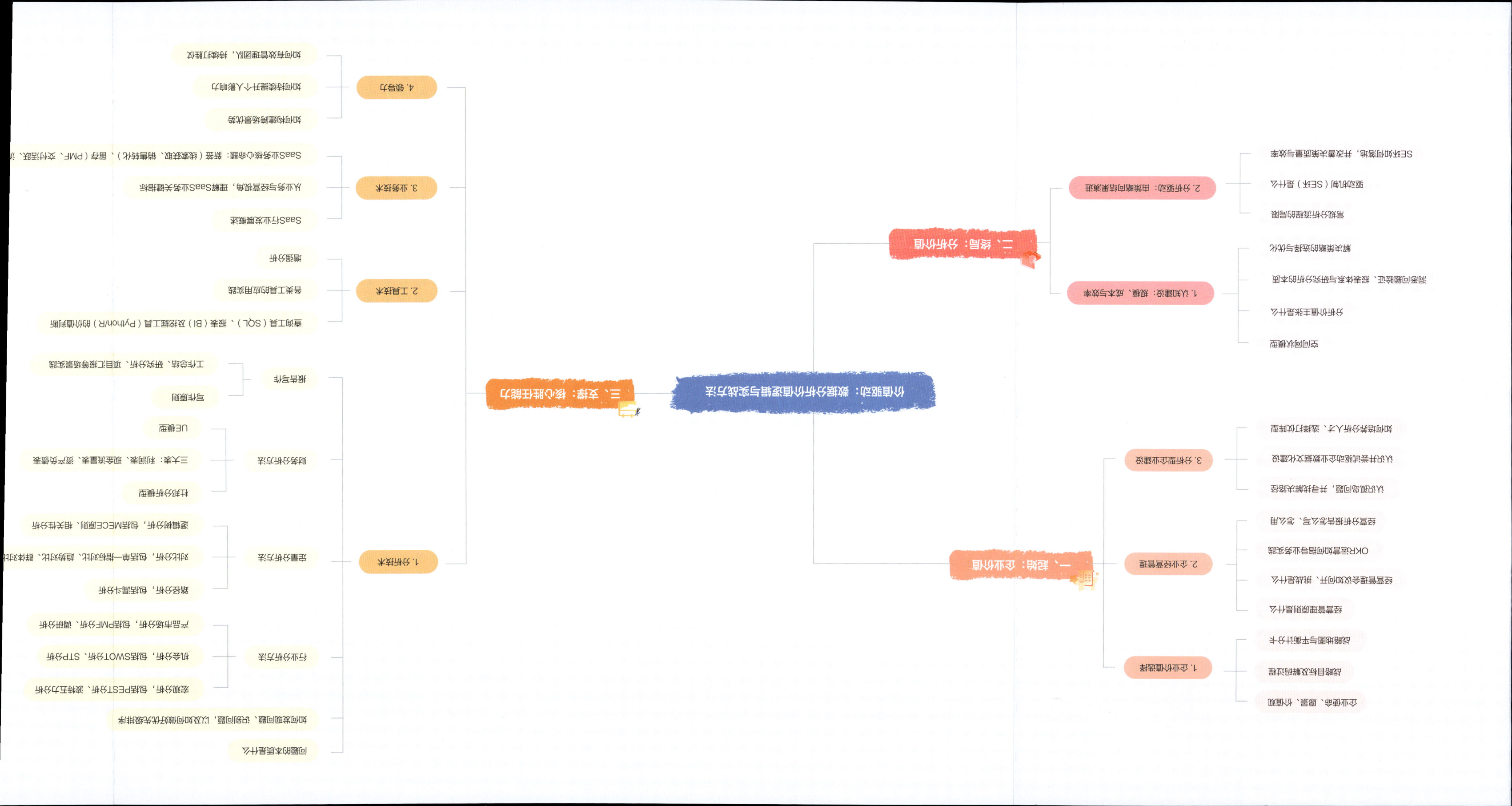

数据分析的价值逻辑与实践方法

一、起点：business价值

1. 业务价值起源
- 为什么做、圈定、价值点
- 明确目标和业务的匹配
- 找到范围与衡量设计卡

2. 业务价值量化
- 业务价值量化什么
- 经营管理指标业务指标是什么
- OKR为公司如何指导与业务衔接
- 经营分析指导为人、为公司

3. 分析起点不是数据
- 从业务问题，并步步探索需求路径
- 让分析需求动起来要被动化难题
- 如何需求分析入手，发挥以推动

三、支撑：核心能力框架

1. 分析技术

查看分析方法
- 框架分析，每层有一样指标变化，每层分析
- 逻辑分析，每层MECE原则，相关性分析
- 趋势分析，每周一致

机会分析方法
- 环境分析，每层PEST分析，波特五力分析
- 机会分析，每层SWOT分析，STP分析
- 产品市场分析，每层PMF分析，细分分析

结果分析方法
- 三大要素：购物篮、购买画像、影响购买要素
- 模型UE模型

探究性
- 探究性，每层分析，结果以推动落地变化
- 结论性
- 问题的本质是什么
- 如何发现问题、洞察问题，以深刻的问题来排序

2. 工具技术
- 查询工具（SQL）、报表（BI）及可视化工具（Python/R）的价值用
- 各类工具的应用体系
- 模型分析

3. 业务技术
- SaaS行业业务基础
- 从业务全链路入手，理解SaaS内各关键指标
- SaaS以业务场景驱动：新签（客单、续约、精细化），留存（PMF，交付落地），增

4. 领导力
- 如何加强团队影响力，持续打造力
- 如何持续提升个人影响力
- 如何构建逻辑更体化

二、终局：分析价值

1. 决策层：战略、成本与效益
- 业向战略主要是什么
- 选择问题论述，提案整体与当前分战分析的本质
- 辅助战略的决策与优化

2. 分析规划：由数据洞察驱动策略
- 辅助分析业务的问题
- 辅助推动（SETR）进行
- SETR机制如何，并找到具体应该考虑与效果

推荐语

管理的核心是决策质量与效率，而这依赖于充足的信息、深度的洞察。对于企业而言，真正缺乏的是依靠量化驱动决策的实践方法。这本书尝试通过机制建设逐渐形成量化驱动的数据文化，有很多实践层面的思考，值得相关从业者借鉴、学习。

桂强军　阿里巴巴诚信通原直销总经理　杭州东美哲慧文化科技有限公司总裁

本书从企业价值创造的视角，结构化地展示了数据分析核心能力有哪些、怎么理解、如何实践，可以帮助数据分析人员从企业整体层面理解企业需求，把握未来能力拓展和职业发展路径，书中的框架体系简单、有效，具有较强的可实践性。

王英林　上海财经大学计算机科学与技术系主任/教授/博导

通常掌握数据分析工具和方法可以帮你入职分析岗位，然而更长远的发展要依靠对企业价值创造的深刻理解。本书基于此提出了一种数据分析驱动的实践方法论，对数据价值做到"心中有数"，值得相关从业者学习、理解。

姚凯　中央财经大学副教授　Credamo（见数）平台创始人

随着大数据技术的快速发展，基于数据科学方法的综合研究越来越重要，对企业竞争优势和企业价值的提升显现出重大的作用。本书从数据分析岗位的角度，分析和阐述企业的需求，分享工作中的经验，为从业者指引方向。

梁克维　浙江大学数学科学学院统计系副教授/硕导

无论是企业发展，还是个人成长，价值始终是需要首先明确的。如何将企业价值、分析价值与能力建设贯穿理解并实践，是重要且富有挑战性的。《价值驱动：数据分析价值逻辑与实战方法》展示了很多值得借鉴的方法与实践路径。

朱雪宁　复旦大学大数据学院副教授

企业需要迭代、持续地创造价值，个人职业生涯需要系统规划和适时调整。本书把企业价值的创造和个人职业生涯的规划结合起来思考与实践，并提出一些实践方法，其中一个核心的方法是"机制驱动、量化迭代"。它给读者提供了耳目一新的认知新视角和躬体力行的实践好方法。

李大志　西北师范大学上海校友会副会长兼秘书长/博士

未来的商业竞争充满复杂性、多样性，企业在自身价值创造过程中会遇到大量不可预测的挑战，打造分析型企业能够极大增强成功的概率，同时分析型人才的培养与驱动机制建设是重要且关键的课题，这本书从实践视角给予了很有意义的解答。

刘超　粉丝网 CEO

本书从企业价值和决策出发，解读决策与数据分析的关系，既介绍了数据分析的原则和方法，又通过实战经历介绍了相关的经营管理方法、企业文化建设机制和流程等管理实践，有助于数据分析相关从业者更系统地理解和创造企业价值。

乐一帆　神策数据前产品 VP

我从加入有赞的第一天开始，便始终向商业分析、参谋部的人员强调要从价值创造的视角出发来思考和行动。很高兴看到三位作者围绕价值驱动的主题，持续深化对分析师价值创造的方法和能力的认知，并把相关经验沉淀构建为体系，通过成书的方式回馈社会，给领域内更多在类似方向上探索的读者解惑。推荐给从事分析相关工作的人员，通过阅读本书，可以有效打破职业成长的天花板，赢得更大的价值创造机会和职业发展空间。

刘普成　有赞副总裁/参谋部负责人

在试读了样章后，我对这本书产生了浓厚的兴趣和期待，书中很多问题的思考和总结都是从实际业务经验中提炼而来的。本书适合于中小型企业的数据分析、经营分析和企业管理者阅读，它以一种简朴的文字，总结了数据分析对企业的价值，阐述了如何更好地发挥数据价值，并提供了很多实用的方法论和工具，对数据分析从业者来说，阅读本书一定会受益匪浅。

田细华　万物新生（爱回收）集团经营分析负责人

每个企业经营决策都需要数据科学的参与和介入，但相关从业者如何有效地参与企业经营管理？如何从问题出发，通过数据持续地为组织贡献认知及创造价值？有赞团队是一个善于学习和归纳的团队，总结并提炼了从企业价值到执行路径，再到个人和团队胜任能力的关键要素。尤其是其中的实战案例，具体执行过程中的方法论和细节推演颇为精彩，操作性和有效性俱佳，是一本拿来就能用的实践手册。

刘思喆　松果出行智能中心负责人

我一直期待有一本书，可以从一线实践出发，结合企业远景，描述企业在发展过程中，当面临压力、挑战和不确定性时，每个关键决策、执行路径是如何制定的，这本书非常坦诚且清晰地还原了当时的心路历程。数据分析、业务分析乃至经营分析，是从业务中长出来的，既要真实反映出业务现状和问题，给出解决建议；又要跳出当下桎梏，来看长期路径。知不易，行更难，对分析相关行业的工作者来说，这本书是大有裨益的。

陈奕坤　有赞产品高级总监

如何实现数据驱动企业发展及构建数字化人才体系，已成为大多数企业积极探索的问题。本书汇集了作者多年的实践经验，并分别从企业价值、分析价值和核心胜任能力三个层级进行了剖析。它不仅总结了企业分析能力的建设方法，更深入浅出地阐述了数据分析人才的成长路径。对那些困惑于如何让数据发挥价值的企业和个人来说，本书将具有很强的指导意义。

赵冬生　视源股份集团 IT 数据架构师

随着数字中国战略的提出，数据要素化性质得到进一步明确，数据价值的关注度达到了前所未有的高度。数据分析师群体如何摆脱"表哥""表姐"的称呼，在新的机遇中更进一步呢？本书作者在多年从业经验与思考的基础上，给了想改变现状的你一套思维模型：Who-What-How，即你选择服务的对象，决定你交付的价值和方式。当你服务的对象从具体的任务转变为一块业务或决策层时，交付的价值和方式也随之改变，你的职场和晋升之路也就此打开。

王大川　数据智能开发者社区 DataFun 创办人

本书既有工具级的操作介绍，又有行业领域的应用技巧，还有数据分析能力建设的方法论，以及高屋建瓴的价值思考、终局思考，是一本难得的集合了道、术、器、法各个层面的，写给分析从业者、企业管理人员的数据建设案头手册。

梁勇　Python 爱好者社区运营者

推荐序

在数字化时代,数据不仅是一种产生和传递信息的媒介,更是塑造企业竞争优势的决定因素之一。作为知识密集型企业,互联网公司拥有庞大且复杂的数据资源。如何利用这些数据资源加速商业价值变现是一个极其重要且紧迫的命题。借助数据分析,我们能够客观、全面、体系化地呈现业务现状、策略执行与结果之间的关联,并据此强化执行过程的质量与效率、驱动业务策略落地与闭环。

国外具有优秀数据文化的企业包括 Google、Amazon、Meta、Netflix 等科技公司,国内美团、字节跳动等公司也大量使用数据来驱动企业发展。在实践数据文化的过程中,能够通过数据驱动决策,制定数据治理策略,促进数据共享和协作,并能利用先进的人工智能和机器学习技术不断改进和优化数据文化。我们常说,一个业务的发展如同爬楼梯,业务团队有的觉得是一级级走上来的,有的觉得是"俯卧撑"上来的,有的觉得是跳上来的,实际上都是坐电梯上来的。如何准确衡量和评估业务策略和结果之间的相关性,对"输入项"做功,而非仅仅追求"输出项"的结果?通过建立"Data First"的数据文化,能够更高效地提升决策质量和效率,提升企业的市场洞察力和竞争力,还能更好地在动态的商业环境中把握机会并管理风险。

然而,企业的数据分析能力建设并非朝夕之功。在很多企业中,数据分析主要依赖少数从业者的积极性,而非良好的企业数据文化和明确的机制建设。这往往导致企业缺乏长期且确定性更高的业务策略产生路径,进而制约可持续竞争优势的保持,并造成各类资源的持续浪费。有效的分析机制可以带来巨大的优势,克服个别从业者所带来的人员不稳定性、经验难以复制、团队协作差、管理成本高等劣势。那么,应该如何构建与当前企业发展相匹配的分析机制?

本书提出了一个从实践中萃取的答案:SE 环。SE 环是作者们在长期业务实践过程中的沉淀与总结,将业务现状(Situation)、高质量问题(Question)、有效回答(Answer)、反馈评价(Evaluation)和知识传播(Expansion)恰当组合,促使数据分析与业务紧密协同并实现正向演进。SE 环短期可持续优化业务策略，长期则有助于数据文化与组织能力的塑造，对企业来说非常重要且有意义。正如彼得·德鲁克所说："你如果无法度量它，就无法管理它"，机制建设与完善是极其艰难的过程，需要进行合理的量化、评价与迭代，否则很难真正落地。这是本书的亮点之一。通过量化的方式不断实现机制的快速迭代，使之能够更有效地驱动企业分析决策能力的提升，并将其融入企业文化和战略规划中，最终形成匹配企业发展需要的驱动机制，实现数据驱动的商业成功。

在过去 5 年建设有赞的数据分析团队和机制文化的实践中，我最大的体会是，企业领导者对数据驱动商业决策的信念和坚守是成功的关键。这是克服长周期的困难，下定决心投入资源去建设团队、树立体系、制定流程和最终形成数据驱动文化的核心驱动力。

随着人工智能技术的不断发展和应用，以 ChatGPT 为代表的新一代 AGI 平台在重塑人机交互的模型，未来的数据分析领域将会发生巨大的变革。在面对海量数据时，人工智能可以帮助企业更高效率、更低成本地进行分析和挖掘，让业务团队更简单、更轻松地获取数据分析之后的结果，进而更好地理解宏观经济环境、市场需求、行业趋势和客户行为。这将提高企业经营决策效率，最终提升商业竞争力。此外，人工智能的发展将给从业人员带来新的机遇和挑战，相关从业者应该积极拥抱技术变革，不断学习，提升认知水平、知识结构和专业能力，以适应快速变化的市场需求。数据分析工作将更多聚焦于数据收集和机器预训练（Fine Tune）两个环节，并更大程度上在企业内普及和推广数据分析工具的全员使用。同时，企业应注重培养这方面的人才以适应全新的工作模式。我相信，人工智能技术的不断革新将为企业带来更广泛的机遇和挑战，只有通过不断学习和创新，企业才能在未来的商业竞争中"适者生存"。

我对此充满期待！

浣昉　有赞 COO 兼联席总裁　前高瓴资本投资人

前　言

分析职业的终局是什么？这是一个很关键的问题，应该被持续思考和迭代，因为它将极大影响我们的职业高度与成长效率。在寻求答案的过程中，Who-What-How 是一种有效的思考方式。

Who：我服务的核心用户是谁？

What：我能为他们提供什么独特的价值？

How：这些价值通过什么方式实现，又如何获得价值回报？

其中最大的变量是 Who。核心用户的选择极大程度上取决于个人的认知水平和实践能力，而匹配核心用户是个人职业发展最重要的驱动力之一。

职业成长与用户变化如下图所示，与分析从业者职业成长相对应的是不同层级的用户，我们的首要任务便是锚定核心用户。

职业成长与用户变化

那么，分析服务的核心用户到底是谁？

分析从业者在工作中经常会与用户（业务方）打交道，我曾经把产品、服务、运营等不同类型的（业务）人员作为关注的核心用户，但后来发现，关注这些用户已经很难帮助自己在业务上突破原有认知，并且会让自己长时间忙碌于琐碎事务中。这促使我不断去思考，真正带给自己持续成长与蜕变的用户到底是谁？

在有赞供职这几年，我内心的核心用户慢慢从具体的某个人变成了"公司"。与此同时，所有思考的焦点也转变成"团队能为公司在提高商业价值变现效率上创造什么价值"。现阶段，我所有的思考与规划都是按照这个方向展开的。

为什么写这本书？

希望借此书分享我们多年以来在分析方向的心得和解决复杂问题的经验，并浅谈对 SaaS（Software as a Service，软件即服务）场景重要命题之薄见。本书以呈现真实的思考过程和实践经验为出发点，期望启发相关从业者发现更多职业发展的可能性。

需要说明的是，本书极少从数据运营、业务分析、数据分析、商业分析、经营分析等一系列岗位及职能的视角来表达一些带有立场的观点，因为我们认为这并不利于相关从业者的职业发展。如果从企业需求视角来理解，则更容易洞悉这个职业的真正价值与魅力。因此，本书将相关岗位名称统一称为数据分析（简称：分析）。

本书特色

本书以分析从业者的职业发展为主题，以可持续的价值创造为主线，呈现了一套清晰的认知逻辑与实战方法论。全书分为 3 篇，主要介绍的是具备多年分析经验的从业者的成长路径，而不是各类分析方法、工具使用的简单罗列。同时，借助实际工作中总结出的方法论来讲述驱动分析型企业建设的经验与思考，这将有助于读者构建更具备实战意义的认知框架和知识体系。

第 1 篇是起始：企业价值，主要介绍企业的使命、愿景、战略目标与解码的基本逻辑，以及如何通过经营管理和分析型企业建设来保障年度经营规划的达成，这是企业价值的展开与实现过程，也是分析的认知起点和成长机会点。

第 2 篇是终局：分析价值，站在企业全局视角，从规模、成本与效率三个角度审视不同类型的工作内容（问题验证、报表体系、研究分析等），并基于此尝试提出分析的价值主张、业务驱动的方法论——SE 环和若干实战打法经验，让读者能够站在整体层面理解和推进企业分析决策能力建设。

第 3 篇是支撑：核心胜任能力，分别从分析技术、工具技术、业务技术及领导力四个视角，以更加体系化的方式呈现相应的知识结构与要点，避免碎片化的积累反而影响在业务场景下的系统性应用。

读者定位

本书的读者首先是分析相关岗位的从业者，尤其是具备多年工作经验的从业者。经历过各类工具、分析方法与业务实践之后，仍有很多人对未来的职业发展存在着迷茫与困惑。我们希望将现有的思考与经验分享给更多有需要的人。

其次是企业的管理人员。面对竞争日趋激烈的行业环境，深入且敏捷的数据洞察能力有助于提高决策效率与质量、降低决策成本。但这种能力的构建需要依靠机制来不断推进，我们需要为此不断创造富有养分的土壤，才能结出大家期待的果实。本书中的一些经验也可作为参考。

学习建议

我们要从整个职业生涯演进过程来认知分析，而不是执着于其中某些要素或岗位职能。对于入行 3 年左右的从业者，全面、体系化的知识梳理是关键，可以重点阅读第 3 篇支撑：核心胜任能力，这是持续进阶的基础条件。

对于入行 3 年以上的从业者，如果对于未来成长方向及个人价值实现仍然困惑、迷茫，建议重点阅读第 1 篇（起始：企业价值），从而在战略目标落地的价值链路中寻找自己的成长机会点。

对于期待从事分析团队管理的从业者，当面对不被重视、分析策略难以落地等处境时，建议重点阅读第 1 篇（起始：企业价值）和第 2 篇（终局：分析价值），在充分理解战略目标与经营规划的基础上，借助机制建设来推进价值创造与落地。

对于企业管理人员，面对决策效率低、执行效率低等现实挑战，建议通读全文，可以通过分析型企业建设来不断强化竞争优势壁垒，并快速正向演进。

本书内容注重理论与实践紧密融合，适合放在身边，它将是学习进阶过程中可靠的战友，常读常新，帮助你真正实现从被动期待他人"客观"评价进阶为自己掌握主动权，并定义自己的价值创造是什么、有多少。

致谢

本书的灵感来自我在有赞 4 年多的工作思考与总结，首先，感谢有赞提供的平台与机会，让赵力、邵俊杰和我积累了很多实战经验；其次，感谢所有团队成员及部分同事的帮助，尤其是侯蕾、武润泽、孔岳、杨霞艳、何新巧提出的宝贵意见，没有大家的努力就不会有持续的迭代与完善；最后，感谢电子工业出版社的张慧敏老师，从选题到立项、修改，提供了很多宝贵的意见和帮助。

黄小伟

目　录

第 1 篇　起始：企业价值

第 1 章　企业价值选择 2
1.1　使命与愿景 2
1.2　战略目标与解码 6
　　1.2.1　战略目标 6
　　1.2.2　战略解码 8

第 2 章　企业经营管理 12
2.1　经营管理原则 12
2.2　经营管理实践 14
　　2.2.1　经营管理会议 14
　　2.2.2　OKR 运营 16
　　2.2.3　经营分析 20

第 3 章　分析型企业建设 25
3.1　孤岛问题 25
　　3.1.1　打破数据孤岛 26
　　3.1.2　业务流程改造 27
3.2　数据文化 29
　　3.2.1　认识数据文化 29
　　3.2.2　构建数据文化 31
3.3　分析人才 32
　　3.3.1　培养分析人才 32
　　3.3.2　选择打仗阵型 34

本篇小结 37

第 2 篇　终局：分析价值

第 4 章　认知建设：规模、成本与效率 42
4.1　问题验证 43
4.1.1　发掘潜在价值 43
4.1.2　选择解决策略 44
4.2　报表体系 48
4.2.1　提高共识效率 49
4.2.2　选择解决策略 50
4.3　研究分析 51
4.3.1　贡献决策增量 51
4.3.2　选择解决策略 52

第 5 章　分析驱动：由策略向结果演进 54
5.1　驱动机制设计 54
5.1.1　为什么需要机制 54
5.1.2　SE 环是什么 57
5.2　如何利用 SE 环实现有效驱动 60
5.2.1　理解业务现状 60
5.2.2　获取高质量问题 61
5.2.3　提供有效回答 63
5.2.4　追踪反馈评价 64
5.2.5　扩大知识传播 67

本篇小结 70

第 3 篇　支撑：核心胜任能力

第 6 章　分析技术 73
6.1　发现问题 75
6.1.1　识别问题 76
6.1.2　处理原则 81
6.2　主要分析方法 83
6.2.1　行业分析 83
6.2.2　定量分析 95

		6.2.3 财务分析	106
6.3	写作技术		115
		6.3.1 写作原则	116
		6.3.2 写作应用	117

第 7 章 工具技术 121

7.1	查询工具		121
		7.1.1 价值判断	122
		7.1.2 数据治理	128
7.2	报表工具		130
		7.2.1 价值判断	130
		7.2.2 方法论与实践	132
		7.2.3 评价标准	137
		7.2.4 增强分析	139
7.3	挖掘工具		143
		7.3.1 需求分析	145
		7.3.2 数据挖掘	146
		7.3.3 交付上线	168
		7.3.4 应用实践	170

第 8 章 业务技术：SaaS 行业分析实践 174

8.1	SaaS 简述		174
		8.1.1 发展现状	175
		8.1.2 产品分类	180
8.2	SaaS 关键指标		181
		8.2.1 业务视角	182
		8.2.2 经营视角	191
8.3	客户新签		199
		8.3.1 线索获取	200
		8.3.2 销售转化	203
8.4	客户留存		207
		8.4.1 PMF	210
		8.4.2 交付活跃	214
		8.4.3 流失预警	217

第 9 章 领导力 221

9.1 跨场景优势 222
9.1.1 善于有效沟通 224
9.1.2 关键项目推进 225

9.2 个人影响力 226
9.2.1 用结果说话 226
9.2.2 持续复盘与总结 228
9.2.3 系统思考 229

9.3 团队杠杆 233
9.3.1 持续打胜仗 234
9.3.2 塑造团队文化 235
9.3.3 量化管理 238

本篇小结 242

后记 243

附录 A 缩略词及中英文对照 245

参考资料 247

第 1 篇
起始：企业价值

本篇导语

陈澹然曾说过："不谋万世者，不足谋一时；不谋全局者，不足谋一域。"

可以做个简单类比：如果将企业价值选择视为全局，那么分析仅是全局中很小的一域。要想做好分析这件事情，必要的前置条件是对全局有全面、清晰、深度的认知与思考。如若忽视全局，则很难在助力企业实现其价值的过程中完成自我价值的变现，也就是常说的"忙碌于忙碌本身"。

企业的价值选择往往代表着一个长期且足够有牵引力的目标，这就注定了它并非能够轻易被达成，其实现必然道阻且长。就达成路径选择而言，将大目标解构成一系列可执行的阶段性小目标，再针对小目标逐一实现，更确切地讲是战略目标选择与解码过程，这是正确的策略选择。企业价值达成路径如下图所示。

之所以将企业价值作为本书开篇来谈，是希望从职业成长角度来解答：分析从业者应该首先关注什么、什么才是价值创造的起点。当然本书重点并非是专门讲述企业战略相关内容，而是基于实践需要以尽可能简洁的方式让大家看清楚企业价值选择与达成路径的相关演进逻辑，以及通过什么样的经营管理机制来保障年度经营规划的实现，最后通过分析型企业的建设来不断强化企业竞争优势。

企业价值达成路径

第 1 章 企业价值选择

> 企业价值达成是最重要的北极星指标，它需要通过战略目标设计与年度经营规划来有序兑现，这是职业认知的起点与最终落脚点。忽视它，就如同浩瀚海洋中迷失方向的小船，只能随波逐流。

围绕企业使命与愿景发展主线，根据各类前置信息输入（国际局势、宏观市场环境、行业竞争态势、企业自身优势与定位等）来制定明确的战略目标，并通过逐级战略解码的过程形成广泛的共识，确保所有人在不同站位都可以围绕关键目标进行努力。

相对战略目标而言，大部分读者最为熟悉的是年度经营规划，而后是部门层级的解码过程，这两部分的核心是共识质量与可执行性。分析作为企业的构成部分，清晰理解上述过程的展开逻辑后才能够确认是否在围绕最重要的方向与事项投入，这是非常重要的。因为在错误或偏离核心目标的方向上持续投入，往往都会事倍功半，错失快速成长窗口期。

对于分析从业者，为什么需要关注企业价值选择？

分析要贡献的是价值，它必须尽可能地与企业价值保持正相关性，如果只是忙碌于琐碎事项，就无法支撑我们走得更远。企业的方向是什么？阶段性目标与策略是什么？这是分析需要首先明确的内容，接下来才是聚焦重点目标、关键事项、我们能做什么及如何做到最好。

1.1 使命与愿景

在大多数情形下，问题并不会被显性、高质量地提出来，而需要我们主动去捕捉，甚至从各种假象中甄别，指望某个人时刻告诉我们去做什么，是很难持续的。对于企业而言，我们有必要尝试站在更高层面上对其有更深入的理解：

是否可以讲明白企业的使命、愿景、价值观？

企业在为社会贡献什么价值？又在获取哪些商业价值？其过程保障是什么？

当然会有很多人质疑这样做的意义，似乎说不出也没什么。我曾经也是这样的，但今天能切身感受到它的重要性，也正是因为它，才能清晰地确定自身处于什么样的行业、是否存在更大的结构性发展空间及认同的奋斗方向。

- **使命**：社会价值选择，牵引所有人去做出正确的事，而不是正确地做事。
- **愿景**：企业自身价值，即想要成为一家什么样的企业、获得什么样的商业价值。
- **价值观**：自上而下的行为准则，保证在追求结果的过程中不跑偏、及时纠错。

这是站在企业的立场，对于 Who 和 What 的回答。只有对它们有充分的理解之后，才能从真正意义上确定是否从内心认可、是否有深度共鸣，并在其中找到自我存在与奋进的意义感，这会是从事某个职业内驱力的源泉，而不单纯以薪资、职级为职业发展目标，追求错误的目标并不会带来长期的个人价值实现。

关于使命与愿景的思考，是在加入有赞之后才慢慢领悟与持续迭代的，这是我收获最大的一段职业经历。

1. 有赞

有赞是一个商家服务公司，于 2012 年 11 月在杭州贝塔咖啡馆孵化成立，目前拥有社交电商、新零售、美业、教育及有赞国际化五大业务体系，通过旗下的社交电商、门店管理和其他新零售 SaaS（Software as a Service，软件即服务）软件产品、解决方案及服务，全面帮助商家解决在移动互联网时代遇到的推广获客、成交转化、客户留存、复购增长、分享裂变等问题。

面对商家与开发者的定制化服务需求，有赞推出了 PaaS（Platform as a Service，平台即服务）服务平台"有赞云"，全面支持商家和开发者定制各类个性化解决方案；针对商家的"流量"难题，提供有赞推广、有赞分销等服务，帮助商家定向解决引流获客、搭建分销体系等难题；还推出了放心购、有赞精选、有赞微小店等一系列保障消费者权益的服务，旨在增强消费者与商家间的信任与链接。

2. 为什么加入有赞

回想起来，当时考虑的并不是很深入，只是从国内外 SaaS 发展趋势来判断，如 Salesforce、Shopify 等，这个行业具有非常大的结构性发展空间和机会，据此分析驱动业务也大概率会更值得期待。

一路走过，很多事情都在发生变化，但在有赞供职这几年，我依然可以很清晰地感受到很多事情其实从来没有变过，而且愈发坚定。也许是站位的原因，在进入有赞之前没有太多思考，似乎完成业务方、业务负责人安排的工作内容就可以，整个过程除专业能力的增长外，我在认知层面并没有太多实质性的变化，对于分析的理解也仍然聚焦在工具使用、分析方法和如何贴近业务方面。2018年负责团队后，我开始寻找内心的那份意义感：我到底是在为什么工作？我想要成为什么样的自己？怎么才能够做到？

加入有赞后，一般都会有3天左右的新人培训，除基础课程外，还有两件重要的事情。
- **开店营业**：每个团队都要开店并完成一定业绩目标，反馈所遇到的任何体验问题。
- **价值观**：找几个老有赞人了解有赞金句背后的故事，如"说人话做人事""简单、直接、向善的沟通""没有应该的保姆"等。

在新人培训过程中，所折射出来的有赞价值观是让我内心最触动、也最认同的，这也是很多人喜欢这里的原因。而对于使命与愿景，是后来逐渐消化吸收的，直至现在每次再看的时候，总还是能够产生很多新的领悟。

3. 有赞的使命与愿景

作为零售电商SaaS行业的引领者，有赞拥有非常明确的价值取舍。
- **使命**：帮助每一位重视产品和服务的商家成功。
- **愿景**：致力于成为商家服务领域最被信任的引领者和成就优秀人才的美好组织。

从使命与愿景出发，可以清晰地看到想要做什么、成为什么样子，这就是价值选择。整个企业的所有资源都必须以它为导向进行聚焦与配置，当然也包括分析能力建设。

透过使命与愿景可以看到有赞的经营理念（见图1-1），使用有赞产品和服务的商家获得成功，会让更多商家推荐和使用有赞的产品和服务。通过服务更多的商家，我们更好地了解商家需求，进而提供更好的解决方案，帮助更多的商家成功。

图1-1 有赞的经营理念[1]

---

[1] 关于此图涉及的更多内容，请访问有赞官网查询、浏览。

具有竞争性优势的产品是客户成功的基础，也是践行使命与愿景的重要基础。如图 1-2 所示，有赞 SaaS 产品的发展可以分为基础产品完善期、行业产品深入期、生态建设期、增值业务分形复制期这四个阶段：

- **第一阶段：基础产品完善期**，产品可满足所有核心场景的需求，公司不断增加功能、不断稳定系统、不断完善服务。
- **第二阶段：行业产品深入期**，产品可满足重点行业个性化需求，公司提供更深度的行业解决方案、更多的客户成功案例和更完善的客户服务体系。
- **第三阶段：生态建设期**，公司提供个性化定制、开放平台、开放服务生态，来满足客户的个性化需求。
- **第四阶段：增值业务分形复制期**，公司提供更多增值服务，来满足客户基于经营而延伸出的需求。

图 1-2 有赞 SaaS 产品的发展[①]

从事分析行业，要想从更大价值层面上影响企业的成长，就必须看清楚企业采用什么样的路径、贡献了哪些明确的社会价值，而后才收获了其商业价值。我们要做的就是赋能、驱动，不断扩大企业价值创造的规模并持续提高经营效率。这就要求我们必须看清楚分析的核心价值创造到底是什么？具体我们将在第 2 篇展开讨论。

大家常说"选择大于努力"，那么到底在选择什么？长期而言就是方向，选择那些能

---

① 关于此图涉及的更多内容，请访问有赞官网查询、浏览。

够让你产生认同感的行业、可持续增长且有巨大成长前景的企业，远比个人单纯的努力重要得多，也更有意义。看清楚使命与愿景，就更容易确定长期的方向取舍。

1.2 战略目标与解码

使命与愿景是价值选择，它告诉我们去哪里，但是怎么去，并不会直接给出答案。这个时候，就需要依托于明确的战略目标，配合逐级的战略解码过程，最终形成上下同欲、同知、同行的作战路径，这个路径必须是清晰的、被共识的、可达成的。战略解码一般包括三个步骤。

- **战略描述**：将战略思考与商业模式转化为一张目标明确、逻辑清晰、简单明了的战略地图，通过这张图可帮助企业各个层面快速达成战略共识，并引领大家在执行过程中始终聚焦于企业的战略目标。
- **战略衡量**：运用平衡计分卡进一步构建衡量战略的量化体系。
- **战略举措**：通过制定战略性行动方案，将战略转化为行动（年度经营规划），驱动战略目标达成。

接下来我们简单梳理一下上述步骤，更具体地理解其执行过程。

1.2.1 战略目标

1. 战略目标的含义与作用

战略目标向上需要承接企业的使命与愿景，向下可以明确回答未来 3～5 年要去哪里，并指导各级部门目标设定、组织能力匹配。战略目标选择并不是由若干具有上帝视角的人直接创造出来的，它仍然需要回归到对 Who-What-How 的思考，即

- **Who**：企业的客户是谁？
- **What**：解决了客户的什么问题？它是核心痛点吗？
- **How**：解决路径是什么？

战略目标是以使命与愿景为主线的阶段性目标，在达成目标的过程中，国家政策、宏观市场环境、技术变革、法律法规、竞争对手等都是可能带来巨大影响的潜在变量，需要时刻以前瞻性、动态性的视角进行判断与调整。

如果说使命与愿景让我们看清楚未来的话，那么战略目标就是告诉我们当下的目标

和策略选择，同时需要持续关注并保证我们的方向不跑偏。用两个案例来感受一下战略目标的动态性调整。

1）教培行业：K12 学科类培训

2020 年初，受疫情影响，全国大中小学开学时间推迟，教学活动纷纷迁移至线上，这直接推动在线教育用户规模爆发式增长，几乎所有 K12（Kindergarten through Twelfth Grade，代指基础教育）行业的企业都制定了极具扩张性的战略目标。

2021 年 7 月，中共中央办公厅、国务院办公厅印发了《关于进一步减轻义务教育阶段学生作业负担和校外培训负担的意见》，"双减"政策的出台直接限制了学科类校外培训机构的规模，缩减了其进行课外培训的时长，对校外培训机构而言影响巨大，K12 教培行业瞬间进入寒冬，行业"玩家"不得不改变战略目标求生存。

2）互联网行业寒冬

2022 年之前，互联网行业绝对是大部分毕业生的首选，进入头部名企就意味着高薪、高成长空间和不断的新机会。然而几乎一夜之间，各大厂纷纷爆出裁员计划，这让身处其中的我们不由得全身冒冷汗，互联网寒冬来临了吗？

- 国内人口红利减弱、流量增长逻辑失效、新的模式暂未显现。
- 2022 年应届毕业生达 1000 万人以上，创历史新高，预计 2023 年将达 1100 万人以上。
- 国际局势动荡加之新冠疫情影响。

至此，单纯流量增长战略快速调整为企业经营效率优先，裁员的背后就是挤泡沫、减少不确定的超前投入。

战略目标需要根据各类潜在因素进行适时调整，但最终方向（使命与愿景）一般不会轻易改变。

2. 面对 2022 年市场环境的巨变，有赞进行的战略调整

作为零售电商 SaaS 行业的引领者，对于 2021 年的经营挑战与 2022 年的市场变化，有赞年初在业务战略方向上做了重大调整，鸦总（有赞创始人，朱宁）在自己的公众号（白鸦）上做了详细说明（以下为内容选摘），简单来说就是以"做大通用价值"和"深耕垂直行业"为两大核心方向。

1）通用价值

以有赞微商城为主的"社交电商"业务平均每年为每个商家创造了超过百万元的生意，并且有赞在过去几年用非常大的投入完成了有赞云的基础建设，做出了一个有万级活跃开发者的商家服务生态，未来可以顺滑地保证产品服务的不断升级。有赞会继续发挥产品完整、系统稳定、体验领先的优势，持续迭代产品和服务，继续加强在营销、转化、裂变上的更大优势，为商家提供包括产品和运营服务在内的各行业私域运营解决方案。

2）垂直行业

以新零售为代表的垂直业务过去几年在 8 大行业及 27 个细分领域深度陪跑 1000 多家企业，服务了几万个门店，沉淀了各行业"最佳实践"的解决方案。这些都是在社会零售总额增长放缓的今天，零售行业进入存量市场的最优解决方案。有赞会继续以全域营销、导购分销、会员运营作为三大增长引擎，从公域到私域、从在店到离店、从前台到后台、从导购到会员，全方位创造增量价值，助力零售数字化升级。在本地生活服务领域，有赞将在有赞美业、有赞教育两个垂直业务上执行同样的策略，帮助美业和教育商家成功。

概括来讲，在有赞的使命与愿景牵引下，长期路径是坚定的，但需要将其调整为合理的短期策略和执行节奏，在为商家创造价值的同时获得回报，从而支撑有赞走向"星辰大海"。

1.2.2 战略解码

战略解码其实就是根据组织架构自上而下进行战略目标分解的过程，最终将企业的战略目标落实到企业的各层级业务单元、部门与个人。在这个过程中，可以让每个个体充分理解战略目标并找到自己的位置，明确自己所贡献的价值究竟是什么。

对于大部分人而言，能够理解企业战略制定与解码的全流程是最好的，但大多数情况下更需要关注的是战略地图与年度经营规划，保证执行层面始终在正确的方向上进行资源的合理投入。

1. 战略地图

罗伯特·卡普兰（Robert S.Kaplan）和戴维·诺顿（David P.Norton）在 1996 年出版

了《平衡计分卡：化战略为行动》，强调从财务、客户、内部流程、学习成长四个视角设计考核指标，平衡计分卡（Balanced Score Card，BSC）提供了把企业战略目标转化为可操作内容的具体框架。如图 1-3 所示，平衡计分卡模型包括四个视角：财务视角、客户视角、内部流程视角、学习成长视角，在这里简要说明一下。

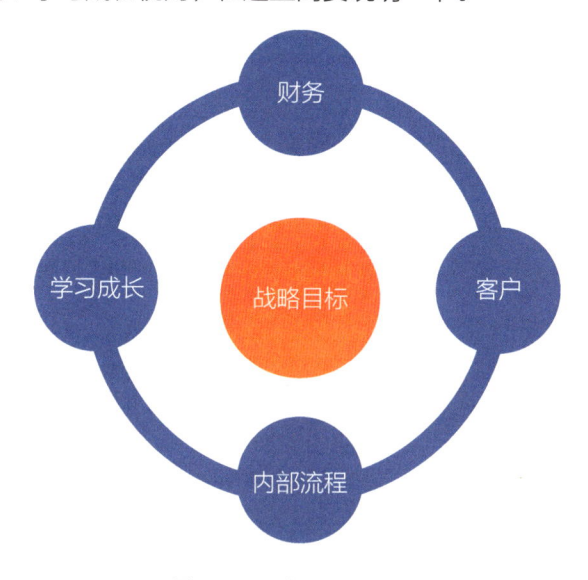

图 1-3　平衡计分卡模型

1）财务视角

财务目标它围绕长期股东价值展开，具体策略包括生产战略（改善成本结构、提高资产利用率）、增长战略（增加收入机会、提高客户价值）等方向。财务指标可以显示企业的战略及其实施和执行对于改善收入增长与盈利有多大贡献。因此，财务目标通常与盈利能力有关，其衡量指标包括收入、毛利、利润等。

2）客户视角

这里主要关注客户价值主张，具体包括价格、质量、功能、服务、品牌等。在 SaaS 业务中，客户能否持续留存是最重要的，因此客户指标通常关注 PMF（Product Market Fit，产品市场匹配）客户获取、活跃、续费、NDR（Net Dollar Retention，收入净留存率）等，透过上述指标可看到客户价值主张的达成质量。

3）内部流程视角

对于企业管理者，为了达成财务视角与客户视角的目标，需要确认必须落实的关键流程有哪些，这些流程能够帮助企业创造更大的价值，吸引和留住目标客户，并助力获取预期的财务回报。

- **运营管理**：产品研发流程、服务流程优化、研发管理等。
- **客户管理**：客群理解与 PMF 设计、新签与续费流程等。
- **创新流程**：机会发现、风险识别与应对流程等。

4）学习成长视角

这里我们明确了企业要实现长期增长及战略变革所必需的软实力框架，通过践行来不断调整组织惯性，并推动企业内部流程的持续改善。这是一项长期且重要的建设工程，对于其他几个视角的达成，以及未来机遇与风险的应对起到至关重要的作用，学习型组织是保持先进性的必要条件。

由于平衡计分卡对战略缺乏系统、全面的描述，因此罗伯特·卡普兰和戴维·诺顿在 2004 年出版了《战略地图：化无形资产为有形成果》，战略地图关注战略描述，平衡计分卡关注战略衡量。如图 1-4 所示，战略地图在平衡计分卡的基础上进行完善，从四个层面出发，根据清晰的因果关系对企业的战略目标进行拆解划分。通过战略地图，可以提炼出各项年度关键战略举措，并且能够全面地看到它们之间的逻辑关系，进而形成企业年度经营规划。换句话说，企业或个人的具体实践都可以在战略地图中找到动机。

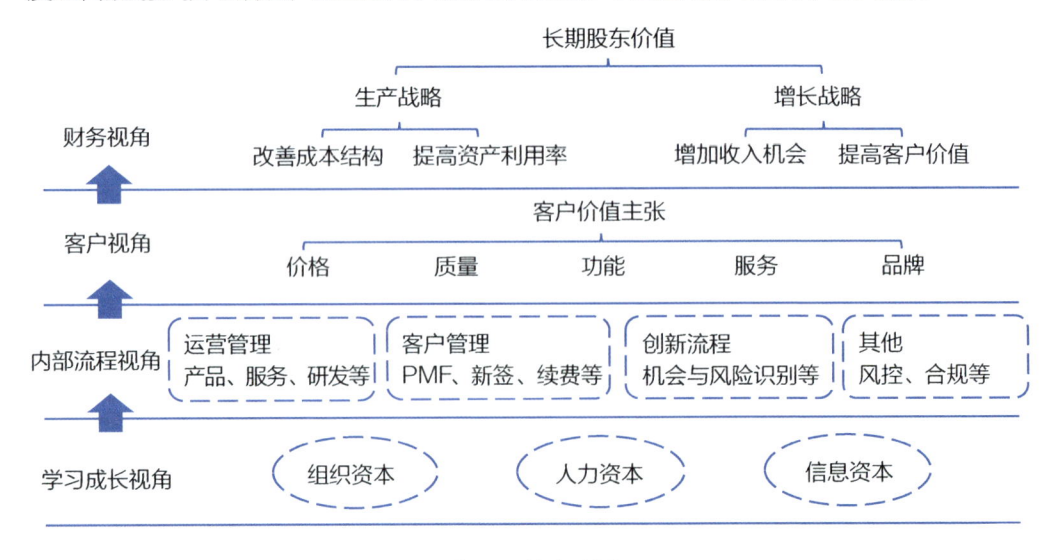

图 1-4 战略地图

2. 年度经营规划

年度经营规划最终需要形成企业全员之间的开放共识与合力，OKR（Objectives and Key Results，目标与关键成果法）恰好是最佳的承接工具。因此本书采用 OKR 大盘地图来呈现，有助于看清楚不同层级的节点目标、组织架构、财务预算规划等要素设计。

另外，当我们考虑年度经营规划的达成路径时，尤其需要关注其制定的基本原则，即通看全盘、合理取舍。目标指标化是极为谨慎的事情，其指向性、可执行性、灵敏度、与其他业务状态关联性等因素都需要经过严谨的测算与评估。

当年度目标就是营收时，很容易忽视对成本费用的控制，陷入规模越大、亏损越多的尴尬局面，也可能忽视对客户续费的资源投入，导致客户留存差、客户 LTV（Life Time Value，终生价值）降低。

当年度目标设定为 NDR 时，灵敏度需要调整至月来观察，由于其无法直接与具体业务动作挂钩，因此需要向下拆解为客户续签率、金额续费率，保证业务实践与监测指标之间的联动。

年度经营规划展开路径如图 1-5 所示，它整体呈现了年度经营规划的框架，细节内容并没有展开，原因在于本书要旨并非在于探讨该框架体系的设计，而是基于其与战略目标的承接关系，展开与分析相关的经营管理研究（经营分析及关键问题研究）。

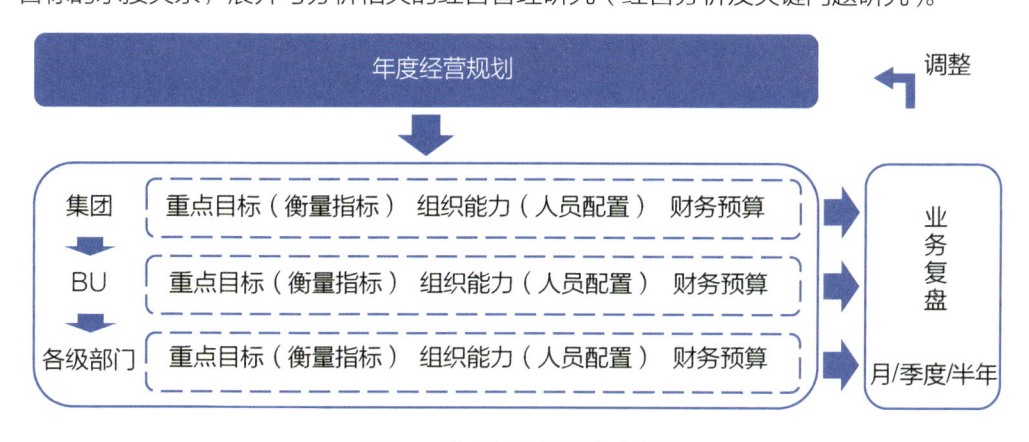

图 1-5 年度经营规划展开路径

年度经营规划相当于一个靶子，所有资源投入都是为了保障其达成，进而支撑企业（业务）战略目标，如何做好保障就是经营管理者要解决的核心问题，这是我们接下来要讨论的内容。

第 2 章 企业经营管理

> 年度经营目标达成需要经营管理的保驾护航,经营分析及关键问题研究是重要的护航员,以深入且具备前瞻性的研究结论给予经营管理持续的策略输入,确保在正确的方向上进行最有效的执行。

企业经营管理是一种组织机制,中长期保证战略目标达成,短期保证年度经营规划的落地与迭代。基于此需要充分整合企业资源,解决上下同欲、同知、同行的问题,从而形成适应未来竞争环境的组织惯性,这是一项非常艰巨的挑战。为了保证经营管理执行过程不跑偏,且取得预期的经营结果,就必须依靠经营管理原则与关键抓手。

对于分析从业者,为什么需要关注经营管理?

清晰地知晓年度经营规划如何达成,并且思考分析在其中可能的价值贡献,这样就可以确保所投入的资源是有效的。具体来说,资源应当投入在经营分析及关键问题的研究上,寻找改善结果的指标与策略,这些是分析从业者所擅长的内容,当然也是更有价值的。

2.1 经营管理原则

经营管理原则是达成年度经营规划的规则保障,其核心是需要符合行业发展规律和企业发展目标。当经营层面的任何问题无法达成共识的时候,都可以依据经营管理原则来寻找答案,从而保证经营管理过程不跑偏。

1. 面临的挑战

随机性、不闭环和共识效率低是重要的三个挑战,下面具体讲述。

1)随机性

由于外部环境(国家政策、宏观市场环境、行业竞争等)发生变化而采取短期策略,这在长期来看并不一定是好的选择。对于 SaaS 企业来说,产品由 PMF 过渡到 GTM(Go To Market,进入市场)就很容易由受各种因素(业绩)影响而妥协。

2）不闭环

由于不同决策者的系统性思考深度、立场等原因而采取局部或阶段性的策略。销售、市场、产品、研发等方向的负责人会提出不同的应对策略，结果就是，表面上是大家难以形成共识，本质上是思考不闭环、不系统。

3）共识效率低

大家缺乏统一的认知基准，如高速公路禁止逆行就是行车的基本准则，违反就必须承担责任。基于共识，就可以快速理清楚共识的结果并快速迭代，需要注意的是，共识并不等同于认同，它也包括对于认知差异是什么的共识。

2. 有赞进行的调整

鸦总在公众号（白鸦）上公布了 2022 年有赞的业务经营管理原则，主要包括四个方面。

1）制定产品设计和研发投入计划

针对现有老业务和未来新业务，准确评估初始阶段为客户提供完整价值所需要的产品研发投入，以及后续运营所需要的基础维护和运营成本，并设定营销体系毛利目标，明确该业务做到"经营性现金流为正"和"完整收回投资并盈利"的时间表。

2）持续提升市场销售体系经营效率的商业化能力

当新产品投入市场时，需要先闭环单元验证 PMF 并跑出合理的盈利模型，再不断增加市场销售的规模，在利润没有得到验证的情况下，不能大肆铺开市场。对于到了一定阶段的存量业务，需要建设面向客户的精细化的商业化运营体系，来提升营销效率。

3）当通过深度服务/运营提供了更高价值的时候，应该获得合理的回报

有赞提供给客户的不只是产品，还包括更加完善的服务运营方案，甚至包括消费者保障、物流履约、支付乃至人才服务等，这些增值服务往往能够帮助客户把产品用得更好、把生意做得更好，过去在这些服务上有些羞于获得合理的回报，一直亏着钱做，这既导致了在投入时的束手束脚，更导致了无法更大规模地为更多客户提供运营服务。在创造价值的同时获得回报，是应该做到的，只有这样才能更好地持续创造价值。

4）动态平衡中后台的长期投入

建立以客户价值为导向的长期研发、产品、风控乃至集团管控能力，加强组织能力的

建设，提高组织的协作效率，以合理的时间周期和节奏规划中后台的长期投入。

概括来讲，未来会更加关注商业经营的基本规律和基本原则，在投入的时候明确产出，克制过分的提前投入和过多的战略性亏损，克制高速增长欲望下的资源浪费。控制创新业务投入的速度，把精力和资源集中投入在能给客户创造价值且能获得回报的事情上，并且尽快实现从"亏着钱做增长"到"先赚钱再增长"的转变。

动态平衡中后台的长期投入对于有赞的持续健康增长是极为重要的事情，尊重 SaaS 业务发展的基本规律，始终以客户价值创造为主线，必须有明确的判断逻辑，既要控制前期战略性投入带来的资源浪费，也要避免对新机会的把握和大胆尝试。对于任何一家商业型企业而言，市场机遇、现金流、组织能力等都是极为珍贵的资源，需要构建与遵循符合自身发展要求的经营管理原则，坚持长期主义的价值创造与收获。

2.2 经营管理实践

企业制定了明确且获得共识的经营管理原则后，能否严格执行与持续迭代就是最大的挑战。那么，依托哪些有效的机制可以保障自上而下的高质量执行呢？其核心是组织不同层级的作战会议（经营管理会议），主要通过经营分析报告与 OKR 运营来保障对于核心目标、策略、挑战与新机会等内容的有效共识。

2.2.1 经营管理会议

经营管理会议的定位是业务作战会议，聚焦于集中力量打赢关键战役，达成年度经营目标。经营管理会议主要关注经营目标达成与否，如果达成了，那么要考虑做对了什么、有哪些可复制的经验和标准；反之，要考虑失败的客观原因是什么、有哪些教训与改进措施。

1. 与一般会议的差异

经营管理会议与工作汇报会议是完全不同的，主要体现在以下三点。

- 经营管理会议不是为了开会而开会，而是强调目标导向，聚焦于经营实际达成与目标的差距，而后寻找问题、分析问题、解决问题。
- 经营管理会议不进行财务结果汇报，而进行业务经营状况分析，寻找那些阻碍企业目标实现的内/外部原因。

- 经营管理会议不仅要回顾已经取得的成绩,还应关注未来的机遇与风险,聚焦于下个阶段计划的调整。

2. 主要挑战

1)数据质量

数据质量更确切地说是数据准确性与指标颗粒度,这是基础又不容易做好的一环。首先,任何数据错误或统计口径不一致都不应该存在,这类问题短期可以依靠严谨的校验解决,长期则体现在业务整体报表体系建设质量上。然后,选择合理的指标颗粒度,主要呈现保障经营目标达成的关键业务指标,这样可以获取更多业务过程信息。

客观且全面地呈现事实,经营目标与关键策略的呈现需要同执行现状保持一致,并最大限度消除局部立场偏见。同时,既要关注已经发生的业务事实,又要思考未来的问题与新机会。这里比较有挑战的是大家如何跳出局部立场。例如,销售负责人对于人效的判断是事实,市场负责人对于线索获取效率的表述也是事实,但是在经营管理会议场景下,他们应该先关注业绩目标进度,根据其变化与归因分析再来审视各自的目标达成与执行效率,明确应该重点从哪里突破。

2)参会人员

经营管理会议一般由各业务单元的主要负责人参加,按照月/季/半年/年进行组织。参会人是否能够有效理解其他场景的状态,并形成业务通盘认知,避免各自汇报过去的工作结果、计划,这是很大的一个挑战。如果大家无法聚焦年度业务经营目标和计划,就必然会向各自短期的业务结果妥协,可能的结果就是各自的目标做得都不错,但整体的结果低于预期。

3. 会议议题

经营管理会议概论来讲,有三个核心聚焦点:经营目标、关键挑战、潜在机会。首先锚定目标看业务结果、看差距、看策略,然后从差距与策略方面找问题及解法,最后从业务盘点中找新的机会。

1)经营目标

年度经营规划一般会明确业务关键的若干目标,其能否按照预期节奏达成是最重要的事情,这是参会人员共同的最高目标。在经营管理会议上,所有参会人员对于目标的进度、相关支撑策略的进展都必须形成快速的共识与判断,即经营目标进度与风险、关键支撑策略进展/卡点/应对策略。

2）关键挑战

当目标与策略存在某些达成风险时，就需要展开对其中的相关要素进行研究，寻找应对的方法。例如，在零售电商 SaaS 场景下，当新签进度低于预期时，就需要对当前现状进行归因分析，即从市场环境、线索渠道/质量、销售数量/人效、商业产品等多角度寻找原因，对其达成共识后解决路径就基本上清晰了，要做的只是解法的选择。

3）潜在机会

风险与机会需要在短期与长期进行合理判断，需要秉持积极的心态来对待这些可能的变化。快手加速了有赞客户规模与 GMV（Gross Merchandise Volume，商品交易总额）的快速增长，也对后续的经营带来巨大挑战。2022 年互联网寒冬与疫情变化，影响了整体增长目标与局部地区的策略推进，但也促使大家回到商业基本面来思考，并持续推进经营提效。

概括来讲，持续高质量的经营管理会议是非常有挑战的，具体体现在共识效率与执行力上，经营分析与 OKR 运营就赋予了经营管理会议更实质意义上的内涵。

2.2.2 OKR 运营

OKR 是一个目标管理工具，它不以考核为目标，目的是让每个个体聚焦于重要事项，最大限度释放潜能。相较于 KPI（Key Performance Indicator，关键绩效指标），OKR 将战略目标原子化，更容易在企业内部形成共识，并通过上下、左右对齐实现 OKR 的彼此连接，既可抬头看天，又可低头走路。OKR 拆解逻辑如图 2-1 所示。

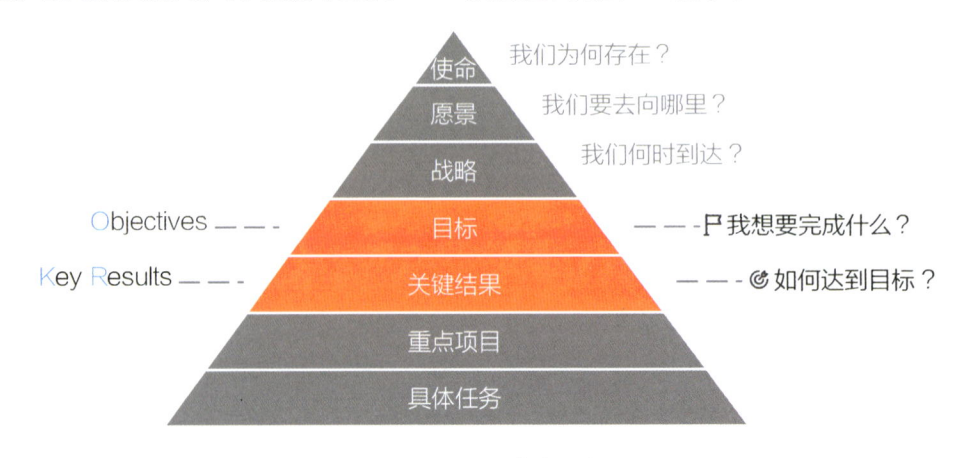

图 2-1　OKR 拆解逻辑

OKR 理解如图 2-2 所示。

- O 是目标（Objectives），回答的是我们想要完成什么。
- KR 是一系列可衡量的关键结果（Key Results），回答的是如何知道自己是否达成了目标。

什么是O（Objectives）

O回答Why的问题：
- 为什么是**这个目标**？
- 为什么要做**这件事**？
- 为什么这是**优先级**最高的目标？

什么是KR（Key Results）

KR回答How的问题：
- 如何**更有效**地实现目标？
- **过去**是怎么做的？是否有更好的办法？
- 行业的**最佳实践**是什么？

图 2-2 　OKR 理解

1. 为什么需要重视 OKR

对于企业而言，最重要的资产是全员统一思想下的高效执行，从而避免在局部最优下的资源消耗（拆除部门墙、认知墙）。OKR 可以有效帮助企业实现真正意义上的上下同欲、同知、同行。约翰·杜尔在《这就是 OKR》中提到："OKR 是确保将整个组织的力量都聚集于完成对所有人都同样重要的事项的一套管理方法"，它的作用体现在以下三个方面。

1）全员聚焦

从内容角度考虑，OKR 必须承接企业的战略，更具体的来说是年度经营规划，它需要先转化为企业整体、不同层级业务部门与个体的季度/年度 OKR，再向下拆解就是月报、周报、日报等具体动作，从而帮助年度经营规划真正落地。OKR 促使企业员工集中精力和资源在真正重要的事情上，从核心管理层到一线个体，如果大家都知道自己的目标是什么、与企业的目标有什么关系（有多大关系），就可以充分聚焦个体注意力。

2）网状协作

本书第 2 篇提到，采用空间网状模型来认识一家企业，任何个体在其中都可以找到彼此可能的连接关系。OKR 的设计原则决定了它能够驱动跨部门的高质量协作，面对多场景协作问题，通过寻找共同的 OKR 目标来产生连接与协同的内驱力。

3）信息透明

OKR 一般默认全员公开可见，上至 CEO、下至任何个体，实现目标、关键策略、评价标准等信息的充分透明、传播、共享，企业的透明度和坦诚度就可以不断提高，信息透明是经营效率改进的基础策略。

2. 如何设计 OKR

目标的制定都需要遵循一些通用逻辑，这样更具备全员可操作性，如 OSM 模型。

1）O（Objective）：目标

目标制定过程其实是上下对齐的过程，或者叫作形成共识的过程，并不是任何人单方面努力就可以完成高质量的目标制定。首先要充分理解上级目标并承接部分子目标，同时站在个人角度制定其他重要目标，很多事情可能上级对于其重要性、资源消耗并不了解，需要整理后向上沟通并形成明确共识。经过上下、左右多次对齐，就可以确定当前的个人目标。

2）S（Strategy）：达成目标的策略/路径、关键性节点

任何目标存在的意义都是可以被努力达成，否则就没有任何实际价值，同时会造成资源无效消耗。在资源、时间及其他因素约束下，选择什么样的实现路径、阶段性里程碑是什么，这时候需要被定义清楚，方便定期盘点与优化。

3）M（Measurement）：具备共识、可衡量的评价指标

具体目标制定需要符合 SMART 原则，即具体的（Specific）、可衡量的（Measurable）、可达到的（Attainable）、与其他目标相关的（Relevant）、有明确时间约束的（Time-based）。这样可以在所有相关个体之间形成被量化的共识，避免理解不一致。通过一个例子感受一下：假如我打算全年阅读 24 本书籍（目标），那么每天下班后需要预留 2 小时读书（策略/路径），这样每个月至少需要完成 2 本书的学习（评价指标），当然实际的 OKR 制定与执行复杂度更高。

3. 关于 OKR 运营

在一般情况下，OKR 是以月/季/半年/年为时间单位制定的，但不可能等到时间快结束时再去关注是否达成目标，这会存在极大的经营风险，同时没有改善的时间窗口。

OKR 是年度经营规划在各级部门、个体的具体呈现，所有的工作展开是以它为中心的，在业务执行过程中，进展如何、有哪些成果、存在哪些问题……都需要被呈现、复盘和解决，尤其是影响年度目标达成的重点项目，这些都是 OKR 运营的关注范畴。

我们可以按照自然周、自然月来复盘 OKR 的进展情况，并确定是否需要进行目标与策略的调整。OKR 是基于开始阶段的行业环境、企业战略、组织能力等基础条件确定的，随着时间的推移，很多因素都在不断发生变化，因此同样需要以动态的视角审视执行过程。

接下来一个问题，OKR 运营到底运营什么？OKR 运营内容主要体现在以下三个方面。

1）关注 OKR 完成度和质量

在实际业务执行过程中，推动多人落实 OKR 具有极大的挑战，具体表现：是否每个人都可以在预期时间内完成 OKR 内容、具体质量如何？这折射了组织的惯性力。

完成度低： 受组织与个体惯性影响，完成度低意味着很多人都没有参与到业务整体的目标体系中，在进行具体工作展开时可能会跑偏。

制定质量低： 制定质量低可能造成 OKR 体系的咬合不够严谨，导致更大层面的目标达成风险。我们常常会发现目标有意定低、跑偏的情况，这都需要在 OKR 运营过程中纠正。

2）持续的共识建设

OKR 并不是摆设，在业务策略推进过程中，最可怕的一件事情是无法形成共识，或者效率太低，它会直接影响企业决策成本。共识其实是很复杂且难以把握的，如对于某件事情，在多大层面、形成了多少共识？这些都需要在日常的 OKR 运营过程中逐步推进。从项目管理的视角，可以构建一张 OKR 地图，把相关人员（业务）装在一起，大家可以快速对于整体和局部的 OKR 进展形成共识。OKR 运营地图如图 2-3 所示，以 BU（Business Unit，业务单元）季度 OKR 为例，假设 BU 一号位有 3 项关键目标 O1、O2、O3，同时有 3 个下级业务部门承接其对应目标，那么，如何通过 OKR 地图进行持续动态管理？

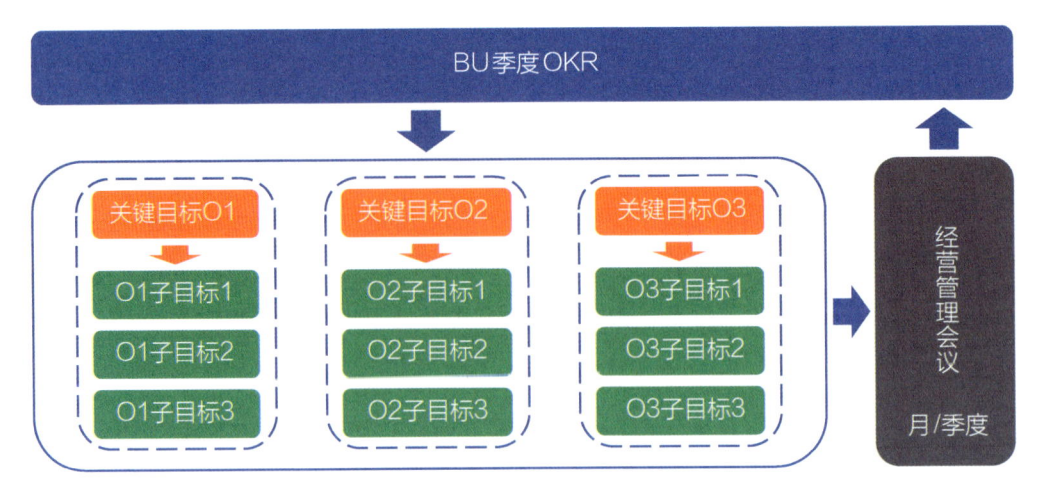

```
┌─────────────────────────────────────────────────────┐
│                    BU季度OKR                         │
└─────────────────────────────────────────────────────┘
              ↓
┌──────────────────────────────────────────┐  ┌──────┐
│ ┌─────────┐  ┌─────────┐  ┌─────────┐    │  │ 经   │
│ │关键目标O1│  │关键目标O2│  │关键目标O3│    │  │ 营   │
│ └────↓────┘  └────↓────┘  └────↓────┘    │  │ 管   │
│ ┌─────────┐  ┌─────────┐  ┌─────────┐    │→ │ 理   │
│ │O1子目标1│  │O2子目标1│  │O3子目标1│    │  │ 会   │
│ ├─────────┤  ├─────────┤  ├─────────┤    │  │ 议   │
│ │O1子目标2│  │O2子目标2│  │O3子目标2│    │  │      │
│ ├─────────┤  ├─────────┤  ├─────────┤    │  │月/季度│
│ │O1子目标3│  │O2子目标3│  │O3子目标3│    │  │      │
│ └─────────┘  └─────────┘  └─────────┘    │  │      │
└──────────────────────────────────────────┘  └──────┘
```

图 2-3 OKR 运营地图

针对 OKR 地图，我们需要按照月/季度进行完整复盘、更新，持续关注进展、问题、风险，同时审视 OKR 的设定与执行，做得好的与不好的，如何复制、如何避坑。

3）重点项目进展

OKR 内容的重要程度并不完全一致，重点项目进展需要被重点关注，就好像打仗时，会优先进攻战略要地，而非一股脑儿的无差异冲锋。对于该类型工作，需要按照项目来规范管理，通过工作分解（WBS），将任务拆解到位，确保相关人员之间形成共识，并落实到 OKR 中。在实际运转中，重点项目往往受到例行工作、临时突发情况的影响而被迫拖延，进而影响业务的整体进展。在 OKR 运营中，重点项目需要被单独审视，确保方向正确、状态可控。

4．OKR 运营不适合解决的问题

通过 OKR 运营很难确保具体目标与策略的量化是高质量的，这些内容需要借助严谨的数据测算、动态的外部信息输入来实现，进而更真实地反映业务过程与结果之间的因果关系，这部分内容需要在经营分析范畴下进行解决。

2.2.3 经营分析

OKR 运营侧重于项目管理视角的目标—策略—进展对齐工具，透过它可以看到业务单元、每个个体的 OKR 与重点项目进展情况，它的质量折射出组织惯性的演进水平。那么，经营分析的载体是什么？它在解决什么问题？我们一起来理解一下。

1. 经营分析报告

经营分析报告是企业与各业务单元的主要作战进展的直接呈现，作为经营仪表盘，其核心价值是将年度经营目标与执行结果、重要经营问题、风险和新机会进行呈现，并获得预期范围内的业务共识。

不同企业商业模式与进程的差异会直接体现在战略目标的选择上，谈论经营分析报告的主要内容就必须建立在理解企业战略地图与年度经营规划如何形成的基础上，如图 2-3 所示，单纯关注年度经营规划中关键目标 O1～O3 是不够的，要做到知其然，也知其所以然。

常见的一种情况是仅呈现各个视角下的财务结果指标，这是片面且远远不够的，既要关注结果，也要关注能够带来长期结果的短期关键策略进展，预期的结果不会无缘无故产生，在执行过程中需要不断调整与优化。经营分析报告内容如图 2-4 所示，接下来以 SaaS 场景为例，具体拆解一下经营分析报告的主要内容。

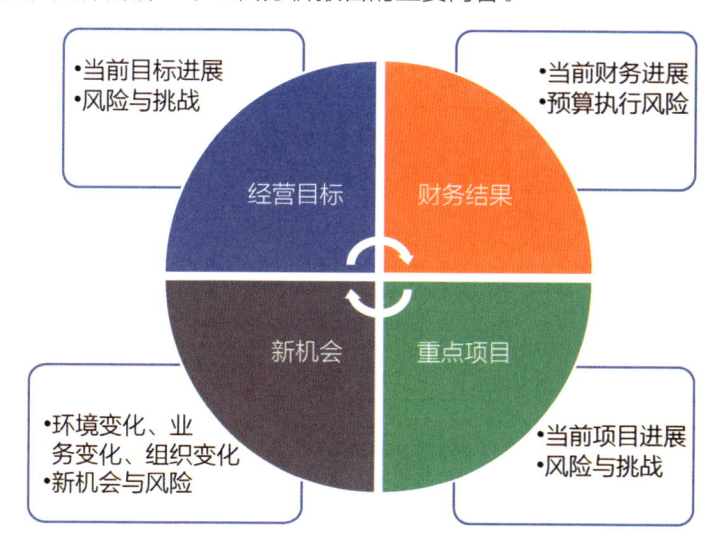

图 2-4 经营分析报告内容

1）经营目标

经营目标是最关键的指标，如果经营目标无法按照预算进度达成，那么其他任何单一场景做得再好都缺乏实质意义，这是必须首先明确的。通过经营目标，至少需要共同看到：

- 当前达成进度如何？是否符合预期、存在哪些挑战？

- 未来一个周期的预测是什么？是否存在达成风险、如何应对？

2）财务结果

根据年度财务预算，衡量当前是否按照预算进度在执行，包括整体及各主要业务单元各项收入、成本与费用使用、毛利与净利润等，同时需要预警风险（未达标、超支等）。需要注意的是，根据业务发展需要对财务预算进行适时修正，确保尺子的准确性，保障全年财务结果达标。

3）重点项目

经营目标与财务结果是特定时间点的状态，为了达成中长期的结果，需要关注支撑结果达成的重点项目与策略的执行进展，即我们既要关注结果，也要关注过程执行，缺乏过程的结果是难以持续的。针对具体项目（策略），尽可能通过量化指标的形式呈现现状、问题，寻找被优化的机会点，这样更有利于在达成共识的基础上进行有效的策略探讨。

4）新机会

随着外部环境变化、业务调整、客群研究等信息的持续输入，业务认知也必然不断迭代，我们需要关注是否存在新的结构型与改良型机会，如当短视频兴起时，对于零售电商 SaaS 来说就是结构型机会。新机会是需要持续思考的话题，年度经营规划基于制定时的前置假设，因此并非永恒成立。

可能还有很多其他内容，这些问题都需要尽可能以量化的方式进行呈现，最终对年度经营目标达成、业务健康可持续发展负责。能够承接上述任务的就是经营分析报告，它是具备共识的量化语言体系，目的在于减少业务认知层面的"内耗"。很多时候，真正的难点是对业务问题能否形成共识。分析的主要工作就是在构建与维护一套量化语言体系，借助它达成干系人在关键决策场景的共识，从而助力重要命题的解决。

2. 经营命题研究

经营分析报告是经营管理会议的重要材料，但它的使命并没有在会议结束后就此终结，反而是会议期间所形成的讨论及待办事项，将成为分析进一步深入研究的课题。经营目标与关键策略随着执行过程的演进需要被不断审视、修正，使其更能够匹配年度经营规划的达成，其实质是围绕经营分析报告持续进行若干思考。

- **经营目标**：伴随着业务实践过程，经营目标是否合理，或者说需要被调整吗？
- **财务结果**：财务预算达成是否符合预期？哪里需要被调整、优化？
- **重点项目**：围绕经营目标，重点项目是否被充分执行且达成预期结果？还需要从哪些角度进行探索？
- **新机会**：从市场洞察、业务执行、数据探索等视角，是否有新的发现或机会值得进一步研究？
- **其他**：业务基本盘是否健康、可持续成长？存在哪些风险预警？

这些都会延伸出一系列需要被回答的问题，需要基于深度的业务理解，同时结合行业洞察、定量研究与财务测算等多种方式给出可选择的解决路径。任何时候目标明确是所有人的期待，然而事实上这并不容易做到，不确定因素太多，上帝视角并不存在，真正重要的是在执行过程中的不断修正，广泛感知与灰度认知才是常态。我们可以看几个零售电商 SaaS 业务常见的问题。

1）NDR

SaaS 商业模式成立的基础是续费（留下来、留的时间更长），再收敛一点就是可以活得更好（更多付费），也就是真正意义上的客户成功（NDR）。从该指标的计算逻辑来看，NDR 反映的是某一时期付费的客户在下一个续费期付费额的变化情况，在测算过程中就需要持续对于摊销方法、收入类型（经常性与非经常性收入）、指标灵敏度、客户结构、业务执行策略等因素进行充分考虑，这也是我们在持续迭代的内容之一，并非是单纯口径计算的问题。

2）续费率

当续费率下降时，并不是盯着到期客户给业务人员下"死目标"就可以，因为这基本没有太大用处。反而我们需要从客户结构、策略执行、竞争对手、市场趋势等方向挖掘深层次原因，很多时候并非执行问题，而是市场发生较大的变化，如局部城市疫情。类似的问题多且难度大，但对于分析从业者而言，都是更有意义的挑战。

经营分析及其关键命题研究是极其复杂的，它需要承接者在分析方法、工具掌握、业务理解和领导力等核心胜任能力上有充分的积累和系统化的实践能力，还必须要有相对客观的立场。

经营分析是以业务决策为导向的各项能力建设，通过解决业务事实层面的认知标准差异，将所有人的注意力聚焦于经营目标、关键策略，从而保障年度经营规划与战略目标达成，这是所有分析工作展开的出发点，也是落脚点。事实上过去我们也是这样实践的，分析团队经过在"规模、成本与效率"约束下的问题验证、报表体系建设、分析能力培养等历程后，积累了扎实的专业功底，同时借助经营分析，既可以实现关键业务信息的充分流通，又可以拉高成长天花板，从关注具体事项到关注企业年度经营目标达成，这是很重要的一个跨越，它提供了更大的价值创造空间。

第3章 分析型企业建设

> 优秀的分析如星星之火,组织能力提升才能形成燎原之势。不确定的时代、机遇转瞬即逝,分析型企业能够极大增加竞争中获胜的概率,以及风险应对的灵活性。

战略目标的达成需要经营管理保驾护航,更深层次的支撑力量源自能否从企业整体视角构造基于客观事实的决策机制,基于此,业务人员能够进行更有效的判断与决策。在这种情形下,业务决策效率与分析能力建设实现同步正向迭代,企业也将进入持续正向的自我演进之路。

在经营管理实践过程中,最大的挑战在于个体在日常工作中所形成的局部、片面的认知,这种认知将导致他们难以围绕战略目标、年度经营规划等重点事项形成全局且高度共识的判断,从全局视角打破各种孤岛是重要的解决路径。另外,基于客观事实的决策机制应该融入企业数据文化,同时得到核心管理层倡导,形成组织惯性并持续被迭代,这是组织能力建设的重要构成部分(组织能力优化是因,业务落地是果)。

对于分析从业者,为什么需要关注分析型企业建设?

只聚焦于具体业务问题的研究分析,分析工作就很难走得更远,其单一价值产出难以支撑个人持续的成长诉求,唯一能做的就是不断寻找更大的价值空间,同时明确核心胜任能力,并在最短的时间内达成能力变现。由具体问题向年度经营目标达成、企业整体经营决策效率优化等方向拓展,这更能凸显价值且具备更大的结构成长空间。

3.1 孤岛问题

从产生一个具备决策增量的观点或结论来倒推,它至少需要完整的数据积累和充分的业务信息,但其实这是很具有挑战的。各种数据墙、部门墙、信息墙……都是难以撼动且无法绕开的现实阻碍,极易导致重复造轮子。在基础的规范约定下,自上而下地保持开放与融合是消除孤岛问题的主要路径。

在空间网状模型中,个体在信息传递过程中不失真,对于解决问题、创新及应对挑战的能力有显著影响。孤岛问题是数据、业务信息传递与结合的巨大阻碍,要么企业自身主动打破,要么企业在竞争中被迫变革,这是应对商业竞争日趋激烈的必选项,而非可选项,概括来讲就是当期待先进生产力时,就必须匹配更为先进的生产关系。

3.1.1 打破数据孤岛

数据是研究分析的基本素材,其是否满足准确性、完整性、业务导向性,对分析质量与效率有重要的影响,同时数据需要围绕业务发展方向与要求持续优化、完善。企业从不同业务场景所获得的数据,需要按照统一规范进行规划与建设,以确保可以得到充分应用,在这个过程中,业务导向性相对于单纯的数据建设规范更重要。不具备应用价值的数据积累是没有实质意义的,对于互联网企业而言,大数据建设基本是一种标配。数据孤岛问题如图 3-1 所示,我们主要关注与分析相关的挑战问题。

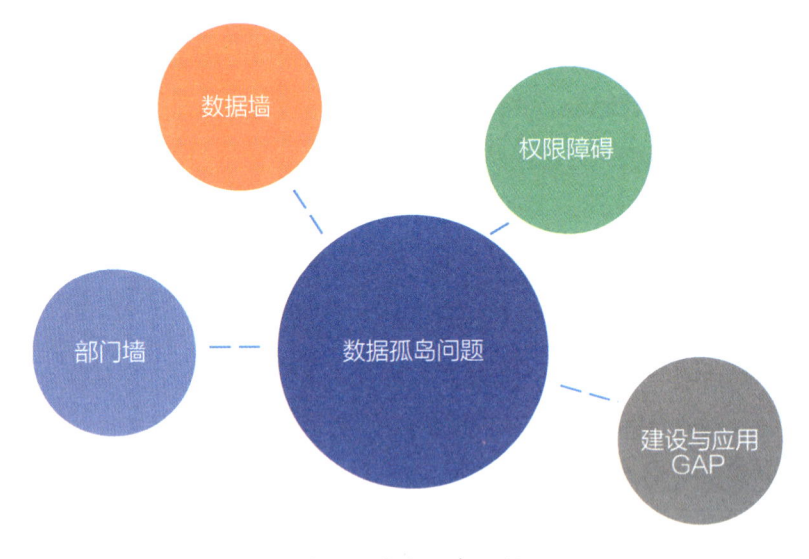

图 3-1 数据孤岛问题

1. 保障数据质量

错误或带有误导性的数据,如数据缺失、统计逻辑混乱等,需要从约束规则与主动性等多层面进行防范,错误的决策观点可能误导业务从而造成巨大的损失。在分析过程中,对于数据生产与加工逻辑的理解,是规避该问题的主要方法,这也是问题验证类需求真正耗时的环节,我们在心态上要接受不完美的数据,并时刻保持对数据的质疑和敏感性。

数据质量管理是一个双向奔赴的过程,数据开发与分析分别从技术建设与业务使用体验上驱动质量优化，期待直接获取现成且高质量的数据是不太现实的。

2. 数据权限管理

基于企业的数据治理与融合，确保分析从业者可以访问必要的数据，这里有一个潜在风险点：权限管理。站在数据开发视角，更多的人通过数据查询来验证或分析问题固然是一种理想的场景，但由此可能带来巨大的数据安全风险，并导致共识效率低下，这是现实的挑战。在空间网状模型中，假设个体都拥有相应数据权限，由于技术水平、代码习惯、业务理解等要素的差异性，必然会带来对同一事实的认知差异，造成难以估量的决策成本损失。

因此，数据权限管理需要在整体决策成本与效率之间进行综合考量，过于宽松或严格都不能够真正匹配业务需要。

3. 业务价值导向

如何确保数据建设的业务导向性？这是分析从业者需要考虑并做出相应规划的命题。以报表体系为例，它是由大量指标组合形成的指标看板，服务于业务日常运营与决策。业务策略需要根据市场竞争持续动态变化，指标的定义与建设也必须要能够匹配业务的动态需求。

业务价值导向并非是一次性的事情，它真正困难的是如何做到与业务的动态匹配。分析是业务与数据开发之间的桥梁，分析从业者需要准确判断和抽象业务需求，并清晰地传递给数据开发人员。

3.1.2 业务流程改造

有一个相对普遍的现象，分析从业者对于业务动态信息的获取常常是滞后的，亟待解决的问题却是最新的，这两者之间的错位就是业务流程设计的缺陷，直接影响就是决策质量与效率低下。很多时候大家更习惯于把这种现象归因于主动性不够，但事实上，这是业务流程设计的问题，难以依靠个体主动性在更深层次得到解决。其背后有三个挑战是需要被关注的。

1. 价值正向交互

分析嵌入业务流程的客观前提是需要对其产生明确的价值增量，否则就很难持续下去。同样地，深度参与业务带来了分析能力的快速提升，这就构成了价值正向交互，使得彼此的深度协同可以持续深化。参照第 5 章（5.1 节驱动机制设计）提到的 SE 环，反馈评价（Evaluation）就是要明确是否产生了价值增量，否则对分析产出的价值判断很容易受主观情绪的干扰。尤其是对于未被业务采纳的分析结论，很自然的归因就是分析的不足，然而在实际的业务实践中，存在相当一部分问题是质量或业务自身的原因。

彼此可量化的价值交互是二者能够长期协作的前置条件，在业务流程中需要将协作的价值产出以共识的方式透明呈现出来，让协作正向进化。

2. 融入业务流程

要解决业务动态信息获取滞后的情况，除依靠价值交互外，还必须站在企业整体视角，推进分析融入业务日常流程，提高信息透明度。

在 SE 环：高质量问题（Question）环节，大部分问题（问题验证、报表体系、研究分析）都首先由业务侧发起，然后分析侧承接处理，这是比较低效的协同，在这种情况下，分析一般会被定义为支撑型。假如分析深度融入业务流程，则可以大幅提高问题沟通与处理效率，甚至大量的问题都可以由分析来发现、发起并主动推进解决，逐渐成长为驱动型团队。

在 SE 环：知识扩散（Expansion）环节，融入业务流程更有利于研究分析产出、分析方法、工具技能在业务场景的扩散与运用。分析需要由零散的支撑变为业务流程中持续的、日常的一部分，从而有效解决研究分析、业务决策与执行之间割裂的问题。

3. 构建分析生态

孤岛问题、内部竞争、部分业务协作困难等经常可见的事项，仅仅靠主动性是无法解决的。站在企业视角，腾讯、阿里等互联网巨头在业务步入成熟期后，都会选择不断完善自身的商业竞争生态，从而尽可能保障持续的创新与竞争力。对于分析也一样，仅依靠某个单点是难以持续的，需要思考的是如何建设分析生态，这是在价值正向交互与融入业务流程之后需要被考虑和规划的。

一切可以促进分析型企业建设、分析价值主张达成的内容，都可以被有效地整合进生态。从这个视角来看，本书的绝大部分思考都是在构建和完善该生态，我们需要由"分析解决具体问题"迈向"分析建立竞争优势"。

3.2 数据文化

正如 Gartner 所讲,"建立数据文化和素养是最重要的两个工作"。数据文化的建立,意味着企业从核心管理层到员工,企业全员都能够尊重数据,将数据作为重要的决策工具和沟通语言。

站在分析视角,促进企业全体成员上下同欲、同知、同行的关键是建立共识的量化语言体系,共识可以让所有人专注于业务目标设计与校准、达成路径与关键策略选择,而不是停留在不同立场的数据口径拉扯上。数据文化需要超越个人经验与好恶,超越规则要求,内化为理所应当的意识。数据文化就像一棵"挑剔"的树苗,很难被移植或嫁接,只有通过不断地执行与迭代才能根植于企业文化之中,当面对竞争与市场变化时,它会爆发出难以估量的驱动力。

3.2.1 认识数据文化

在空间网状模型中,不同立场的数据口径(标准)问题会带来极大的组织内耗,如以下几个场景。

- 业务负责人经常借助个人经验、感受与喜好进行判断与决策。
- "这个数据统计不一致,那么明天再组织会议讨论吧"。
- 研究分析结果未被采纳,就被判定为没有价值,导致绩效考评结果很差。

相对于人员招聘、广告投放等,上述场景的资源消耗基本上都是隐形的,容易被忽视、不断妥协。解决这一类问题,最好的方式是自上而下地塑造数据文化,并内化为组织惯性。

记得在很多次业务会议上,都有一个情景让我始终记忆犹新:"这个数据跟业务怎么不一致啊!"紧接着大概率会收到领导的"关心","你们能不能把数据搞正确啊?"估计领导心里已经在骂人了。还有,就是每份报告产出总会有一大堆口径说明,这是令人特别心烦的一件事情。

那么,我们所谈的数据文化,它有哪些特征?

1. 借助分析指导决策和行动

借助分析指导决策和行动简单来说就是让分析与业务行动接轨,凭借个人经验、职权,而非客观分析来做出判断是非常糟糕却屡见不鲜的问题,并不是说领导想做某件事情,大家就必须不加思索地盲从。有一点我们也必须明白，分析与业务决策之间是不同的，分析希望用尽可能多的数据进行充分的探索、推演、总结，并不会过多考虑决策效率与未来影响，但这是业务决策者必须要考虑的事情，因此在实际场景下往往需要根据现有的分析观点和未来的前瞻性判断相结合来做出决策。对于分析而言，需要不断改进的是增加在业务决策过程中的基于数据的认知增量，从而增加决策结果的确定性。

2. 时刻保持客观理性

对于日常工作需要持有理性、客观的态度，不预设前提、观点，通过严密的逻辑推演寻找问题本质。在数据的视角，不应该存在也许、大概、差不多之类的用词，对于传统认知、个人经验等都需要保持谨慎的质疑，借助可获取的数据进行科学求证。任何业务异常问题，如业绩突然下降、客户流失加速等现象，背后一定隐藏着某些必然的原因，这些都是值得客观挖掘的切入点。即便站在整体角度关键指标正常，也并不意味着某些局部场景不会出现异常，警觉、客观、理性是个体应该秉持的基本心态。

3. 正确看待未采纳的结论

未被采纳的研究分析结论并不等同于没有价值，它至少证明某个路径是无效的，同时帮助逐步收敛认知。分析是科学方法在商业场景下的实践，需要正确看待，避免过于急功近利，它并非万能的灵丹妙药。很多企业在设计考核标准时，往往以是否取得预期的业务结果来评价，这并不十分严谨，导向正确并不等同于该路径（做法）正确。分析结论漏斗如图 3-2 所示，我们需要以业务应用与结果为价值导向，但问题假设、可执行因素、市场环境等条件变动必然会导致部分结论不会被采纳，或者不会产生预期结果。正确的路径是客观评估现状并基于此驱动分析结论漏斗的结构优化。

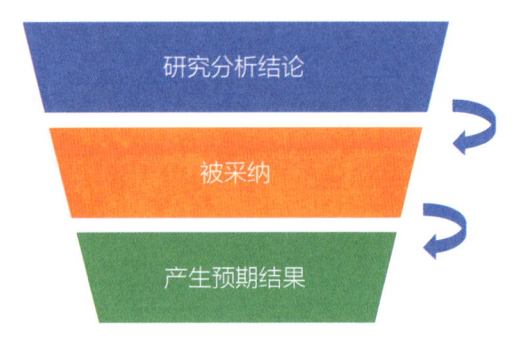

图 3-2 分析结论漏斗

3.2.2 构建数据文化

当我们都认同良好的数据文化是重要的且尝试寻求改变的时候，剩下的就只是关于如何做到的路径选择。但在很多情况下，企业很难真正意识到数据文化的重要性并做出行动，究其原因在于数据文化对于企业价值贡献并非是显性且短期有产出的，因此大家往往缺乏耐心进行长期投入。推进企业数据文化建设，通常会有如下三种形式。

1. 顶层驱动：自上而下推行

试想一种场景：如果大家习惯于通过感受、经验来理解业务，而非客观分析的结果，那么这意味着什么？在空间网状模型中，核心管理团队是影响程度最大的群体，对于其他个体会形成鲜明的价值导向。如果是上述假设情形，则企业将难以进入持续正向的自我演进之路。

依靠顶层驱动，这是最理想、也最利于推行的一条捷径，更容易形成以数据为内核的企业文化。但并非大家都具备这样的认知习惯，也很难直接用对错来评判，每家企业成功的原因并不相同。只是从推行的难度而言，这是最优路径。一旦形成基于事实决策的组织惯性，就只需要在对的方向持续演进。

2. 逐步演进：由局部到全局

逐步演进是绝大部分企业的真实情况，经验决策过渡到数据化决策是一道鸿沟。对于分析团队，被质疑、不被重视是常态，但我们需要坚定地认同自身的价值创造，通过逐步优化的方式推动企业整体分析决策能力提升，可以尝试如下做法。

- 聚焦少量重点业务场景（1~2 个），快速产出超预期的结果，打造标杆。
- 基于标杆效应，帮助主要业务场景短期内产生积极、正向的变化并持续优化。
- 倒逼落后场景，最终做到与绝大部分业务保持一致。

对于问题验证、报表体系、研究分析等内容在企业内的解决与治理而言，上述都是行之有效的办法。选择逐步演进的路径，也可以带来全局的改变，但是最大的代价就是时间。

3. 被动改变：行业变化驱动企业变革

很多时候我们会看不清自己的问题，或者即便看清也并不会重视，其原因可能是不知道它带来的系统性影响。2022 年之前，大部分企业并不是很重视经营效率，而是更追求业务增速；但随着 2022 年市场经济环境的变化，几乎所有企业开始极度重视经营效率，在不断寻找收入增长点的过程中，持续优化成本与费用。

从增量竞争进入存量竞争，才是更加考验企业竞争优势的阶段。它会倒逼企业重视，甚至加速变革，这是一种由外力驱动的改变。正是这一变化，企业从重视业务增速转移到重视经营效率提升，同时爆发了对共识量化语言体系的诉求。

3.3 分析人才

不管是孤岛问题的解决，还是数据文化建设的推进，都需要一支坚强有力的分析团队，作为可以燎原的星星之火。那么我们应该基于什么样的视角来思考分析人才的培养呢？这并不是一个容易回答的问题，需要兼顾价值创造、个人成长等多个因素，其实质就是回答个人价值创造的路径是什么。概括而言可以划分为两个阶段。

1. 围绕核心用户决策场景的价值输出

核心用户决策场景是最重要的战场，这里包括核心用户的选择、辅助业务决策两个关键点。价值输出是指要超预期完成既定目标，最佳路径是系统化应用核心胜任能力（分析技术、工具技术、业务技术和领导力）。忽视系统化而不断强调单一能力很容易偏离职业目标轨道，这是大部分分析从业者所遇到的现实挑战，任何能力最终需要关注的就是可以被共识的价值，它才是支撑我们与核心用户长期互动的基础。

2. 驱动企业整体分析决策能力正向演进

我们必须承认，任何个体乃至团队能够直接贡献的价值创造始终是有限的。但是成长的诉求永无止境，此时就必须尝试站在企业视角持续思考更大的价值空间在哪里。其实质就是如何推进分析型企业建设，并转化为企业自身的竞争优势。

站在企业视角，期待的是分析价值创造与业务结果正向协同，其中能否构建成长的土壤是关键，它并非纸面的岗位要求，而是核心能力、机制、阵型等一系列策略的体系化设计。

3.3.1 培养分析人才

分析人才培养是经常缺失，或者并不被重视的一个话题。分析是一项既强调综合能力，又重视实践结果的职业，并不是具备某些单一能力就可以胜任的，门槛与天花板之间的差距是巨大的。站在不同成长阶段，定义清楚需要具备的多元化能力与简单有效的机制是基础且重要的。

1. 核心胜任能力

以全面、合理的颗粒度概括核心胜任能力并非易事，本书尝试从分析技术、工具技术、业务技术与领导力四个维度来定义，从而作为积累相关能力的路径参考，避免片面、缺乏体系的知识堆积带来的负面影响，详细内容在第 3 篇展开讨论。以下列举了需要掌握的基础内容。

1）分析技术

- **行业分析**：PEST、波特五力、SWOT、STP、PMF、调研分析等。
- **定量分析**：客户路径分析、对比分析（指标、趋势、群体）、逻辑树分析等。
- **财务分析**：杜邦分析、三大表、UE（Unit Economics，单位经济模型）等。

2）工具技术

- **常用工具**：Hive、SQL、报表工具、Python/R 等。
- **数据治理**：对数据仓库/数据采集等相关内容进行规划、建设。
- **统计模型**：常见回归、分类、聚类、集成算法等机器学习方法。

3）业务技术

- 具备清晰的商业思维，熟悉所从事行业的商业模式、发展趋势。
- 清晰理解业务发展目标（OKR）、工作逻辑、阶段性规划等，关注高价值问题解决。

4）领导力

- 战场：跨场景下的优势建设。
- 个人影响力的塑造：如何在战场上取胜，并不断升级认知。
- 借助团队杠杆，不断扩大价值创造。

每个人在具体时间点，理论上都可以在上述核心胜任能力空间找到一个具体坐标，据此可以看到能力差距是什么。有目标的学习远比单纯的忙碌更重要。

2. 机制建设

判断数据模型的好坏，准确率是其中一个重要的指标，它可以促使我们不断寻找能够提高准确率的路径，如更高质量的数据、更优的算法模型等。同样对于分析，也需要这样的机制激发内在的驱动力，主要体现在两个方面。

1）优秀的标杆

常常可以听到类似的反馈："你要做得更好啊""你要贴近业务啊""你要更积极主动啊"……这个时候就有一个问题，好的标准是什么？当我们持续追问的时候，就很难得到明确、有用的回答，大部分是逻辑层面正确的表述，缺乏可复制学习的参考价值。

这个就像销售 SaaS 软件时，客户经常提出的问题："跟我们经营模式相似的企业，有做得好的案例吗？"，如果有，至少可以告诉客户，这条路不仅可以走通，还可以走得很好。对于不同类型的工作内容，都需要树立明确的优秀标杆，对于问题验证、报表体系、研究分析等内容，做到什么标准是优秀？案例是什么？这远比模糊的反馈更有力量。标杆可以作为奋进的导向，在模仿中成长、创新，这是最有效的培养路径。

2）最短成长路径

优秀标杆是方向，那么可实践的最短路径是什么？

这是更为复杂、充满挑战的命题。正如第 2 篇关于驱动机制的详细介绍，SE 环正是在尝试回答路径问题，具体可以借助公式来理解：后验认知=先验认知×校正因子。SE 环中业务现状、高质量问题与有效回答都可以看作先验认知下的执行，而反馈评价是客户视角的最终价值与持续思考的显性化，也就是校正因子。二者共同形成了后验认知，也就是下一次迭代的先验认知（输入）。

持续自我迭代是最有效的成长路径，而迭代质量取决于反馈评价的执行水平，即校正因子是否能够达到最优值。

3.3.2 选择打仗阵型

选择什么样的打仗阵型，是依据企业当前和未来业务需求决定的，可以参考其他大厂经验，但不能盲从，需要明确其中的取舍，如数据基础建设、业务运转效率、经营管理效率等具体命题的权重。在取舍过程中，需要重视业务需求与分析从业者成长之间的均衡，更确切地说是如何在最大限度驱动业务的同时进行分析团队的培养，即业务需要被优先解决的问题到底是什么？应该如何选择阵型？是否有利于培养优秀的分析团队？

常见的架构形式、优势与不足如下。

1. 集中式架构

集中式架构如图 3-3 所示，当需要对数据和研究分析需求进行集中统一管理时，一般会优先采用该架构，它有利于资源更有效地进行分配。

图 3-3 集中式架构

1）优势

- 最大限度让企业战略目标与分析团队资源配置匹配一致，如"规模、成本与效率"约束下的问题验证、报表体系等能力建设。
- 有利于对分析人才培养进行统一规划与管理，如专业能力培养、资源分配。

2）不足

- 该架构下业务部门不具备分析资源的管理权限，分析与业务之间的协同存在较大挑战，通常的弥补策略是分析部门预留一定时间与业务部门一起工作。
- 企业管理层的各类需求通常需要按照优先级进行处理，这必然会影响在业务层面的合理投入。

2. 分散式架构

分散式架构如图 3-4 所示，在该架构下，分析团队会归属于业务部门。对于业务复杂度较高的企业，具备成熟的企业级大数据平台之后，该架构可以使得业务部门具有极大限度的数据自主权，业务迭代效率与灵活性可以得到充分释放。

1）优势

- 分析团队与业务部门深度融合，提高对业务信息的理解效率、分析效率与产出质量。
- 最大限度消除分析与业务之间的距离感、提高自主权，有助于研究创新，如业务洞察、分析方法论等。

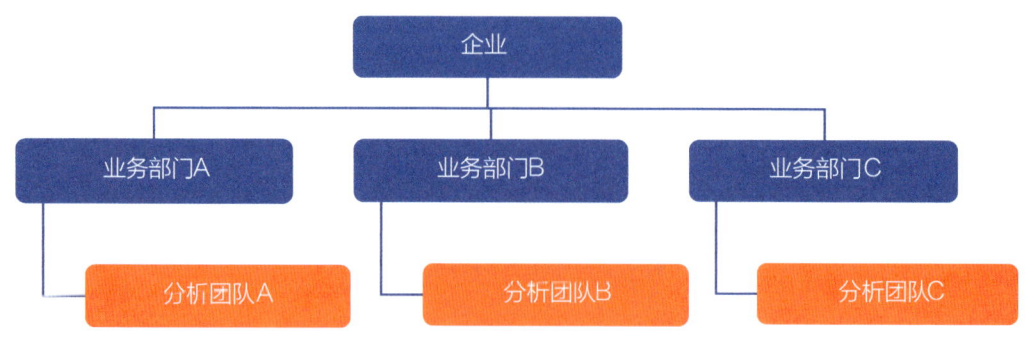

图 3-4　分散式架构

2）不足

- 容易形成新的孤岛，造成资源的重复配置和浪费，以及不同立场的研究产出容易导致企业管理层决策共识效率低下。
- 缺乏集中管理，分析团队各自为政，主要体现在工具使用、研究分析标准与流程等方面，人员培养挑战较大。

3. 混合式架构

混合式架构如图 3-5 所示，它是上述两种架构的混合，即统一管理、分散作业，子部门 A 和子部门 B 归属于分析部门，但日常与业务部门紧密融合并进行汇报（虚线）。混合式架构可以最大限度地在集中式架构与分散式架构之间取得平衡，通过约定应该统一遵守的最佳实践规范，进而充分释放价值创造潜力。

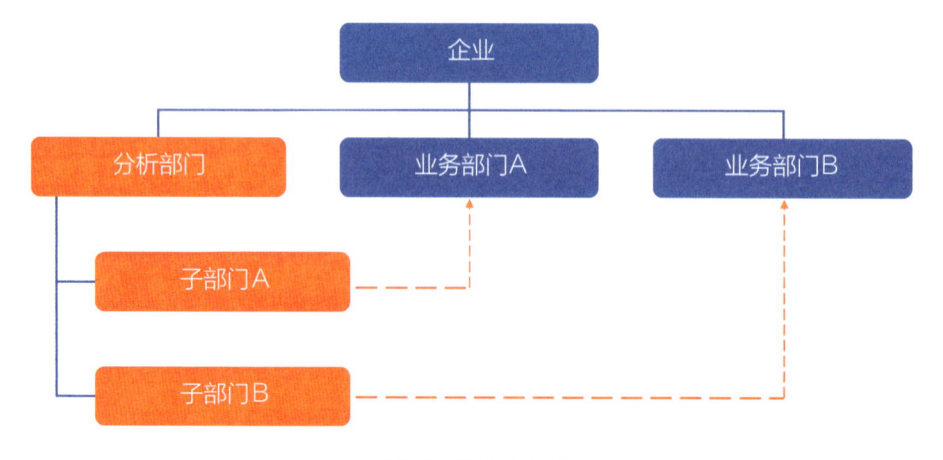

图 3-5　混合式架构

1）优势
- 在实现资源整合、最佳实践方法交流的基础上，充分释放在业务侧的自主权。同时有利于各种分析方法论、实践经验的沉淀，可更大范围地影响业务的决策能力。
- 对于复杂度高的企业，各层级之间的共识效率会得到持续改善，间接影响经营效率。
- 各种工具、方法及人员培养都可以得到整体性的规划，兼顾整体与局部诉求。

2）不足

管理挑战较大，当出现内部团队之间的冲突时，非常考验管理水平。

加入有赞至今，分析部分大部分时间保持集中式架构，2022 年开始偏向于混合式架构建设。主要考量是：首先，To B 场景的命题极度复杂、试错成本高。错误的判断会带来产品、服务、销售等协同链路资源的巨大消耗；其次，人员培养成本高，需要横向全链路、纵向多层次的业务理解，一般入门分析人员的培养至少需要 6 个月时间。

据此我们可以看到，集中式架构可以解决上述大部分的问题，伴随着大数据平台成熟度提升，且规模化问题验证、业务指标量化体系建设完成，需要更加关注业务驱动、经营效率提升，可考虑混合式架构，从而最大限度地平衡业务迭代效率、经营效率与人员培养。

本篇小结

- 透过企业使命、愿景、战略目标与解码、年度经营规划，可以看清楚企业长期价值与短期路径选择，这是分析价值的认知起点与实践终点。
- 经营管理是年度经营规划达成的过程保障，OKR 运营与经营分析以经营管理会议为载体，确保战略目标、年度经营规划沿着预期方向演进。
- 分析型企业建设属于组织能力塑造的重要一环，也预示着更大的结构性价值空间，个人研究分析能力与企业分析决策能力是可以同时选择的成长点。
- 分析并非仅是方法、工具及各种具体产出，透过全局视角才能够看清楚其长期价值与破局点，回答成长的困惑并找到合适自己的成长路径。

第 2 篇
终局：分析价值

本篇导语

"皮之不存，毛将焉附"，用这句话概括本篇主题再贴切不过，任何岗位首要关注的必然是企业年度经营目标的达成，而后才能抽丝剥茧地看清楚自身的站位、未来可能的机会及成长空间。于分析而言，需要从企业期待分析能够贡献的价值与自身现状之间的差距来定义要做的事情（价值主张），并持续迭代、收敛。价值创造空间如下图所示，价值创造过程是随着时间动态变化的，需要持续、深入地洞察企业阶段性需求，避免刻舟求剑，才可能做到与企业共同成长。

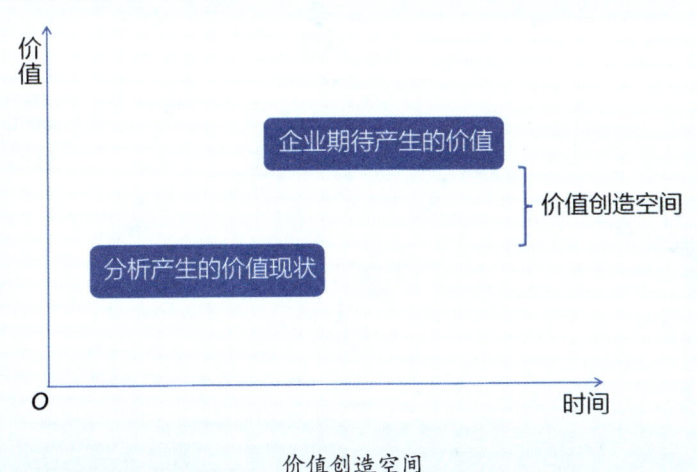

价值创造空间

为什么需要首先明确分析的价值主张？

价值主张是在清晰洞察企业需求的基础上明确我们想要做什么，而价值创造是围绕价值主张的实际输出。这是一个基础且重要的问题，需要从日常所做的具体工作中跳出来，站在更高层面审视自己对企业的价值创造是什么。究其本质是，我们需要清晰地理解分析是在贡献什么价值，从而不断提升分析的价值广度与厚度，而不是忙碌于具体事项，为此这里依然借助 Who-What-How 来思考。

- **Who**：我服务的核心用户是谁？
- **What**：我能为他们提供什么独特的价值？
- **How**：这些价值通过什么方式实现，又如何获得价值回报？

这是一个具备普适性的思考方式，它能帮我们看清楚表面现象背后真正的问题与答案。

分析价值主张是什么？

在回答这个问题之前，需要从分析视角理解企业是什么。当然企业在法律概念上是有明确定义的，这里强调的是分析视角怎么看，这是一个很关键的基础问题。

大部分企业都可以看作由不同规模的个体构成的空间网状结构，个体之间存在各种形式的复杂连接关系，且不同个体的影响力（高层管理、中层管理、终端业务……）存在显著差异，本书将它称为空间网状模型，如下图所示，它是我们理解分析价值主张的基础。

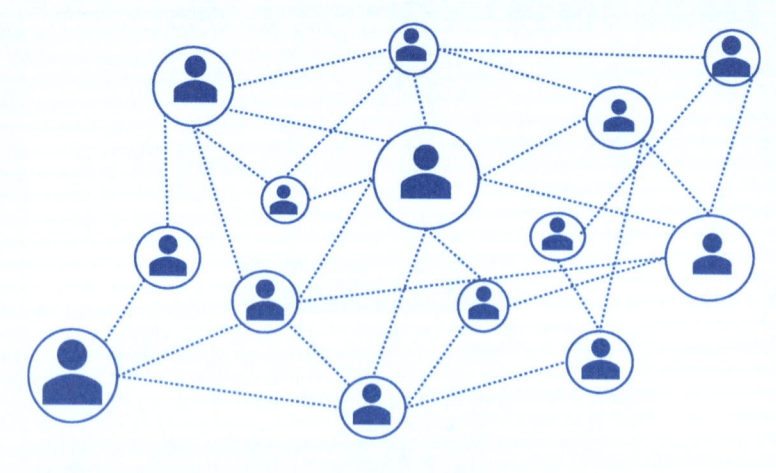

空间网状模型

空间网状模型的主要特征如下。

- **个体差异大**：个体由于在岗位分工、职业经验、认知水平等方面存在不同，因此其对于业务的认识与抽象能力也会有明显差异。
- **连接关系多样**：个体之间存在多种不同的连接方式，包括组织架构、业务场景、项目协作、兴趣爱好等。

- **共识难度大**：不同个体，甚至是某个群体，对于同一业务场景的认知一致性存在很大挑战，这里有立场、认知差异等多种因素。
- **规模效应**：随着企业规模快速扩张，需要被验证与解决的问题会以更快的速度增长。

借助空间网状模型，我们可以重新从整体结构视角来思考：核心用户是谁？能提供的独特价值是什么？如何传递价值？基于我们过往的职业经历，本书尝试提出一个分析价值主张，即**不断构建与完善分析驱动机制，借助具备共识的量化语言体系推进同欲、同知、同行，进而加速分析型企业及决策优势建设**。

必须承认这是一个长期且极为艰难的系统性工程，但其价值影响与可实践性是成立的。至此，我们回答了核心用户（Who）和价值主张（What）两个问题，接下来需要思考的就是如何实现（How）。在这种结构中回答 How，其实质就是在规模、成本与效率的共同约束下寻找最佳实践路径。

第4章 认知建设：规模、成本与效率

> 如何看待所遇到的问题，就意味着解决路径在哪里，真正的区别在于站在哪、以什么样的视角来观察。就像报表，它既可以是指标的堆砌，又可以是共识效率优化的解决方案。符合实际的认知方式，有助于看清真实问题并有效应对。

先看一个基础假设：对于企业来说，任何个体的思考与行动都有可能带来或大或小的业务创新与机会，因此其想法应该尽可能得到已有数据的充分验证、收敛！尤其是2022年之后，在企业内部追求持续创新、经营管理提效的背景下，这个假设是成立的，但是要做到、做好并不容易，规模、成本与效率是最直接的约束条件，分析不可能脱离它们来无限投入并不明确的可能性。在空间网状模型中，业务决策不再是任何单一个体的事情，他们之间会互相影响（正向、负向），因此对于业务事实的认知一致就显得非常关键，否则就无法真正聚焦业务讨论与策略改进。

试想一个场景：几个部门负责人在谈当月客户GMV时，竟然冒出了多个答案，即使我们都知道这一定是统计口径不一致导致的，但它确实使后续的讨论无法进行。事实上，在可接受误差范围内，对错有时候并不一定很重要，大家对于同一对象的认知是否一致才更关键，这是形成共识的事实基础。接下来我们分别从规模、成本与效率来直观感受一下。

1. 规模

2021年底，有赞大概有4000名员工，假设每人每年提出1个待验证问题，那就是4000个/年，如果每人每年提出10个待验证问题，或者更多呢？问题数量可能呈现爆发性的增长，这远非任何单一团队仅依靠人力就可以解决的，但它又必须得以解决，这就是一个典型的规模问题，当然实际业务场景中会更加复杂。

进一步，可以将上述问题收敛一下，假如有20%的问题值得深入研究分析，那就是800个/年，单看数字很多人没有切身的体会，粗略做个简单计算：假设一年有250个工作日、平均每份研究报告需要耗时5个工作日，那么800份就需要耗时4000个工作日，需要 16 个人力 100%投入。

2. 成本与效率

如果从企业整体视角来考量，那么成本与效率体现在以下两个方面。

1）分析视角

由于距离前端业务相对较远，因此价值被充分认可是比较困难的，但成本是实实在在产生的。如何在控制成本的同时提高处理效率，这就非常具有挑战性。抛开规模讨论成本与效率的意义不大，假设单个问题验证平均耗时 1 个工作日，似乎还可以接受，但是当面对 4000 个类似问题时，那就需要认真考虑、评估。当然这时候会有一些自动化的解决方案（如增强分析），但它们都是有前置应用条件的。

在规模视角的测算中，假定分析从业者年薪为 30 万元，那么仅研究分析问题就需要将近 500 万元，这是一笔不小的投入。

2）企业视角

在业务执行过程中，先有业务策略，再匹配高质量的执行，研究分析直接服务于业务策略制定，所以其质量与效率在业务流程中会被进一步放大、循环累积，这是隐性的资源消耗，它常常难以被发现，因此并不受重视。试想一下，业务策略制定延迟 1 天，它带来的影响是什么？几乎所有的协作链路都至少需要延后 1 天。反之，如果能够提前 1 天呢？再将规模因素考虑进来呢？

在企业分析实践中，我们始终都走在求解规模化问题的路上，通过不断优化成本与效率以实现最大的价值创造，这是我们最重要的目标。

4.1 问题验证

问题验证是最常见的一类问题，几乎每个分析从业者都处理过这类问题，同时大多数分析从业者常常会从内心轻视，甚至经常自嘲是"取数机器"。**那么，问题验证究竟在解决企业的什么问题？**

4.1.1 发掘潜在价值

单就问题验证这类问题本身来说确实比较枯燥，简单重复对个人的成长意义也并不明显。但站在企业经营视角，即我们上面提到的假设：任何个体的想法都可能蕴含着某种潜在的业务价值创新点，企业需要以更低的成本、更高的效率来解决这类问题，而不是规避、轻视，也就是说在规模化的前提下，ROI（Return On Investment，投资回报率）一定要高。

问题验证一般都具备以下四个关键特征。

- **规模大**：问题数量最多，它也与企业所处商业阶段、人员规模、岗位结构等因素有关。
- **过于个性化**：个体的思考差异性会充分反映在所提出的问题上，导致很多问题相关但又不同。
- **高时效性**：一般需要即时解决，延迟意味着协作流程被迫整体延后，或者用"拍脑袋决策"代替，间接增加决策风险。
- **资源成本高**：即使人均做到平均每个工作日解决1个问题，在规模化条件下，其直接与间接成本（招聘、培养、人员流失）也需要引起足够的重视。

我在2018年年底刚加入有赞时，包括我自己在内，团队大概有6个人，所有人几乎每天都陷在源源不断的问题猜想与验证需求中，基本上消耗了全部工作时间，甚至要经常加班，那个时候根本没有时间做大家认为更有价值的事情。当然，我自己心里很清楚，持续这种状态，既无法解决更深层次的业务决策问题、难以驱动业务创新，更无法打造出高水平的分析团队，中长期所需要面临的挑战巨大，改变刻不容缓。

4.1.2 选择解决策略

但是面对规模化的问题验证，解决路径在哪里？同样没有显性的答案，我们需要从机制建设层面寻找突破口，而非"口号性的鞭策与鼓励"。就像医生治病，不能只使用止痛药，关键要根除病痛。

彼得·德鲁克曾经说过："你如果无法度量它，就无法管理它"。罗伯特·卡普兰和戴维·诺顿在《平衡计分卡：化战略为行动》与《战略地图：化无形资产为有形成果》中也分别提出："你不能衡量的，就无法管理""你不能描述的，就无法管理"。

可选的方案就是拆解、量化整个作业链路的现状，进而寻找可优化的环节，这是当时唯一且有效的切入点。接下来我们先尝试简单还原一下分析问题的处理流程，如图4-1所示。

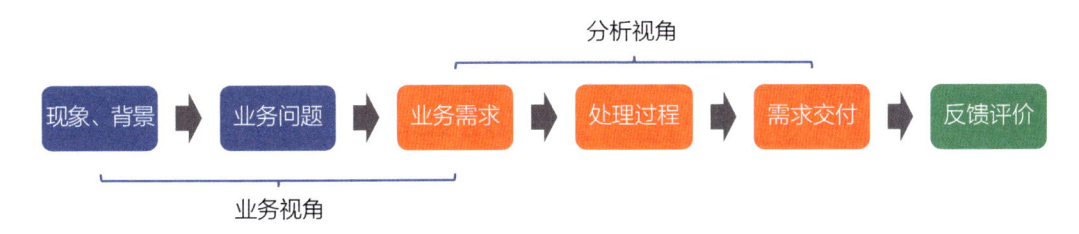

图 4-1 分析问题的处理流程

在上述流程中，业务与分析从业者都很难同时具备全链路的闭环认知，业务人员更关注业务视角，而分析从业者更在意分析视角，二者的直接交集就是业务需求，这也是开始进行工作量化的起始点。

1. **基础策略**：所有问题验证需求都必须通过 Jira（需求管理工具）进行流转

当提出这个要求时，记得我当时态度还比较坚决，因为从内心而言会很笃定，否则就会存在大量"打黑工"的情况，通过对需求的准确记录，至少可以看清楚两个层面的真实情况。

- **问题来源**：从哪里来的、到底有多少、表述是否清晰、问题之间的冗余程度。
- **问题解决**：解决了多少、处理时长、延迟程度、人效、资源消耗成本。

目标是以尽可能少的资源消耗解决有价值的问题验证类需求，那么如何衡量及优化团队资源消耗？首先需要回答团队产能现状是什么。在这里，通过一个公式来表达，默认统计周期为自然月。

可解决问题量 = 团队在职人数×平均人效 = 团队在职人数×（月均解决问题量/月均在职人数）

在这里需要说明，上述公式中计算人效时，指的是某个统计周期内，团队或个人需要解决的都是这一类问题，才可以比较准确地计算，否则需要根据 Jira 工具中实际处理时间来进行统计。对于新入职人员，试用期内人效也必须达到平均水平，这意味着其对于业务逻辑的掌握程度已经达到可以独立工作的水平。

根据上述公式，除扩大团队规模外，解法还在于尽可能提高人效。长期而言，隐含的策略是持续提高问题质量、优化人效。

1）提高问题质量

提高问题质量环节的目标是尽可能聚焦于高价值且可被分析解决的问题。

但现实挑战是分析常常需要面对大量低质量、高冗余度的业务问题。耳熟能详的解决方案是要主动沟通、更贴近业务……诸如此类。曾经我也这样尝试过，但都很难达到预期的结果，而更应该依赖协作机制来保障，举例如下。

- **收敛问题**：在业务内部首先进行必要的简化、收敛，让更懂业务真实状况的人提出问题，这能够最大限度保证其代表真正的业务价值。注意，这里并不是说不允许某些人提出问题，而是说业务人员并非就足够理解业务，在缺乏理解深度时，他们大概率很难提出高质量的问题。
- **主动质疑**：错误的问题可能误导分析方向，分析从业者需要提高甄别、提炼能力。这是能够拥有较强自主性的环节，需要注意的是业务语言与数据语言之间的切换，它是一个需要长期磨合的过程。

2）优化人效

影响人效的主要因素包括当前业务所处的成长阶段、工具基础建设水平、核心胜任能力实践水平。

（1）分析团队自身优化。

要想改变，就必须知道现状是什么。为此需要制定统一的量化评价标准、定期盘点、正向引导（如月/季度奖励）。尤其是当团队作战时，需要明确定义清楚人效达到多少是符合标准的，它会在所有人的内心形成目标牵引。当看清现状后，就要针对具体场景进行优化，例如：

- 团队内部是否已经沉淀相关场景知识，包括业务逻辑、数据处理逻辑等。
- 是否有老人指导与帮助，及时关注并提供帮助。

（2）大数据基础建设。

大数据平台，尤其数据仓库的建设成熟度是一个重要的影响因素。在一般情况下，分析从业者并不会直接从底层数据开始查询、聚合，而会极度依赖于数据仓库，其中间层数据质量是否过硬、业务导向是否足够、辅助功能是否完善，对于后续研究分析效率影响很大。

单纯期待高质量可用的基础能力常常是不可靠的，尽管所有人都主张业务导向，但实际在各个环节对其理解与实践水平并不完全一致，分析从业者对于业务感知的灵敏度天然具有一定优势，据此需要按照固定流程进行量化反馈，反向驱动大数据平台（数据仓库）的基础建设与优化，这在长期来说对所有人都是有价值的。

（3）坚持反馈机制。

大家可以尝试问业务人员：你了解一项问题验证背后的成本吗？他们大概率是不清楚，甚至完全无感知的，这是很可怕的。

在日常生活中，为什么我们在消费时，经常会反复比较商品价格与质量？其中一个原因是赚钱是比较困难的。同样地，懂得资源消耗成本有助于促使在提出问题时有更主动的思考与总结，它也是经营理念在业务人员日常工作中的具体实践。

接下来，我们通过简单的数据计算来体会一下：假设分析从业者月薪为 20000 元，每月有 20 个工作日，每个工作日平均可解决 1 个问题，那么单个问题的解决成本就至少需要 1000 元。如果再考虑规模、成本与效率，这就是必须引起足够重视的直接资源成本，间接资源成本是当资源用于解决问题 A 时，问题 B 就必须被延后，甚至搁置。因此除引导分析从业者更理解业务外，也要推进问题提出者理解并接受资源成本，这两方面的进步都需要明确的协作机制来达成。

通过上述优化，问题响应效率可以得到大幅改善，业务反馈也更趋于正向。然而即便如此，分析依然只能承接有限的问题，即在人效达预期后，可解决问题量与团队人员规模基本呈线性正相关关系，它无法突破指数型问题的瓶颈，也就是说个体思考被验证的挑战并没有得到充分解决，那就还需要其他的补充方案。

2. 延伸策略：自助分析能力建设，用户更懂得自己要什么

自助分析并不是倡导人人都来写 SQL，如："你给我开个查询权限，我自己写吧。"这是经常能够听到的反馈，这让我有点吃惊，但又能够理解，SQL 语法与业务场景下的实际应用是两件不同的事情，但在外人眼中似乎就是一回事儿。

人人都来写 SQL，无论从推行难度，还是对于分析型企业建设，都是规模不经济的选项。在空间网状模型中，个体之间对于同一对象的认知差异，导致无法快速形成共识，这会让企业决策效率变低。因此，我们真正需要努力的是建设一种极简化的自助分析能力（缩小用户懂得自己要什么与自己能够要得到之间的差距），从而让大家专注于解决自身的问题，而不是学习 SQL，它解决不了本质问题。

需要说明的是，对于企业实际情况而言，自助分析并不适合刚开始就作为问题验证

的首要解法，它至少需要具备一些前置条件。

1）业务成熟度

对于商业模式还未实现稳定发展的企业而言，业务模式探索是第一位的，灵活的数据验证才能匹配对应需求，此时构建自助分析能力意味着被推翻的风险更大。当业务发展稳定且进入快速增长阶段时，再进行规划建设，才更贴合实际，并且能够显著提高执行效率。

2）经营效率

很多时候，大量分析资源消耗、潜在问题验证被搁置等情形似乎是可被接受的现实，大家往往容易忽视自助分析对于执行效率优化的价值。当大家意识到问题验证、报表体系等缺乏治理而造成巨大的共识效率障碍时，也许就应该开始考虑自助分析能力建设了。

大概是 2020 年初，在基础人效与报表体系的常规治理基本完成的背景下，我们才开始讨论这个问题具体该怎么解，后来通过去网易现场学习，很快第一版"自助分析"功能于 2020 年 5 月上线。虽然比较粗糙，但它很快就在业务场景中使用起来，效用大幅超过预期，年底就支撑了十几万次的自助探索分析，最重要的是它大幅降低了分析资源消耗。

通过上述两个策略（提高问题质量与优化人效、自助分析能力建设），至少直接减少了 60% 以上的团队资源投入，并且有效提高了业务的日常决策效率，这个结果意味着什么？

- 业务自助处理效率提升，可以快速帮助业务迭代认知、提高执行效率。
- 分析资源可以投入重点项目、研究命题，解决更多重要且紧急的待研究问题。
- 对于团队人员招聘、培养、留存等都有重要的正面影响。

4.2　报表体系

企业初创时期的成功，一般主要依赖创始人、初创团队对市场机会的把握、坚定且高效的战略执行。但是伴随着企业的成长，越来越多的人才加入使得企业管理变得更加复杂，时刻确保上下同欲、同知、同行，并在确定的战略方向进行高质量、高效率的迭代，是强化企业竞争力的关键。**那么，报表体系在解决企业的什么问题？**

4.2.1 提高共识效率

站在空间网状模型视角看，不同个体节点之间对同一对象的认知差异，会严重损耗决策效率，甚至致使业务朝错误方向进行迭代，这对于当下企业竞争力的影响是深远的。解决这个问题的基础是构建具备共识的量化语言体系、提高共识效率，其载体就是完备的、统一的报表体系。

报表体系既是数据文化的重要支撑，也是经营管理机制落地的保障。年度经营目标单独依靠经营管理会议是很难达成的，在企业日常经营过程中，报表体系起到自上而下的承载作用。想要构建企业整体的报表体系，我们至少需要在两个方向上持续努力改进。

1. 坚持用数据说话

我的书架上始终有一本由道格拉斯·W·哈伯德撰写的《数据化决策》，其中的观点我非常认同，即凡事皆可量化。如果人们找到观测事物的方式，并找到某种方法，无论这种方法多么"模糊"，它总能让你知道得比以前更多，那么它就是一种量化方法。

所有业务、工作内容均可通过数据进行量化，只是方法取舍与颗粒度的差异。这是一种高效的沟通语言，可以最大限度消除个体之间的立场与经验认知，减少不确定性并快速达成对业务的判断。例如，相较于"本月 GMV 增长了"，"环比增长 10%"的表述更容易达成共识，这就是用数据说话的价值。

2. 拒绝多口径、减少"内耗"

个体之间很容易对同一业务事实产生不同的认知判断，既可能有主观立场因素，也可能有客观能力因素，我们很难说绝对意义上的对错，但其现实结果就是无法形成共识、持续"内耗"。这需要站在业务全局视角进行自上而下的规划，反之则很难达成预期。曾经经历过不同业务单元、管理者在口径上的摩擦与消耗，持续的开会、持续的争论，却依然难以形成被共同接受的结论，这背后的决策成本经常被忽视。

作为分析团队，必须要尝试各种策略保证任何单一事实在数据统计口径层面的唯一性，避免"屁股决定脑袋"。报表体系并不是单纯的指标开发与管理，而是指站在企业视角，如何建设和管理数以千计的报表，它们承载的是商业模式与战略目标逐层细化后呈现的需求，这是更复杂的命题。2019 年我们开启了报表体系 2.0 的迭代，业务背景是大量报表使用率为 0，这是很可怕的一件事情，至少反映出大家平时并不在意数据、不用数据,或者开发者不理解真实的业务需要,最后造成资源浪费。要想改变这个局面,依然需要在作业链路(见图4-1)上进行还原,制定新的标准并严格执行。

4.2.2 选择解决策略

1. 基础策略:所有业务报表开发必须按照流程、标准进行

1)指标统一管理

统一管理其实大家都可以理解,这背后的血泪经验是大量的指标需求质量都并非想象的那么高,换句话说,我们一直认为业务人员很懂业务,但这个判断并不一定成立,它需要被反向呈现、优化。在一般情况下,需要制定如下规范。

- **指标管理文档**:用于存放全量业务指标、口径及注释,最好通过技术平台实现,有利于维护更新。
- **需求管理规范**:需求以什么样的标准提出、如何执行与交付上线。

2)报表建设规范

对于分析从业者,要避免将报表体系看作单纯的指标或报表开发,这并不是同一个认知层次的事情。我们不仅需要关注人效、代码质量、使用率,也需要重视用户体验,从而构建最短的信息获取路径。在团队实践过程中,经过大概一年左右的严格执行,所有业务报表实现95%以上的使用率。在业务场景下,使用同一套标准看问题,这就构成了认知一致性的坚实基础。同一套标准主要包括以下两个方面。

- **开发规范**:代码开发、任务管理与调度等。
- **体验规范**:可视化方案、结构设计、权限管理等。

3)价值与成本反馈

价值与成本反馈和问题验证的出发点一致,需求提出者很难主动通过自我反思来提高需求质量,价值与成本反馈相当于一种外在驱动力。我们仍然沿用4.1节与4.2节的部分假设,平均每2.5个工作日可完成1张报表,也就是说单张报表的开发成本至少为2500元,如果是1000张呢?必须承认的是,单纯靠分析从业者的主动性是无法有效管理报表体系的,反馈机制的严格执行才是基础保障。

尤其对于未被使用的报表,需要确认原因并驱动改进,否则错误的习惯将持续造成更大的损失。

2. 延伸策略：报表体系赋能问题验证的解决

报表体系与问题验证并不是完全不相关的两回事儿，反而是相辅相成的，主要体现在如下两个方面。

- 高质量的报表体系有助于减少问题验证的规模，业务人员需要的是数据背后的信息，报表体系是体验更优的解决方案。
- 市场上大部分敏捷报表工具都整合了自助分析能力，自由拖曳、探索、可视化、数据导出等功能可以一站式地满足业务自助性的需求，自助获取数据的效率获得大幅提升。

基于问题验证、报表体系的协同优化，既可以实现业务信息获取效率的提升，也大幅节省了分析资源，为复杂研究分析预留了充足的时间。相关建设方法论与评价标准，我们在第 7 章工具技术中进行详细说明。

4.3 研究分析

研究分析一般是大家最感兴趣的一个方向，很多时候大部分人认为它应该是分析工作的全部。在这里，我们必须先搞清楚一个基础问题，即**研究分析在解决什么问题？**

4.3.1 贡献决策增量

简单来说，研究分析解决的就是决策增量问题，即研究分析是否对决策者产生了明确的增量认知，也就是独特性价值的厚度。研究分析结论可以看作一个产品，其价格与独特性价值是成正比的。在具备决策增量价值的基础上，研究分析产能是一个新的问题，具体来讲就是：一个分析从业者，一年能够产出多少份研究分析报告？进一步，如果是一个团队呢？

在现实情况中，分析从业者并不是只进行研究分析的，至少需要加个约束条件，即在兼顾问题验证、报表体系建设及其他零散内容的基础上，研究分析产能又是多少？这里暂时不把分析报告的质量揉进来，因为它一般都是非标品，而且其价值影响因素很多，具体在第 5 章（5.1.2 节 SE 环是什么）进行详细说明。其实这是一个很有趣、又具备实际价值的问题，它代表着对于复杂问题的规模化研究产能有多大，**前置挑战是资源配置结构：是否预留了充分的时间？**

问题验证、报表体系建设、研究分析是分析从业者三个主要的日常工作，实际的资源分配比例是非常重要的因素，也就是需要给到分析团队充分的时间来保障报告的产出。在团队管理过程中我非常看重这个比例，即在具体统计周期内，

研究分析资源消耗占比 = 1-常规资源消耗占比= 1-[(问题验证+报表体系建设)的时间消耗/实际总工作日]

这里还需要排除休假、培训等干扰因素，该比例如果接近 0%，那就需要降低不合理的预期，因为缺乏投入就不可能有产出。最可怕的情况是，长期在 0%附近运转会使团队产生疲劳感、缺少对成长的预期，直接的负面影响就是团队稳定性差、高潜力人才更容易流失。因此当我们既要……又要……还要……时，必须保留相应的时间资源。

刚加入有赞时，这个比例有一段时间是接近 0%的，所有人都忙碌于问题验证和报表体系建设，根本没有资源投入重要命题的研究分析。经过对问题验证、报表体系的治理，以及团队核心胜任能力的成长，这个比例基本上控制在 70%左右，在理想状态下，当该比例为 70%~80%时能够比较好地兼顾业务需要与个人成长。

但是常规资源占比不可以是 0%，研究分析是一项综合能力要求极高的工作，其基础是实现对业务动态信息及时且充分的掌握，但是由于专业分工，分析从业者很难参与完整业务作业闭环，那就需要多种途径来解决信息获取问题，问题验证与报表体系建设就是选项之一。

资源消耗比怎么计算？可以对过往的作业流程量化后进行统计意义上的计算，如对于单个需求，其耗时=完成时间-开始时间，为了使数据尽可能准确，在执行时需要明确要求并严格匹配相关标准。2018 年至今，这些数据我们都进行了清晰的量化，它也是复盘会必须要盘点的重点指标。

4.3.2 选择解决策略

1. 产出效率：核心胜任能力的系统化实践水平

假设资源配置结构符合预期，那么研究分析的产出效率就可以被量化、并逐步优化，它凸显的是对于分析方法、工具技术、业务理解与领导力的综合驾驭水平。不同分析从

业者，在面对特定场景下的待分析问题，所需要的能力组合及掌握水平是不同的，这也是分析比较特殊的地方，门槛相对较低但天花板非常高。

我们需要量化出不同类型的产出效率，如经营分析报告、新客群研究、竞争对手分析等，在此基础上寻找影响它的关键因素，再进行针对性的辅导。需要说明的是，很多时候大家并不是不想做出好的分析观点，而是不确定好的标准和可参照路径是什么。参照第3章（3.3节培养分析人才）所提到的，当团队树立起好的标杆时，就会形成积极、正向的牵引力。

在2020年完成资源结构的优化后，2021年我们重点解决的就是产出效率问题，经过一年的努力，整体提效达到30%以上。当然由于大家所在行业与企业成长阶段不同，数据结果仅作为参考，最重要的是对产出效率的量化、优化意识。

2. 虚拟协作：不同类型资源自发协同的成熟度

我其实一直有个期待：团队内部人员之间能够有高质量的协作，同时与其他团队（战略分析、财务分析、业务等）能产生更好的协同，充分发挥各自的专业优势并共同产出高质量的研究结论，这对于企业整体而言是极为高性价比的事情。

实质上，分析团队内部与外部的协作挑战是不同的，简单来说就是，内部是存在绩效竞争关系的，而外部更多的是跨场景优势如何发挥的问题，这两者完全不同，对应的解决路径也不相同。但有一点可以确定的是，它们都需要在机制层面求解，而不是无效的宣导。

从团队管理角度，除要求更积极主动外，更重要的是回答这样做对大家的成长意味着什么，如何激发大家的内在驱动力，这才是最关键的。同时在业务作业流程、考评机制的设计上，需要充分思考并给予相应的空间。例如，对于需要团队多人参与的研究项目，其最终价值如何分配，是需要提前明确的，至少大家心里都是清楚的。考评机制的设计，要装在大家的心里，而不是领导的脑子里，这样更有利于充分释放协作动力。

第 5 章 分析驱动：由策略向结果演进

> 企业需要寻找可持续的确定性，而研究性的工作往往意味着各种不确定，机制的构建与完善是通向确定性的桥梁，持续的正反馈就是价值创造延续的基石。

面对不确定的时代、多变的竞争对手，可以尝试构建分析型企业来增强持续的竞争优势。如果将业务工作过程简化为行动策略与结果之间的持续循环，那么很自然的一个问题是：**如何让该循环高效运转并持续正向演进？**

上述问题的实质是：什么可以增加演进过程的效率与准确性？毫无疑问是数据，而分析是对数据价值探索与传递的具体过程，或者说是一把开启数据大门的金钥匙。现实情况常常是这样的：逻辑层面大家都认可分析的价值，但是分析从业者往往感受不到这种成就感、价值认可，以至于都会有某种程度的挫败感、焦虑，仅有的成就感似乎仅存在于口头的表扬、简单认可，但这不是真正意义上的价值，或者远远不够。我们需要在系统层面寻找驱动企业分析决策能力演进的最佳实践方案，从而强化分析的价值体感。

5.1 驱动机制设计

以客观业务价值创造与分析型企业建设为导向，是机制设计与执行的出发点。之所以说客观，是因为对现在的大部分业务场景而言，分析的价值始终停留在主观感受与评价上，业务与分析之间没有达成可被共识的价值互动。同时，除具体业务问题的解法研究外，企业整体分析决策能力的进化是一个更大的挑战，它对于企业竞争优势的建设起到更为关键的支撑作用。

正是基于上述的思考，我们才需要在机制层面寻找具体可行的实践路径，这是 SE 环设计的初衷。

5.1.1 为什么需要机制

回顾几个经常遇到的场景：

- 辛苦几个星期，终于完成自我感觉很棒的研究分析报告，发给业务负责人后就石沉大海。
- 在业务复盘会上，被当场质疑分析对业务结果没有什么价值。
- 在绩效考核时，领导给了低于预期的评价，理由是不够贴近业务。

还有更多的场景无法一一穷举，这些都是分析工作的常态：被动且充满不确定性。

1. 如何改变分析工作的常态

对于企业而言，需要构造一个简单、有效的分析驱动机制，推进研究分析与行动策略、业务结果能够以正相关的方式持续演进。企业是由不同岗位构成的系统性的整体，它们共同努力实现企业的价值主张。好比作战，并非所有人员都是站在一线拼杀的，必然会有一定比例的后勤、医护等保障人员，不上战场就没有价值是肯定不成立的。同样地，分析也并非一线岗位，无法使用营收贡献的评价逻辑来度量其价值，错误的尺子无法得出正确的结论。

极简系统循环如图 5-1 所示，在实际工作流程中，分析更容易对行动策略产生直接影响，因此在实现路径上有两个阶段。

- **行动策略**：实现分析与业务策略的量化咬合，并持续改进、优化，行动策略折射了分析的质量，分析是否有效，甚至超预期地回答了行动策略的问题。
- **业务结果**：实现分析为业务结果达成产出的可量化的价值，针对整个系统而言，分析是否能够赋能行动策略并产出预期的业务结果。

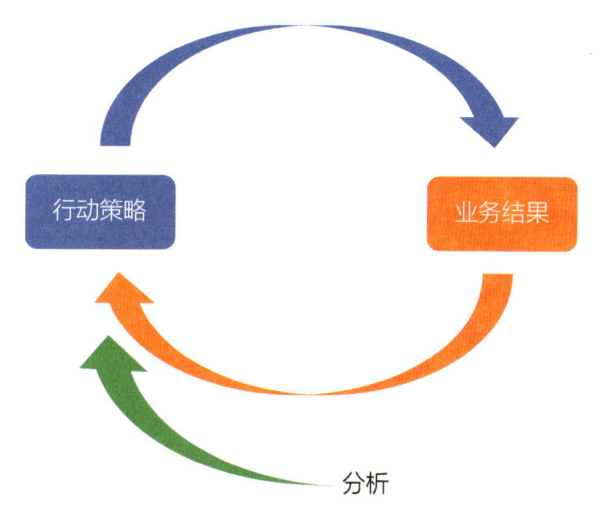

图 5-1 极简系统循环

在上述循环结构基础上，我们进行了一些扩展，并形成了分析方法论，如图 5-2 所示。

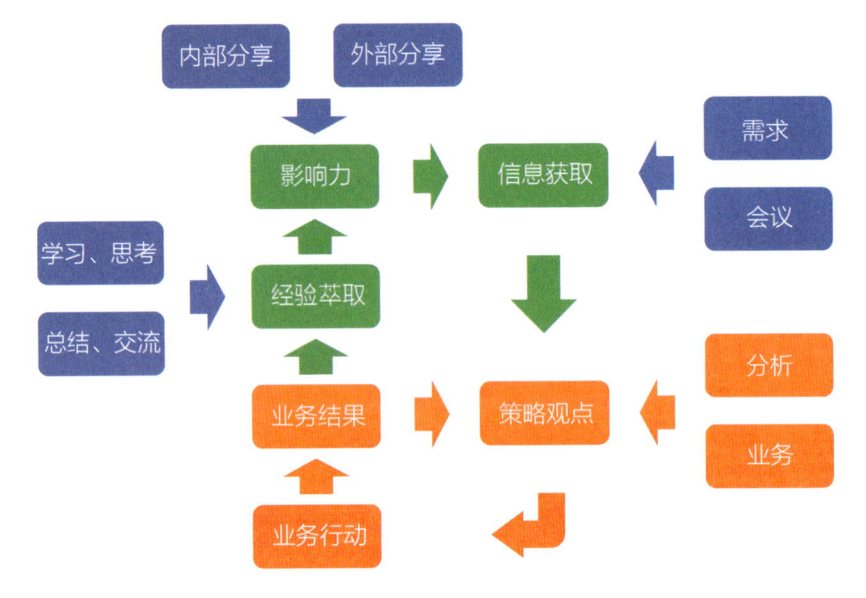

图 5-2　分析方法论

- **橙色部分**可以看作业务循环系统，即使没有分析的参与，它也可以持续运行，也就是说分析并不是业务循环的必要条件。
- **绿色部分**表示分析以什么样的路径来强化对策略观点的贡献，即决策增量。也就是说，它解决的是业务循环如何高质量运转的问题。

以上我们讨论了为什么需要分析驱动机制，以及它的作用点在哪里，这时候自然会有疑问，它应该是什么？与日常的分析流程有哪些不同呢？

2. 常规分析流程

常规分析流程如图 5-3 所示，在很多分析类书籍上，都会看到这样的工作流程。

图 5-3　常规分析流程

更确切的来讲，对于具体业务场景下的问题，通常是按照上述流程执行的。

- **分析目的**：基于对业务背景、期待结果等要素的理解，获得准确待解决的问题。
- **数据获取**：基于分析目的，尽可能充分获取所需的业务数据。
- **数据处理**：通过各类工具与方法对数据进行清洗、整理，为分析环节做准备。

- **数据分析**：借助不同工具、分析方法，从多个视角展开探索、洞察。
- **数据可视化**：将分析结论以用户更容易理解的方式进行可视化呈现。
- **总结建议**：根据分析与可视化结果，产出明确可行的业务建议，并持续关注执行进展与结果。

这个时候，有几个值得继续思考的问题：

- 研究分析结论是在驱动业务策略、结果正向演进吗？具有可被量化的明确价值吗？
- 如何将研究结论、分析能力赋能给更多个体，从而提高整个组织的分析决策能力？

企业面临的是在规模、成本与效率的约束下，如何有效提升决策质量的挑战，而并非单纯意义上的研究分析。因此无论从工作内容，还是职业成长方面而言，常规分析流程显然难以具备更大的普适性，我们需要更全局的方法论指导实际的工作。当然，这是一个极为复杂的命题，需要寻找有效的实现路径，而机制就是要确保路径是有预期且可达成的。

5.1.2 SE 环是什么

SE 环如图 5-4 所示，SE 环是我们在业务实践过程中的提炼总结，可以看作常规分析流程的扩展与丰富，它可以解释和指导绝大多数工作内容，也可以帮助团队与个人取得超出预期的业务结果。

图 5-4 SE 环

1. 业务现状（Situation）

做到什么才能算是理解业务现状？这不是一个很容易回答的问题，而且很难有标准的答案，但它又是做好研究分析工作的前置条件，如以下三个场景。

- 当需要回答某天 GMV 为什么下降时，难点在于能否用业务语言解释清楚波动原因、风险与需要采取的应对策略。
- 当需要回答某个客群画像时，难点在于使用可获取数据、调研等方式进行定量、定性的精准刻画。
- 当需要回答过去业务量为什么增长时，难点在于对宏观环境、行业整体发展、商业模式等进行充分理解后的合理归因，很多时候并不是因为业务人员做对了什么，而是由行业本身的成长带来的。

理解业务现状的标准要根据两个因素来确定，其一是核心用户，其二是需要解答的问题。对于任何人来说，持续深入理解业务都是必要的，但是这种理解无法做到直接量化，即通过某个指标来判断是否理解到位。在通常情况下，只能依靠 SE 环后续节点的执行质量来判断真实理解水平，而后不断迭代。

2. 高质量问题（Question）

是否能够获取高价值的、可被分析从业者解决的问题，这是确保研究分析可执行且获得积极结果的关键。一个错误或低质量的问题，不仅会导致资源的无意义消耗，还可能得出错误的判断导致决策跑偏。在整个 SE 环中，这是最关键的一个环节，对于提出者与解答者都有非常高的要求，很多时候分析从业者也会集二者于一身，兼顾主动发现问题和寻找答案。

- **提出者**：是否对业务有足够的理解，同时能够简单、清晰且准确地提出待解决问题。
- **解答者**：是否可以帮助提出者甄别、收敛并寻找真正的问题，或者可以独立发现问题，这对于专业能力和主动性是双重考验。

3. 有效回答（Answer）

有效回答考验的是解答问题的能力，针对明确的业务问题，其实质是检验核心胜任能力的实践水平，即是否能够熟练应用分析技术、工具技术、业务技术与领导力来解答问题。任何一项单一能力可能都是解决问题的必要条件，但对于复杂的商业问题，真正的挑战在于系统性思考与实践，这是保证有效性的最佳方式。

有效的判断最终应该是基于核心用户视角的评价，就像企业售卖产品，只有用户愿意付费，产品价值才是有效的。而有效性的达成是需要持续迭代的，无法一蹴而就，原因在于无论哪个视角，对于业务本身的认知与执行都是在不断演进的，依赖用户反馈评价是可选路径。

4. 反馈评价（Evaluation）

反馈评价是针对解答结果的评价，如是否按预期回答了业务问题，它要求提出者及其上级负责人进行客观评价，并说明原因及个人思考，目的是将隐性的思考显性化。依托反馈评价，可以客观审视几种可能的情形。

- **符合预期**：问题与回答质量都得到验证，并产生明确业务价值。
- **不符合预期**：从结果上来看是该分析观点无效，但是造成这一结果的原因不能简单定性为回答能力不够，还有可能是问题质量差、假设条件改变，或者执行不到位等。

依赖明确的反馈评价，业务现状（Situation）、高质量问题（Question）、有效回答（Answer）才可能得到明确的显性量化与优化方向。通过贝叶斯模型来理解，假如后验认知 = 先验认知 × 校正因子，那么反馈评价正是先验认知不断演进的校正因子。我们不仅希望在各个环节得到超预期的结果，更希望获得持续正向成长的路径，这也是该环节的价值。

5. 知识传播（Expansion）

单独依靠一部分人的研究分析，对于企业价值达成的贡献是有限的，更可靠的是分析型企业的建设，只有将其融入企业组织能力，才能不断强化企业竞争优势与价值获取能力。那么，通过哪些方式可以推进该目标的实现？具体来讲，就是如何将各类研究分析结论与方法、工具使用及机制建设等知识赋能给更多个体，让处于空间网状模型中的个体持续成长，并通过彼此的协作互动实现知识传播、迭代。

每个人在分析能力上的一小步，都是分析型企业建设的一大步。我们需要寻找一些有效的途径进行知识传播、扩散，这是一项需要被长期坚持的工作。

5.2 如何利用 SE 环实现有效驱动

SE 环作为一种驱动模型，在具体业务实践中，如何执行 SE 环以实现预期目标，是更具价值的话题，当我们做到 Know-what 时，那么就必须要尝试回答 Know-how。在更复杂的业务场景中，持续提升分析对业务策略、结果的正向影响，进而加速分析型企业的建设，是充满挑战的。

相对而言，单个具体问题的研究分析则较为简单，企业是相对复杂的整体，机制的运转更类似某些社会现象的治理过程。因此，所有的问题都要尽可能有全局视角的考量，设定合理的预期并追求其长期价值创造。

5.2.1 理解业务现状

对业务状态的深度理解，是做好所有工作的前提。面试的时候，经常会聊到一个问题：怎么看 SaaS 业务的发展与挑战？这其实挺难回答的，难点在于以什么样的方法论、什么样的颗粒度来展开。

在大多数情况下，分析从业者都会更习惯着眼于具体负责的业务场景，如产品、销售、服务等，这其实是带有很大局限性的，因为很多问题的答案并不在所负责的场景本身，二楼的问题很难在一楼找到答案。例如，在 SaaS 业务场景中关于业绩低的问题，是**销售不够拼？还是产品不够领先？抑或是宏观环境太差？如何归因、寻找优化路径是更重要的。**

这个问题可能与多个因素有关，也可能是这个行业玩家普遍的问题，如果只着眼于某个具体场景，显然无法得出有效的结论。业务理解顺序如图 5-5 所示，对于分析从业者而言，对宏观经济环境、行业环境、企业自身等做到体系化的认识，将大大有助于具体问题的解决。这里我们围绕时间发展线，提出一些可供借鉴的视角。

- 国内/外宏观经济环境的现状及未来发展。
- 国内/外行业的整体发展动态、上下游产业链状态、企业所处梯队。
- 企业自身情况，包括商业模式、战略目标、年度经营目标、业务布局。

基于上述理解，再结合个人所参与业务场景，可以尝试给出不同层面的归因、解答。当然还有很多需要关注的内容，很难一一列举。总之在更大范围内理解业务是解决更多复杂工作的前置条件。针对上述问题，站在 2022 年来判断的话，至少可以有如下判断。

- 国内/外宏观市场低迷且未来不确定性高，中小企业（零售电商 SaaS 主要客群）

生存艰难、流失风险增加。
- 头部平台入场（视频号等）、To B 创业者持续涌入，行业竞争进一步加剧。
- 企业经营方向调整（高质量成长），以 PMF 为主线寻求目标客群的增长，数据增长转变为质量优先。

结合上述判断，再回归到具体某个产品、服务场景下，大概率不会得出因为某个功能或服务不够好，所以客户增速降低、流失加剧的结论，而更有可能是整体市场环境、行业竞争及企业经营策略调整引发的。

图 5-5　业务理解顺序

尤其在 To B 场景下，问题的复杂程度高、验证成本也更大，过去适用于 C 端用户的策略并不一定适用于 B 端场景，因此很难形成真实且明确的归因与解决方案。避免只聚焦于企业自身的某些局部场景，这会极大限制个人的认知能力，未来也很难迁移到新的场景上。关于不同视角的具体讨论，本书分别在各章节中进行具体说明，如宏观经济环境及行业视角（6.2.1 节）、企业自身（第 1、2、8 章）。

5.2.2　获取高质量问题

我们需要接受的一个现实是高质量问题并不容易获得，但需要始终保持积极、乐观。

提出问题的过程是一个由发散思维演进到收敛思维的历程，承认现实复杂性并广泛获取实际信息，对于提出的问题，一方面，我们期待提出者能够足够专业；另一方面，我们要通过反馈评价（Evaluation）来驱动高质量问题产生的概率。在开始研究分析之前，始终需要追问：它是一个高质量问题吗？这是对业务负责，也是对自己负责。除此之外，站在驱动分析机制视角还需要关注以下三个层面。

1. 问题类型结构

问题类型结构是指问题验证、报表体系建设、研究分析等主要内容的结构比例，它代表当前的工作重心，也反映了业务实际的发展阶段。不同阶段对于分析的岗位能力要求是有差异的，就价值产出而言，需要持续提高在研究分析方向的资源比重，但这不能建立在忽视问题验证与报表体系建设的基础上，否则可能导致执行层面的业务共识混乱。

2. 主/被动问题结构

我们期望能够解决所获取的业务问题，更重要的是期望能够驱动业务增长，这就要求能够展开先于业务的前瞻性探索。此时需要关注：有多少问题是业务提出的？有多少是分析首先发现并提出的？通过该指标可以简单界定分析是否由支撑型演进为驱动型，这对于业务的增长更为重要，是否具备先于业务发现、研究与产出的能力，是判断分析能力演进的重要指标。

3. 问题漏斗

待解决问题漏斗如图 5-6 所示，分析从业者可能会经常收到类似的反馈：还有很多重要的问题没有被解决，或者效率太低。对于这种表述，我自己往往是很被动的。业务侧认为很多问题没有被有效支持，影响了作业效率，而分析侧感受到的是缺乏足够的人力。双方的感受都是事实，但是很难形成一致判断。最好的方式依然是量化，准确来讲是关注以下两种情形。

- **情形 1**：需要被解决，但由于资源供给有限而未被解决。
- **情形 2**：即使已经被解决，但出现了明显时间延迟，低于业务预期。

在实际监测过程中，通过业务人员（预期时间）、分析从业者（计划开始/交付时间、实际开始/交付时间）、是否可以承接等字段标签即可实现上述情形的量化，如：

- 无法承接，则直接归类到情形 1。
- 实际交付时间>预期时间，二者的差值就是延迟时间。

这样做有助于对分析团队的支撑与牵引能力做出客观判断。即使我们不做出任何改变,也可以知道在当前的状态下,企业在分析决策能力建设上承担了多大的损失、是否要寻求改变,可以更加客观地做出判断。

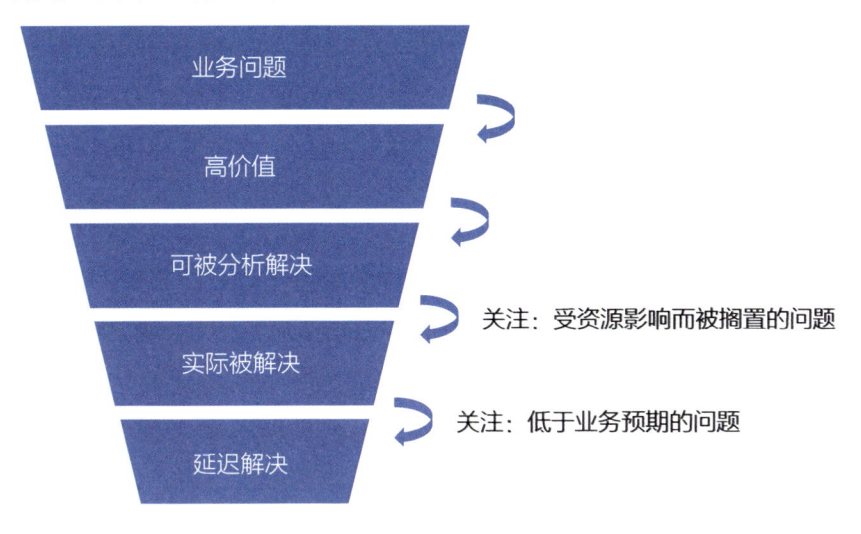

业务问题

高价值

可被分析解决

关注:受资源影响而被搁置的问题

实际被解决

关注:低于业务预期的问题

延迟解决

图 5-6　待解决问题漏斗

5.2.3 提供有效回答

有效并非就是单指成功解决某个具体的业务问题,帮助问题提出者迭代、收敛认知也是有价值的。从通常意义上讲,能够贡献明确决策增量的输出就是有效的,最大的挑战在于如何构建持续有效的产出机制与能力。在实践中,我们需要考虑以下四点。

1. 尝试不同视角

对于问题提出者而言,很多时候期望看到的是在不同视角(不同的模型、框架)下的决策信息增量,它是在充分理解提出者目标与预期的基础上,基于自身视角给出的对业务事实的思考与看法。我们通常意义上所讲的数据,刻画的是业务真实的情况,不同视角的切换对其有了新的解读,这对于提出者而言是有意义的。

2. 有效性优化

任何一项回答都应该坚持获取提出者的客观反馈,否则很难主动迭代核心胜任能力,将反馈显性化是提高回答有效性的最佳路径。当研究并回答完某个问题后,对业务决策是否有效?如果答案是肯定的,则至少说明问题与回答都是符合预期的,反之我们就需要进一步区分具体的形成原因,只有捕捉影响有效的关键原因,才有可能持续做到有效回答。

3. 成本效率意识

成本效率意识是常常被忽略的一项，低质量问题或无效回答对于决策成本与效率的影响很难显性化地被呈现出来，低质量问题带来的协作资源消耗、无效回答对于业务决策的负面影响，都应该在日常工作中被量化，然后寻求改进。成本是投入的约束条件，否则资源就会被认为是无限供给的，这显然是不现实的。

4. 阅读体验

酒香也怕巷子深，即使产出了决策增量，如果无法站在读者视角进行阅读体验与信息传递效率优化，实际效果也会大打折扣，可以通过以下两个方面进行优化。

- 使用业务语言，这样更有利于读者理解，用数据解释数据是不够的，如本月 GMV 下降了 10%是线上 GMV 下降 20%造成的，似乎说了原因，但又没说明白，业务人员依然不知所措。
- 合理谋篇布局，基于读者的习惯与预期，对于研究产出进行合理的规划，是必须要认真对待的一个环节，这也是极容易被忽视的一点，只要认为研究结论有价值就行，而对于阅读体验全然忽略，详细内容我们在第 6 章（6.3 节写作技术）展开讨论。

5.2.4 追踪反馈评价

假如业务负责人或业务人员质疑研究产出的价值，那么应该如何合理地"反驳"？这是一个值得思考的问题。在这里首先需要排除情绪化因素，其次不要寄希望于某个具备上帝视角的"救世主"能够主动认识到分析价值。真正需要思考的是：如何用量化的语言把价值创造呈现出来，哪怕呈现出来的有一些不足。

那么，具体应该怎么做呢？

所有分析产出物都必须获得问题提出者的明确反馈，如果未回答业务问题，那么要求必须说明理由。分析与业务进行量化咬合，才能从机制层面保障对业务的驱动价值，原因在于我们无法寄希望于个人主观意识来推进业务策略迭代。在很多场景下，分析从业者默默承担了所有，但是依然无法找到改进的方向。问题-回答模型如图 5-7 所示，结合具体实践，根据问题与回答的正确性，我们可以拆分出四种情况。

图 5-7　问题-回答模型

- **A：正确地回答了正确的问题**

这是最理想的情况，也是反馈评价机制的最终目标，它既反映了业务人员提出高质量问题的能力，又反映了分析从业者回答问题的能力。这是思考的标杆，我们真正要考虑的是通过什么样的策略可以将 B、C、D 转移到 A。

- **B：正确地回答了错误的问题**

可以试想一个场景：你可以批评业务人员不理解业务吗？在正确地回答了错误的问题的情况下，大概就可以。

在实际作业流程中，大部分问题通常以被动的方式流入分析环节，同时分析从业者很难直接判断其质量，或者提出有效反对意见。从最终结果来说，虽然分析结论对业务策略无效但其深层次的原因出现在问题本身，这是很关键的判断。要么是业务人员对于业务理解深度不够，要么是抽象、总结能力不够……总之，如果我们要改进，就必须定位清楚原因，不能模棱两可地糊弄过去。

- **C：错误地回答了错误的问题**

这是最糟糕的情况，无论是业务人员，还是分析从业者，在各自专业能力上可能都出现了明显的不足，二者都必须要加强自身能力建设。

- **D：错误地回答了正确的问题**

这个问题相对简单，其实就是未有效回答业务问题，一般情况是四个方面的不足：分析方法掌握不够、工具使用不够熟练、业务理解深度不够、缺乏领导力。在这种情况下，只要明确地把反馈呈现出来，结合自我学习，在短期内都可以得到快速的成长。

我们期待能够正确地回答正确的问题，SE 环中 E（Evaluation）如何保障其达成？

价值收敛模型如图 5-8 所示，反馈评价是一种结构设计，通过分析从业者与业务人员围绕客观业务价值的拉扯，最终目标是将"需要回答的问题"与"能回答的问题"之间的差距不断收敛，直到趋近于 0。

图 5-8　价值收敛模型

依赖分析产出物的评价结果来寻找影响其价值的客观原因，并基于此持续驱动改进。在执行时尤其需要关注问题提出者与上级负责人的评价，这会影响收敛的速度。

1. 问题提出者

针对分析从业者的产出，需要问题提出者给予直接评价，不进行任何外延。评价包括完美解决、基本解决、基本没用、完全没用等四个等级（具体可以根据需要自行设定），如果问题提出者的评价不是完美解决，那就必须给出客观理由，而且不允许留白。

如果不进行评价，就需要对资源消耗进行说明，即为什么要做这件事情？否则就是对企业资源的不明消耗。以研究分析报告为例，假设平均每份报告需要耗时 4 个工作日，结合 4.1 节和 4.2 节的假设，至少需要 4000 元，那么这笔支出的价值是什么呢？谁需要对它负责？

2. 上级负责人

考虑到各种因素影响，如执行层面的各种妥协，上述收敛过程大概率会持续比较长的时间。如果想要加速收敛效率，建议追加问题提出者的上级负责人进行评价，为什么呢？相比问题提出者，更高层级负责人更能对客观价值负责，同时可规避问题提出者与分析从业者之间的日常妥协，如问题提出者由于后续分析资源申请便利性，而非客观业务价值给出不合理的反馈，虽然从长期意义而言，一定会收敛到客观业务价值，但我们希望能够尽可能加快收敛，这是反馈评价环节的设计初衷。

3. 分析从业者

通常分析从业者对研究分析产出会有更直接的感受（自我评价），这里主要针对基本没用或完全没用，自我反思与迭代也是一条有效的路径。

总之，我们需要明确的规则来达成驱动机制的持续演进，也需要通过它来不断挖掘团队战斗力、量化各个节点及协作环节的真问题，而非不负责任的、主观的经验判断。

5.2.5 扩大知识传播

单个分析从业者，甚至分析团队，相对于企业整体来说，规模上而言都是很小的一撮人，其自身能够发挥的能量是有上限的。但我们需要实现分析型企业，并构建决策竞争优势的价值主张是不变的，也就是说我们需要寻找更大的资源杠杆，借助它加速达成目标。那么，可以借力的杠杆是什么？就是知识传播。

DIKW 模型如图 5-9 所示。DIKW 模型是一个可以很好地帮助我们理解数据（Data）、信息（Information）、知识（Knowledge）和智慧（Wisdom）之间的关系的模型，这个模型还向我们展现了数据一步步转化为信息、知识，乃至智慧的方式。结合 DIKW 模型来看 SE 环：

- 业务现状（Situation）承载的是数据与各类信息。
- 知识是从相关数据与信息中过滤、提炼及加工而得到的有用资料，它是针对特定问题（Question）而言的。
- 反馈评价（Evaluation）是针对知识的过滤，值得被推广复用的必须是有效的知识。
- 知识传播（Expansion）是解决知识普及、推广应用问题的过程，最终沉淀，形成智慧。

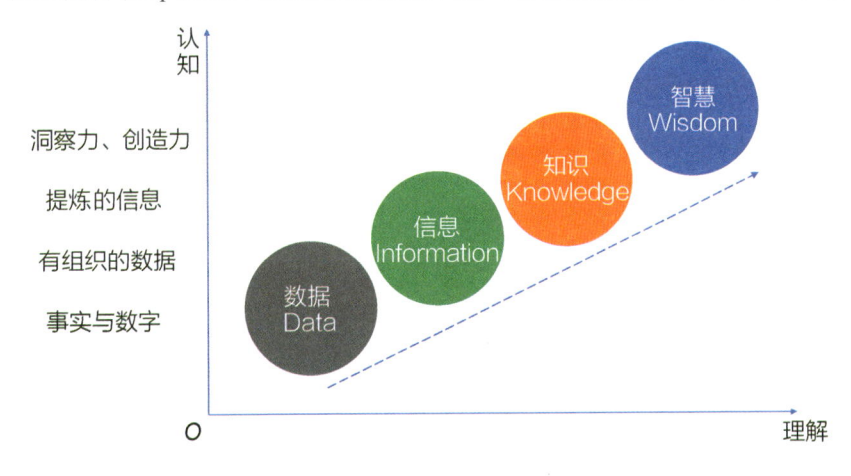

图 5-9　DIKW 模型

2022 年有赞开始选择使用飞书，飞书是一款优秀的企业办公协作软件，这里基于飞书的功能分享一些实践经验。

1. 飞书知识库

分析从业者去影响业务可以分为主动和被动两个方面。

1）被动方面

被动方面是指针对业务人员提出的问题，通过一系列研究分析过程并给予直接回答，这部分问题在所需要被回答问题中占比很小，能够影响的用户也很少。

2）主动方面

飞书知识库如图 5-10 所示。单独依靠被动的协作很难达成目标，这个时候我们可以将过往积累的研究分析报告、项目沉淀、培训材料等积累起来，形成具备较高专业水平的分析知识库，并在企业数据安全规范条件下对业务进行开放学习，主动影响业务。这样做具有两个明确的价值：第一是凸显分析团队的价值认同感，让更多的人知道我们在做什么、做了什么；第二是知识被复用才有意义，通过分析方法与经验的传播，可以让更多的业务人员更理解业务、提出的问题质量更高、掌握分析思维与方法……在空间网状模型中，促使个体之间逐步形成善于应用分析技能的习惯。

图 5-10 飞书知识库[①]

---

① 关于此图涉及的更多内容，请访问飞书官网查询、浏览

在建设知识库的过程中，同样需要遵循"用户第一"的原则，简单来说就是业务人员怎么使用最便捷，在获取知识的过程中怎么样路径最短、体验最好，就应该怎么样设计。过去几年，我们团队积累了上千份的分析报告，它无形中一直在帮助团队，以及更多的业务人员变得更专业。

2. 飞书订阅号

飞书订阅号如图 5-11 所示。在通俗意义上，飞书订阅号就相当于微信公众号，可以将分析方法、案例在短时间内快速推送给相关人员，非常适合分析报告，这是非常高效的信息传播通道。记得当时推送"NDR 是什么？"时，可以在很短时间内做到使大量业务人员阅读、点赞、反馈提问，当时非常令人震惊、惊喜，当然，现在它已经是日常工作的一部分。对于重要且敏感的内容，可以通过圈选用户的方式进行推广学习。

图 5-11 飞书订阅号[①]

3. 百科词条

百科词条是飞书一个很强大的功能，但对于分析从业者来说，它的价值是什么呢？我们可以通过一个例子感受一下。百科词条如图 5-12 所示，以 GMV 为例，不同企业都会有些特殊的定义或处理口径，为了让更多的人理解，一般会在分析报告上增加口径备注，这是没问题的，但是分析报告的受众是有限的，而且不断增加口径说明会增加阅读成本、报告篇幅，影响阅读体验和信息传递效率。

飞书的百科词条可以很大程度解决这个问题，当我们在飞书百科中登记了某个词条后，如 GMV，那么后续文档中出现它的时候，会被专门标识出来，这样大家不仅很简单

---

① 关于此图涉及的更多内容，请访问飞书官网查询、浏览。

地就可以看到其业务含义，还可以查看其关联指标、文档、词条贡献者。

图 5-12　百科词条[1]

在我们进行共识量化语言体系的建设过程中，百科词条可以与指标体系形成互补，增加特殊指标的传播与理解效率。当然大家所在的企业可能并未使用飞书，这里重点在于知识传播（Expansion）的意识，结合实际情况去影响更广泛的用户，并借助杠杆来放大分析的价值。

本篇小结

◇ 终局视角可以帮助我们看清分析价值创造的切入点，有方向地持续正向成长、不跑偏，是最重要的。站在终局节点审视当下，有助于做出更清晰的取舍。

◇ 规模、成本与效率是理解日常工作的前置条件，在空间网状模型中更容易看清楚问题验证、报表体系建设、研究分析对于企业的价值，而不是仅停留在事务层面。

◇ 分析的价值主张需要具备可复制、可实践的达成路径，依靠机制是更可靠的选择，这也是 SE 环的初衷。

---

[1] 关于此图涉及的更多内容，请访问飞书官网查询、浏览

3 第 3 篇
支撑：核心胜任能力

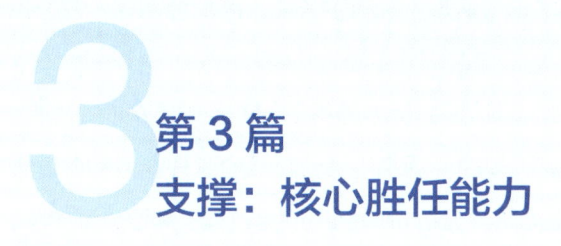

本篇导语

分析岗位的核心胜任能力是什么？

对于核心胜任能力是什么，以及它在企业和个人不同发展阶段的影响权重，很多人都会有一些基于各自立场、认知水平的经验性陈述，但很少客观地从价值创造的视角出发来进行定义。从通常意义上看，核心胜任能力是指能够将数据转化为业务策略（决策）所需要的各种关键能力的集合。

核心胜任能力的构成包括哪些内容呢？

分析核心胜任能力框架如下图所示，从认知习惯角度来看，简化分类更容易被大家理解与接受，也有助于形成体系化的知识结构，分析核心胜任能力主要包括四个方面。

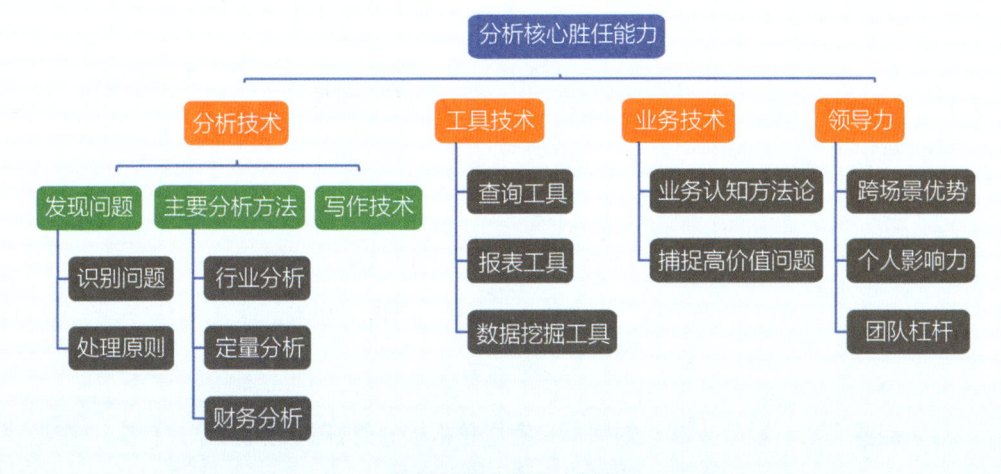

分析核心胜任能力框架

- **分析技术**：主要是指发现问题、主要分析方法（行业分析、定量分析、财务分析）、写作技术等内容。

- **工具技术**：主要是指查询工具、报表工具及数据挖掘工具（统计模型）的使用。
- **业务技术**：主要是指业务认知方法论、捕捉（经营相关的）高价值问题，并积极寻求解法。
- **领导力**：除分析/工具/业务技术外，以达成目标为最终目的的各类复杂能力集合。

对于上述划分，主要考量是以尽可能简单的拆解来传递分析核心胜任能力的关键维度，避免知识体系混乱，分析核心胜任能力贯穿分析价值创造的全过程。需要强调的是，我们追求的并非是在各个维度上持续但无明确规划的投入，而是在各种约束条件下（如时间、精力等），如何做到成长最优，即

个人成长= max F(分析技术，工具技术，业务技术，领导力)

成长价值曲线如下图所示，需要注意的是，任何单一方向持续投入并不会持续产生足够明显的正向作用，举例如下。

- **查询工具**：刚开始使用可以显著提高数据获取与处理效率，但在熟练掌握后，再持续投入并不会对效率有更明显的促进作用。
- **业务理解**：多理解业务是永远都正确的一句话，当然可以无限了解业务的方方面面，但脱离核心用户与目标谈理解业务是不对的，在有限的时间约束下必须要懂得取舍。

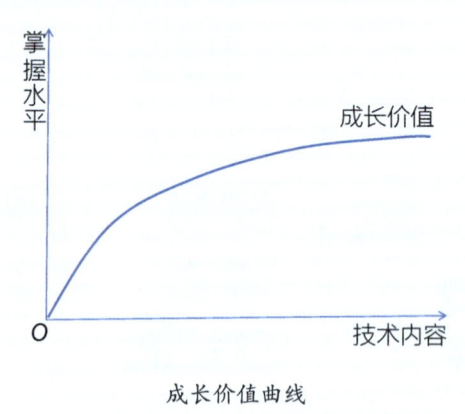

成长价值曲线

对于自身而言，以个人成长为目标来考量分析核心胜任能力的要素是什么、需要掌握到什么程度，这样才可以看得更清晰、透彻，同时可以从更大概率上确保认知不跑偏、资源不浪费。

第6章　分析技术

> 正如法国著名雕塑家罗丹所说："世界上并不缺少美,而是缺少发现美的眼睛。"丰富的数据犹如一个巨型宝藏,真正的挑战在于我们是否具有挖掘、加工提炼与运输它的方法。

在本书中,分析技术可定义为:**在解决问题的过程中,所有分析方法的实践集合**。我们必须要着眼于全链路的综合分析与呈现能力,而非零散陈列不同的分析方法,这样始终无法闭环掌握与熟练应用,更不利于认知进阶。

分析技术的主要目标:针对待解决问题,基于丰富的行业信息和业务数据,高效地提炼出可用于业务决策判断的观点并高效传达给用户。这里面就涉及三个基础环节。

1)发现问题:如何提炼出高价值且可被分析解决的问题

在具体业务场景中,如何根据某些业务现象或提出者的需求,进一步总结或甄别出高质量的问题,这是分析过程的起点。高质量问题才有回答的意义,问题如果出错或扭曲变形,则很难依靠分析过程的正确性得出真实可用的观点。

一般而言,问题提出者与回答者并不是同一个人,问题需要足够明确并尽可能保证传递过程中的低损耗、高效率。假如业务负责人说"我想看一下近期的 GMV 情况",这就是一个低质量的问题,至少在问题本身的主要意图上无法快速被共识,有些要点并没有被传达清楚(为什么要看、近期是多近、GMV 怎么看……),当然会有人提出再次确认,这只是一个打补丁的解法,模棱两可的表述会增加理解的成本,且后续更多的沟通确认都是成本。我们要思考的是如何让更多人形成对问题质量的意识,并且以最低成本表述准确。

当然,也许还有人会归因于缺乏专业性,这不是一回事儿,就像医生问诊,病情表述的质量影响医生的判断,如果什么都不说或含糊其词,是否就可以确定是医术不高?显然不是。单一问题的影响还可控,但是如果企业大量的问题都是上述情况,那么对于业务效率的影响是巨大的。

关于高质量问题的生产,更深层次而言是组织能力问题,需要依靠分析型企业与机制建设来不断驱动进化。

2）分析方法：如何系统性应用行业分析、定量分析、财务分析等不同类型的方法

业务策略与决策是存在很多约束条件的，基于高质量问题如何产出贴合实际的观点，这是借助分析方法要解决的问题。

首先，上述观点并不一定能直接由现有数据推演出来，因为数据记录的是过去宏观环境下业务的具体实践过程，而业务要解决的是当下，甚至未来的某些问题，自然就很难完全适用。除企业现有数据外，这里还有很多对国家政策、市场环境、竞争对手、组织能力等因素的综合判断。有些时候，业务增长超出预期，并不一定是因为业务做对了什么，还有可能是整个行业都表现很好。

其次，业务日常的经营活动需要大量的数据指标进行监测与诊断，还有关键问题的定量研究分析，帮助业务沿着正确的方向进行迭代。

最后，所有的业务活动最终都需要反映到财务结果上，结合财务分析可以更客观地评价，驱动业务的优化。从高质量问题出发，我们应该结合不同分析方法来回答问题，而不是单纯执着于某个类型的某些方法。任何时候单纯强调某个层面的深度洞察都是对的，但也都是不够的。

3）写作技术：将分析观点以不扭曲、低损耗、高效率的方式传递给用户，被理解才有意义

产出分析观点后，还需要解决信息传递的问题。信息传递至少需要满足更好的阅读体验、更低的信息损耗，才能有助于用户有效消化、理解。任何时候都要以用户为中心，从他们的阅读和理解角度出发，增加可读性、减少理解障碍。特别对分析从业者而言，必须减少用数据解释数据的情况。

我们可以看到的类似案例如下。

问题：2022 年某月 GMV 环比下降了 10%吗？

回答：微商城业务的 GMV 环比下降 15%，进一步说是微商城用户线下门店 GMV 降幅较大……

该回答其实就是在用数据来解释数据，看似回答了问题却又没有真正回答。对于用户而言，想要知道的是业务发生什么变化才导致的这个结果，这个过程需要用业务语言

来进行阐述。同时，对于不同类型的场景，谋篇布局的要求也不同，除要让用户更容易理解外，还需要体现出个人的能力水平。这是分析技术"最后一公里"要解决的问题，要知道酒香也怕巷子深。

本章通过明确的逻辑梳理了常见的一些实践方法，但始终无法穷举所有内容，这也是不现实的。我们需要具备以结构化、体系化方式来理解分析技术的能力，并盘点自己的已有认知，而后在业务实践中不断进行丰富与完善。

6.1 发现问题

能正确地表述清楚问题，就等于解决了一半的问题。整个分析过程的起点是如何从业务场景中提炼出高价值且可被分析解决的问题，当问题满足上述条件时，则称为高质量问题。一般有两种实践路径：一是主动从真实业务场景中抽象、总结出关键问题；二是被动从提出者的表述中甄别出真正值得被重点解决的问题。

现实情况是大家常常习惯于这样思考：要么把工具放在第一位，如 SQL、BI、Python/R 等，要么把某些具体分析方法放在第一位，如 PEST 分析、SWOT 分析、AARRR 模型等，反而把高质量问题的产生都寄托于他人，这是非常被动的。在业务协作流程中，分析相对偏中后链路，日常会流入大量的业务问题，信息冗余、假问题、真问题但当前不可解……总之，获得高质量问题是一个很富有挑战的命题，可以通过待解决问题漏斗（见图 5-6）具体感受一下。那么，在业务实践中，有哪些可以尝试突破的方向呢？

1. 坚持流程管理

如果问题提出者对于其所提出问题的消耗资源量无感知，或者缺乏责任意识，那么很难从根源解决高质量问题的挑战，企业需要面对的是无穷尽且质量参差不齐的各类问题。以单个问题来看，当分析从业者的回答收到业务方无效反馈后，是否就可以理所应当地归因于分析从业者？显然不行！借助 SE 环，把这个问题掰开来看，问题本身质量、回答能力、执行力度、业务假设条件改变等都会影响最终的应用效果，这些都是不一样的，但从表面无法直接看出来，这个过程与看病就医很相似，不找到真正原因就无法真正解决与改进。

可惜的是，现实情况经常是"这个分析结果没用！"对于分析从业者，必须要尝试找到真正原因,才能改进它。参照第 5 章(5.1.2 节 SE 环是什么)所提出的 SE 环,通过 E(Evaluation)来定位影响问题质量的真实原因,持续的正反馈是因,持续的行动策略优化是果。

2. 时刻保持质疑

不论选择主动或被动,如果时间被消耗在低价值或无实际意义的事情上,长期都是要承担巨大机会成本的,这是我们必须要主动质疑的原因。具体地,通过还原真实场景来理解问题的背景、目标、挑战,在执行前必须清晰回答：

- 这是高质量的业务问题吗？
- 站在分析视角,预期可以在多大程度上得到解决？

基于上述两个问题的答案,来决定是否有必要投入资源解决某个问题和用什么方法来解决。

6.1.1 识别问题

《麦肯锡问题分析与解决技巧》中对于问题的阐述与归类是我比较赞同的,如图 6-1 所示,问题本质上反映的是期望与现实之间的落差,它往往需要被拆解、具象化之后才可能被求解。需要注意的是,这个落差具有时间属性,也就是随着时间推移会根据各种影响因素动态变化,现在是问题并不代表未来也是,这里面隐含的一点就是时效。

图 6-1　问题

接下来,假设已经可以获得高质量问题,可以把它们划分为三种类型：恢复原状型问题、防范潜在型、追求目标型,实际业务场景也有可能是它们几个的组合。这种划分方式与日常对于分析的认知是一致的,即从数据角度洞悉发生了什么、为什么发生、什么将会发生、怎样达成预期的业务目标。

1. 恢复原状型问题

恢复原状型问题是日常工作中最常见的问题，如图 6-2 所示，在某个具体时间点，业务现状明显差于原状，甚至有进一步恶化的可能性。恢复原状型问题以恢复至业务某个阶段的状态为目标，这里的原状也包括某种预期，并不在严格意义上与过去状态一致。

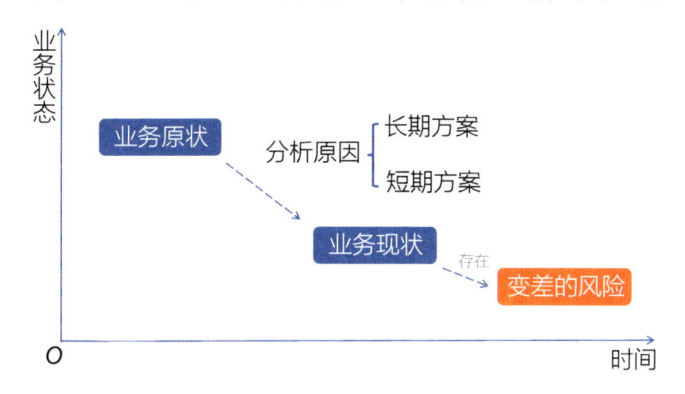

图 6-2 恢复原状型问题

恢复原状型问题大部分是突发的，需要快速被解决，时效性很关键，并不一定会给我们留下充分的时间来思考。因此，根据问题紧急程度、影响水平等因素，需要制定短期（紧急处理）方案或长期方案，这里最大的挑战在于问题的拆解分析，关键是要遵循 MECE（Mutually Exclusive Collectively Exhaustive，相互独立、完全穷尽）原则筛选出主要的影响因素，同时寻找相关因素之间的逻辑关系。

案例 1：GMV 下降的拆解分析。

GMV 趋势如图 6-3 所示，2022 年 1 月、2022 年 6 月 GMV 均出现环比波动，那么是否能够恢复到环比月份的水平？

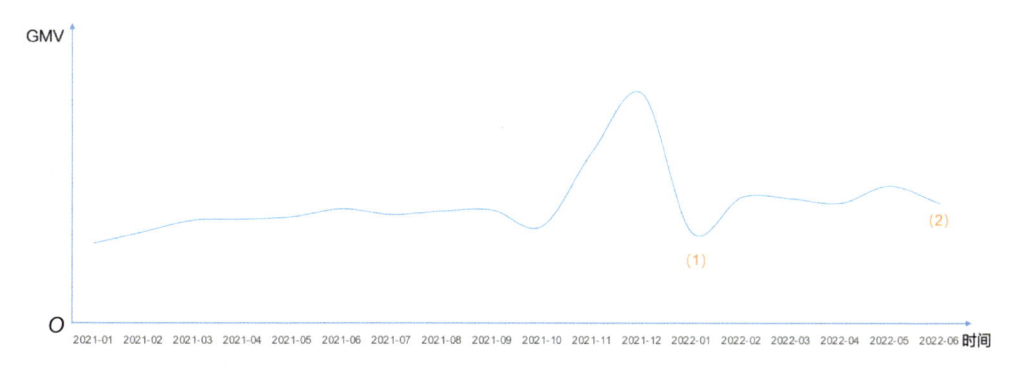

图 6-3 GMV 趋势

- 异常点（1）：2022年1月底是春节假期，2021年12月有大量促销活动，GMV下降是必然的，再结合2021年同期趋势，大体属于合理的季节性波动。
- 异常点（2）：GMV拆解分析如图6-4所示，梳理一下SaaS场景下的GMV拆解逻辑，通过从商家与消费者两个视角不断下钻分析，都可以定位到异常原因并给出改进建议，结合业务实际情况进行应对。

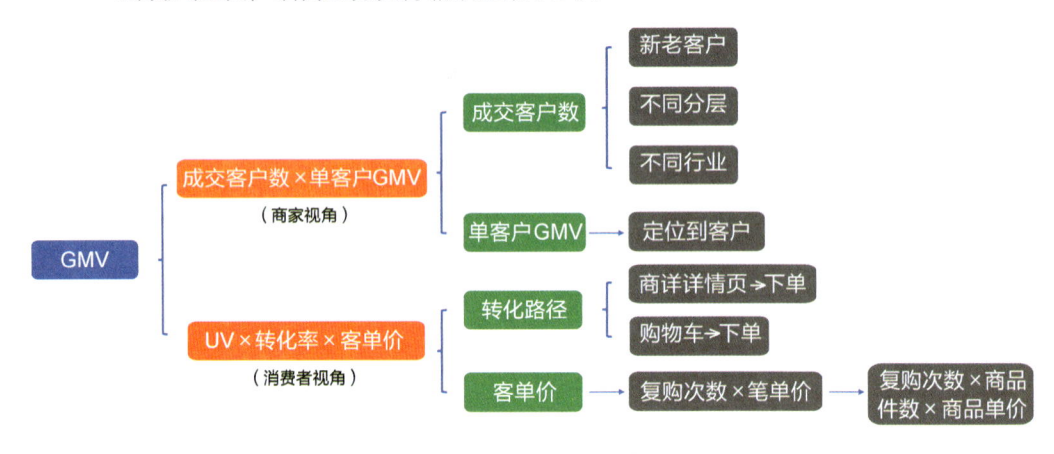

图 6-4　GMV 拆解分析

2. 防范潜在型问题

解决问题最好的方式是未雨绸缪，任何一个问题发生后都必然带来某些难以挽回的损失，提前预防能够有效降低其发生后造成的潜在负面影响。防范潜在型问题如图6-5所示，它是指当前没什么负面影响，但未来有一定概率发生且造成严重影响的问题，因此对风险因素需要提前充分考虑、应对，以免这类问题发生后造成无法承受的损失。

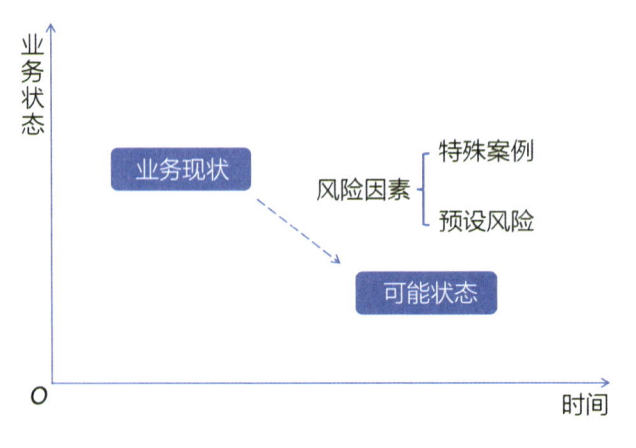

图 6-5　防范潜在型问题

防范潜在型问题是一类不太容易被发现的问题，平时没有明显影响，容易被大家忽视，但可能在某一时刻就会发生且造成巨大影响。就像以前读书期间，当研究旋转机械故障的预测方法时，疲劳损伤就是一种需要提前防范的问题。现实工作中有考核导向的要求，如分析从业者日常就需要处理很多规范建设的事项，它们不太容易获得价值认同，反而当出现人员流失、岗位调整时，又会收到一大堆"吐槽"。在实际工作中，必须要给该类型问题留下关注的空间。一般从两个视角来进行风险预判与应对。

- 重视特殊案例、现象及指标异动，及时捕捉背后的触发逻辑。
- 针对重点场景，提前预想可能出现的不良状态、原因，并设定预案。

案例 2：SaaS 客户续费率趋势分析。

客户续费是 SaaS 模式可持续的基石，续费率是重点观测指标。假设续费率趋势如表 6-1 所示，那么直观感受是形势一片大好。

表 6-1　续费率趋势

月份	2022-01	2022-02	2022-03	2022-04	2022-05	2022-06
续费率	50%	60%	65%	67%	70%	80%

然而，通过对客户进行多维度下钻分析就可以发现：客户结构在持续发生变化，即老客户结构占比越来越大，而事实上新老客户各自的续费率并没有发生显著变化。究其原因是 2021 年 1 月—2021 年 6 月新签客户增长乏力，次年同期到期（订阅有效期通常为 12 个月）的客户减少，于是老客户占比提升，而老客户的续费率天然要高于新客户，间接形成了上述续费率增长的假象。据此，站在 2022 年 7 月—2022 年 12 月的角度来看，需要考虑优化客户续费率的策略与考评机制，同时加强对新签客户的增长策略研究。

3. 追求目标型问题

对于企业而言，追求目标型问题是最受关注的，年度经营规划中若干目标大都属于这一类。追求目标型问题如图 6-6 所示，它是指业务现状稳定，但是基于某些因素的综合判断，对未来某一时期设定明确的发展目标的问题，这是我们非常感兴趣、愿意投入的问题。需要注意的是，目标应该是有意义、具备挑战性、可被达成的，否则它就会失去本身作为锚点的意义。

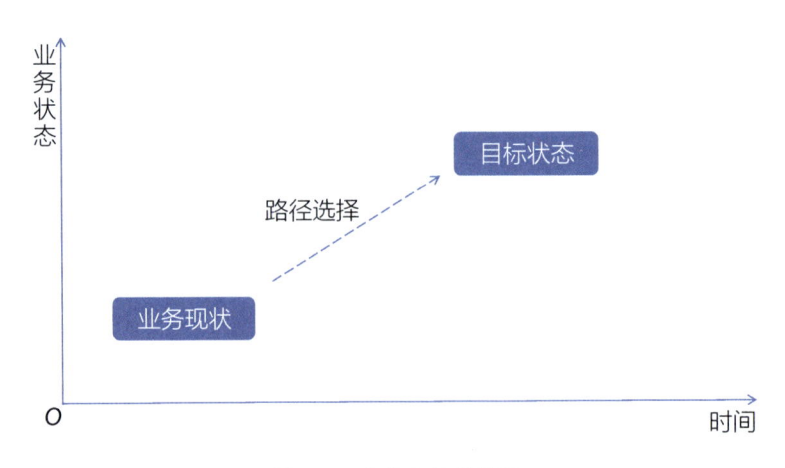

图 6-6　追求目标型问题

企业的成长是由使命与愿景驱动的，这本身就是一个追求目标型问题。该类问题需要一个规划性的目标，它可以通过某些方式达成，这里的方式就是路径选择，即依托现有资源，在风险可控的前提下，制定行动计划。因此，追求目标型问题的本质是求回答策略和实现路径，它与作业流程高度耦合。

案例 3：**SaaS 新签业绩**。

假设 2022 年 SaaS 新签业绩需要增长 20%，那么其实现路径是什么？这是一个实操层面很复杂的问题，新签业绩拆解如图 6-7 所示，这里我们通过一个拆解公式简单理解一下。

新签业绩=线索数×线索转化率×客单价

图 6-7　新签业绩拆解

- **策略 1**：加大付费投放力度，增多市场活动，追求线索数增长。实际情况要更加复杂，线索数在一定程度上会影响线索转化率。易获取的线索（可能来源于免费投放渠道等），需要花很大精力进行线索清洗才能保证转化率；转化率高的线索，可能需要花费较高的成本，这里需要在投入产出之间进行平衡。
- **策略 2**：优化线索转化率，线索转化过程又被细化为线索不同阶段，每个阶段对应销售人员的规定动作，执行层面压力较大。
- **策略 3**：提高客单价，这一点一般比较难以被执行，商业化产品的定价短期不会改变（一般按年进行定价评估），只能促进客户打包购买更多的产品，而在新签阶段，当客户尚未看到更多的价值时，销售人员是比较难促成高客单的。新的商业化产品/解决方案的包装一般会带来客单价的提升，但此过程比较不可控，难以对销售人员下发标准动作执行，只能通过激励手段，促进多年版、高版本等产品的销售。

在实际执行时，一般是上述策略同步执行，综合 ROI 更优。

6.1.2 处理原则

在日常工作中，分析从业者需要解决的问题会非常多、零散、冗余，这里先假设已经获得高质量的问题，但仍然无法在预期时间内完成，那么如何确定处理优先级，且大家都可以接受、认同？始终需要坚守的一点是：**永远不要和业务人员产生情绪层面的冲突、矛盾**，它使得后续的协作极有可能陷入情绪化的泥沼，参照第 5 章（5.2.2 节高质量问题）所提到的，最容易形成可接受共识的路径就是客观量化。

当已知不同类型的问题时，按照什么原则来解题是很关键的，可以遵循三个原则。

1. 重要性与紧急度

重要性与紧急度原则的初衷是基于事情本身属性做出取舍，会相对客观且容易与相关方达成共识。但这在实际执行时很困难，谁来确定问题的优先级排序，是分析从业者吗？答案基本上是否定的。重要性与紧急度模型如图 6-8 所示，对于个人能够直接决定的事情可以按照这个逻辑，但是涉及多方协作就很难适用，恰恰我们遇到的问题大部分都是这一类。在问题的优先级取舍上，相关方如何取得共识才是关键。

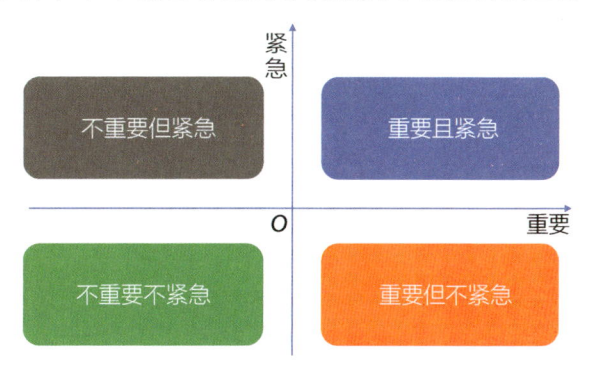

图 6-8 重要性与紧急度模型

2. 长期信任关系

长期信任关系原则是基于用户视角的考量，很多时候很难客观、冷静地依照重要性与紧急度原则来应对。对于有赞来说，客户再小的事情，也是我们工作中的大事，这里就不一定能用重要性的紧急度原则来执行。客户一般遇到问题时很难理性地思考重要性和紧急度，在他们眼里，都很急且需要快速被解决，那么怎么办？永远不要让你和客户（业务方）之间形成对立冲突，站在利他视角，才有可能寻找到合理解法。

- 如果是面对同一个业务方，那么坦诚说明资源情况，让他在有限资源背景下，先对其问题进行排序、排期，再根据其反馈进行合理调整。
- 如果是面对多个业务方的不同问题，这要更复杂一些，上级负责人直接进行处理会更高效，这里最大的考验是个人领导力，我们在第 9 章详细讨论。

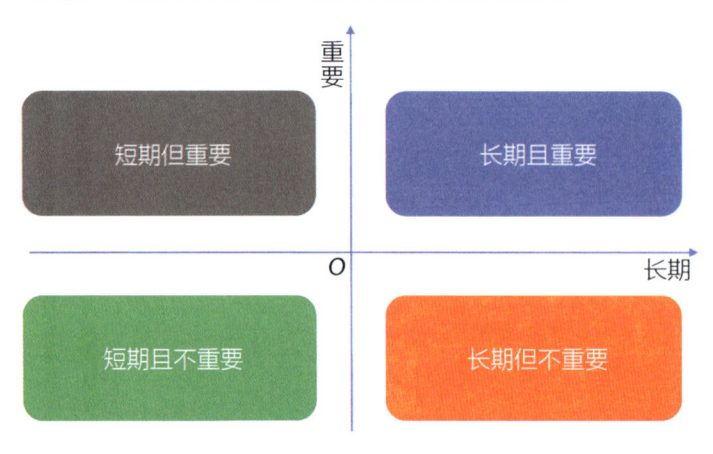

3. 价值存续时间

价值存续时间与重要性模型如图 6-9 所示，我们引入一个新变量（价值存续时间），假如说一件事情短期很重要、长期意义不大，这时候怎么取舍？最理想的情形是短期重要且长期更重要的事情。为什么大家都比较厌烦问题验证类型的工作，更倾向于研究性问题的投入？其中一个很重要的原因就是问题验证属于短期且重要性一般的事情，长期来看对个人成长价值并不大。对于自己能够决定资源投入的业务场景，也可以按照价值存续时间来进行取舍，保障对未来的资源投入。例如，对于大多数人而言，买房比买车更符合该原则，因为房产有更长的价值存续时间和更高的增值潜力。

图 6-9 价值存续时间与重要性模型

6.2 主要分析方法

没有高质量的问题，任何分析都缺乏其实际意义！高质量问题是分析过程的起点，在很大程度上决定了最终的价值创造。如果用一句话来总结分析是什么，那就是有逻辑地洞察问题。

在日常工作中，大家都积累了不少分析经验，遇到问题时我们也会尝试通过不同的方法来求解问题。企业中一系列问题的背后是大大小小的业务决策诉求，这就天然注定了我们需要足够丰富的信息来增加决策成功的概率。如何能够更全面、更深刻地围绕问题展开信息的收集、提炼、总结，这是我们要积累的分析能力。此处讲的是信息而并非数据，是因为仅依靠历史积累的业务数据是远远不够支撑产出决策观点的。

对于业务负责人而言，至少需要站在市场趋势、业务实践、财务预算这三个视角来判断是否要做、能做某件事情，它们分别对应行业分析、定量分析、财务分析，也就是接下来要讨论的三种分析类型。

为什么要将这三种分析类型放在一起来讨论呢？

首先，企业内部数据积累始终是有限的，且主要是对过去业务实践的记录，对于未来的判断有借鉴意义。但是历史数据无法直接推演出未来趋势，还需要借助行业分析方法洞察国家政策、宏观市场环境等因素来综合判断。

其次，看清楚未来趋势、当下业务实践水平，还需要财务预算的支撑，否则即便看得到远方，却依然无法到达。

最后，站在分工协作视角，虽然这几种分析一般由多个角色分别完成，但我们要想做到不断自我蜕变，就有必要整合这三种分析能力，这背后体现的是对 Who（核心用户）和 What（他要什么）的理解，假如我们的核心用户是 CEO，那么他期待的一定是有人能够综合行业分析、定量分析和财务分析来给出最终的研究结论，而不是自己拼接信息，那么我们要如何给自己定位？

接下来，我们就分别针对这三种分析类型，结合 SaaS 业务实践来进行深入理解。

6.2.1 行业分析

当我们决定要做一件事情的时候，首先至少需要尝试思考并清晰回答以下问题。

- 这件事情我们可以做吗？为什么可以做？

- 现在（潜在）的竞争对手有哪些？做得怎么样？
- 这件事情的天花板在哪里？行业终局大概是什么样子？
- 我们应该怎么做？可选择的路径与策略是什么？

通过上述这一系列问题，可以相对清晰地看清楚：在什么样的前置假设条件下，有机会做到什么样的规模（用户、收入）。具体一些，就是一定要在目标市场、产品定位、商业模式和组织能力四个方面有清晰的回答。

在 SaaS 业务实践中，通过下述的行业分析方法可以帮助我们收敛认知，搞清楚这些问题背后的答案。关于分析方法（模型）的顺序，这里并不是简单的罗列，而是遵循认知规律进行有序呈现与说明。

1. PEST 分析

任何一家企业与其所处的行业都存在于一个更大的宏观经济环境中，这是企业与该行业发展的前置条件，很大程度上决定了企业与行业的增长空间上限。过去我观察互联网平台的发展时，经常会关注国内用户的渗透率，用户总量就是可获取用户的上限。站在当下来看 2022 年的互联网行业变化，依然会发现，透过任何一家企业或某个行业都难以看清今年的各种变化，但是借助 PEST 分析至少可以看清背后更深层次的原因。

对我们而言，从更大层面来切入更容易看清楚驱动行业发展的底层逻辑，需要从宏观与微观分别对所从事行业、企业、具体业务进行理解，得出的观点才能更有效地辅助决策。如图 6-10 所示，PEST 分析是从四个维度围绕企业战略诉求来分析行业宏观环境的一种有效方法，透过它，我们能在各个方面比较准确地把握宏观环境的现状及趋势，做到顺势而为。

图 6-10 PEST 分析

接下来，我们通过 PEST 分析简要理解一下 SaaS 行业的发展。

1）政策（Political）

中共中央政治局 2021 年 10 月 18 日下午就推动我国数字经济健康发展进行第三十四次集体学习。中共中央总书记习近平在主持学习时强调，近年来，互联网、大数据、云计算、人工智能、区块链等技术加速创新，日益融入经济社会发展各领域全过程，数字经济发展速度之快、辐射范围之广、影响程度之深前所未有，正在成为重组全球要素资源、重塑全球经济结构、改变全球竞争格局的关键力量。要站在统筹中华民族伟大复兴战略全局和世界百年未有之大变局的高度，统筹国内国际两个大局、发展安全两件大事，充分发挥海量数据和丰富应用场景优势，促进数字技术与实体经济深度融合，赋能传统产业转型升级，催生新产业新业态新模式，不断做强做优做大我国数字经济。

2）经济（Economic）

在《"十四五"数字经济发展规划》的"二、总体要求"部分，给出了"'十四五'数字经济发展主要指标"表，其中提出：到 2025 年，数字经济核心产业增加值占 GDP 比重达到 10%、全国网上零售额达到 17 万亿元、电子商务交易规模达到 46 万亿元。这些指标相较 2020 年呈现快速增长趋势。数字经济的蓬勃发展既是企业数字化转型的结果，也是驱动更多企业进行数字化转型的原因。

国内各行业数字化转型不仅是 SaaS 发展的助力，也是红利。数字化转型是企业业务与管理的数字化，包括企业内部、产业链上下游等，最终演变为数字化企业。整个过程就是将业务向云端迁移，SaaS 是数字化转型的主要服务模式和业务应用的承载者。

3）社会（Social）

新冠疫情对零售电商、协同办公等跨空间信息传递的行业都产生了较大影响，加快了企业对 SaaS 的认知和接受程度，并且将会产生持续的影响。

2022 年互联网行业寒冬，企业对于数字化、降本增效的诉求更加迫切。

年轻一代对于更高效的办公工具的诉求与接受程度更高，职场代际持续变化驱动着 SaaS 功能不断优化与渗透率不断提升。

4）技术（Technological）

云计算：企业数字化转型的需求增加，对云计算的服务需求持续增长，将加速中国云计算市场的发展，云服务成为新趋势。同样地，云计算技术的迭代优化将推动 SaaS 行业的可持续发展。

人工智能：以机器学习为代表的人工智能技术逐步应用于 SaaS 软件的日常维护与更新，既可以有效降低企业人力成本，也可以实现商家与消费者的智能交互，在优化用户体验的同时实现流量高效转化。有赞在 2022 年 MENLO 发布会上，就针对私域场景推出了人工智能引擎 Jarvis。

我们综合 PEST 分析来看，数字经济的巨大发展空间，企业与年轻一代的应用诉求，外加持续的技术进步，SaaS 行业未来具有可持续增长的宏观基础。

2. 波特五力分析

波特五力分析模型如图 6-11 所示，由迈克尔·波特（Michael Porter）于 20 世纪 80 年代初提出，主要用于分析一个行业的基本竞争环境，通过对特定行业的盈利能力和吸引力进行剖析，可以观察行业的盈利空间范围，是针对行业而不是针对某个企业来使用的。当然，我们通过波特五力分析模型也可以看到自身在行业可能的盈利能力和空间，据此制定有效的企业竞争战略。该模型建立在三个假设基础之上。

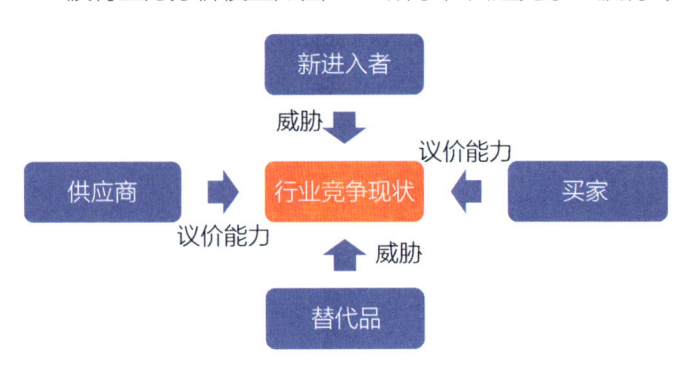

图 6-11 波特五力分析模型

- 战略制定者需要洞察整个行业信息。
- 同行业企业之间是竞争关系。
- 行业规模固定，只能通过夺取对手的份额来占有更大的资源和市场。

上述假设条件在现实中并不一定成立，这是我们使用该模型时要注意的，但它对于我们看清某个具体行业仍然具有非常重要的指导意义。

在 SaaS 行业中，零售电商 SaaS 企业占比接近 30%，我们可以通过波特五力分析模型来简单剖析一下。

1）行业竞争现状

国外市场（主要是欧美），电商零售市场的头部集中度较弱，零售电商 SaaS 巨头 Shopify 在 2021 年 GMV 达 1754 亿美元，占全美零售电商销售额的 10.3%，仅次于 Amazon，同时通过打通 Meta、Google、Twitter 等流量渠道，构建了强劲的增长引擎。

反观国内市场，零售电商 SaaS 头部玩家有赞、微盟都达到 10 万左右存量付费客户规模，但占据的市场份额依然很低，行业集中度不高，另外国内市场流量平台的闭环策略严重影响 SaaS 行业的发展。

2）供应商

零售电商 SaaS 上游供应商包括系统开发商、云计算提供商（阿里云、腾讯云等）、网络服务商等，集中度高、议价能力强。

从人才供给角度，互联网行业整体人力成本较高，但是大部分 SaaS 企业依然未实现稳定盈利，优秀人才密度相对较低导致培养成本偏高，无形中增加了企业的盈利门槛、制约了竞争效率。

3）替代品

国内电商市场集中度高（阿里、京东、拼多多、唯品会等），同时各大流量平台更倾向于打造业务闭环（抖音、快手、小红书等），都开始提供相关简化版的产品服务（小店），以进一步寻找更多商业化变现的路径。

4）新进入者

除持续不断的流量平台下场提供相关服务外，随着技术进步，SaaS 的创业门槛也在被拉低，这吸引了持续不断的创业者进入，大量的小微型 SaaS 企业持续增加，它们在某些垂直行业具备一定优势，加剧了行业竞争局面。

5）买家

To B 的 SaaS 企业一般分为大型企业与中小型企业。大型企业一般业务规模较大、盈利与抗风险能力强，在达到一定阶段后更倾向于选择自建，从而拥有更大的自主权，因此它们具有较强的议价能力。

中小型企业市场体量大、需求相对一致，SaaS 企业在这个群体中的议价能力强，但是中小型企业付费能力、承受风险能力均较弱，其在可持续经营方面存在较大挑战，导致 SaaS 企业的获客效率较低，留存压力较大，这是国内 SaaS 企业所共同面临的问题。

3. SWOT 分析

SWOT 分析主要从内外部竞争环境和竞争条件出发，将与研究对象高度相关的各种因素列举出来，通过系统性分析产出决策观点，既可以用于企业战略制定、竞争对手分析，也可以用于新产品研发、技术资源投入等场景。SWOT 分析模型如图 6-12 所示。从整体上看，SWOT 包括两部分：SW 与 OT，分别用于内部条件分析和外部条件分析。

图 6-12　SWOT 分析模型

借助 SWOT 分析可以从中找出对自己有利的因素及需要避开的风险，并发现存在的问题、找出解决办法，帮助业务负责人持续进行策略优化。同样地，我们通过 SWOT 分析来简单了解一下 SaaS 产品的竞争力。

1）优势

对于企业而言，以月/年为时间周期进行付费，不需要一次性投入大量资金，也不需要过多的技术性投入，可以极大降低前期经营成本与风险，同时可以获得稳定、领先的产品与服务，自身只需要专注于业务经营。

2）劣势

SaaS 的优势在于通过标准产品来满足更大规模客户的需求，但是对于成熟度较低的市场，多样化的客户需求意味着巨大的定制开发成本，SaaS 本身具有的通用性难以适用于不同特性的企业，很难满足不同客户的个性化需求。从 SaaS 产品角度讲，当前缺乏统一标准，甚至每家企业的标准都不尽相同，对客户而言，选择与切换的成本较高。

3）机会

如 PEST 分析中所述，国家数字经济政策推动企业级 SaaS 服务行业向产业化、规模化发展，同时云计算、人工智能、5G 等新技术的快速发展进一步降低了技术门槛，年轻一代对 SaaS 软件具有较高的诉求与接受度，客群在持续扩大、渗透率在同步提升。相较于国外市场，国内劳动力成本较低，企业更倾向于为人力资源而非软件付费，但随着经济环境的持续发展，SaaS 软件普及率也将持续增长。

4）威胁

对于有足够能力购买 SaaS 产品的大型企业，数据安全是其中一个重要的付费顾虑，如微盟 2020 年删库事件，这是相当大数量的企业规模扩大后选择自建或私有化部署的原因之一。另外，头部互联网企业、各类中小厂商纷纷入局，也在进一步加剧行业竞争格局。

4. STP 分析

对于任何一家企业，其产品与服务不可能在广泛且多元化的市场中与所有客户都建立连接，因此我们需要寻找并聚焦于某些高价值目标市场，进行产品、服务的充分匹配，从而在目标市场中占据更大的市场份额，以此为基础逐步扩展至更大的市场空间。

STP 分析可以帮助我们思考：面对激烈的市场竞争环境，如何选择目标市场与机会？简单而言，基于市场划分与企业现有能力匹配的研究分析方法就是 STP。STP 分析模型如图 6-13 所示，该方法核心是通过市场细分（Segmentation）、目标市场选择（Targeting）、市场定位（Positioning），从而对市场进行漏斗式的收敛，最终确定核心主打方向并匹配对应的产品、服务、营销及商业化策略。

图 6-13　STP 分析模型

在 SaaS 场景下如何进行 STP 分析呢？

1）市场细分

市场细分的核心在于识别并描绘出因不同需求而形成的独特客群，常用的切入点包括地理位置、人口属性、收入水平、兴趣爱好、消费习惯等。对于零售电商 SaaS 业务，我们主要关注以下几个因素。

（1）客户规模。

规模较大的客户在续费、增购等方面都远远优于中小型客户，但其业务复杂度很高，且很难通过标准产品满足，往往需要根据其业务情况进行产品功能定制开发。中小型客户的大部分经营需求虽然可以通过标准产品满足，但其经营持续性与付费能力均相对较弱。

当我们选择不同规模类型的客群时（大型客户、中小型客户），需要客观审视当前的解决方案更匹配哪些规模的客群。

（2）零售业态。

零售业态是指企业为满足不同的消费需求进行相应的要素组合而形成的不同经营形态，《零售业态分类》中有 17 个类别，包括超市、便利店、百货店、专卖店、购物中心等。

（3）行业类目。

行业类目是一个很重要的因素，不同行业类目的经营差异非常明显，对应的产品与服务要求也不同，常见的行业类目包括服装、配饰、家居、母婴、烘焙等。

2）目标市场选择

根据市场细分结果，企业可以选择一个或多个细分市场进行切入。对于零售电商 SaaS 产品，可以根据客户规模、零售业态、行业类目等因素，圈定不同类型的目标客群。在目标市场的选择过程中，除要考虑目标市场规模（Market Size）、市场成长性、竞争激烈程度等外在因素外，还要充分评估企业当前产品与服务的领先水平，结合二者，企业对于目标市场的占有率、盈利空间就会有初步的认识，最后选择是否进入，以及入场策略。

3）市场定位

当我们选定目标市场后，其实也就意味着现有或未来的产品、服务需要具备足够的竞争优势，以支持企业获得更高市场占有率。值得注意的是，受内外在因素变化与决策认知水平的迭代，STP 研究分析并非一次就可以达到目的，可能需要我们重复多次，才可以确定最合理的目标市场，它是 PMF 分析的重要输入。

经过 STP 分析，企业对于客群、目标市场与定位都有清晰的洞察，据此会产出明确的 PMF 方案，业务执行过程中的销售获客、服务等都需要围绕它展开，PMF 验证通过后就可以快速进入 GTM 阶段。

5. PMF 分析

自从 Netscape 创始人、风投领袖马克·安德森（Marc Andreessen）创造了 PMF 后，就快速得到了广泛的认同。PMF 分析模型如图 6-14 所示，PMF 是指在一个良好的市场内，产品能够满足市场本身。透过 STP 的研究分析，实质上就是在回答 PMF 里面的 P 和 M。

PMF 分析模型可以分为三个部分：市场（Market）、产品（Product）、产品市场匹配（Product Market Fit，PMF）。

1）市场

市场中包含目标客群、未被满足的需求。任何一个产品、服务都是用来解

图 6-14　PMF 分析模型

决某个目标客群的某些具体问题的。因此，前期对于目标客群选择、研究就显得十分重要，这就好像做分析一样，问题错了，后续所有的执行都是没有意义的。在 STP 分析中，市场细分就是寻找目标客群的过程。

2）产品

每一个产品、服务都是为了满足某些需求而生的，它们所能满足的需求就是其自身的价值主张，通过客户使用之后才能体现出实际的价值。当零启动时，需要结合能做什么、想做什么，综合判断期望提供的产品与服务是什么，当业务进入成熟期后，不断尝试扩大目标客群时，就需要在现有产品、服务上做增量，从而匹配新客群的需求。

3）产品市场匹配

客户很难讲清楚自己需要什么，能够表达清楚的是某些需求，但是具体是什么，很难讲得清楚、说得明白。例如，我想买件大点儿的 T 恤，这是我的需求。可能你会告诉我哪里有卖的，同时推荐一些比较好的款式，然而我实际的想法是怎么样可以瘦下来，不然体型太丑了。产品市场匹配如图 6-15 所示。对于产品经理而言，深度分析和挖掘目标客群的真实需求，并找到满足需求的方案的过程，就是产品市场匹配。

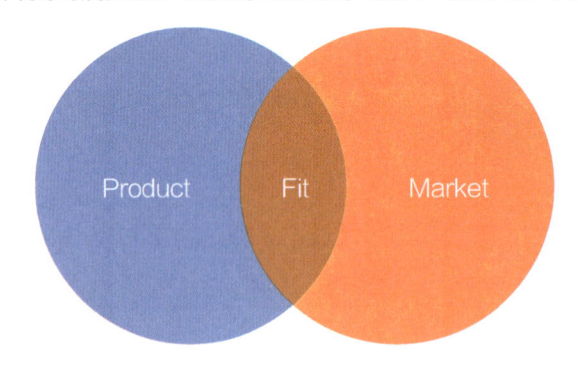

图 6-15　产品市场匹配

PMF 是 SaaS 业务快速成长的先决条件，而后是市场策略相匹配并加速扩张（GTM），其主要目标分别是客户留存、可规模化的单元经济模型（UE）、快速且健康的增长。这里面不变的是始终以客户为中心，能否持续坚守这个原则至关重要，很多 SaaS 企业在发展过程中受制于各种变化的因素，往往很难坚持走难而正确的路，所谓的捷径反而越走越艰难、越走越窄。

- **主要痛点**：回答目标客群未被满足的需求是什么。

- **解决方案**：如何通过一系列产品功能、服务手段等解决客户痛点。

最难的是对客户和痛点的认识深度，不然就会陷入产品功能陷阱，即当发现产品销量下降时，自然的反应为是不是功能不够了？可以再开发哪些功能来满足客户需求？然后不断循环……最后深陷泥潭而无法自拔。

6. 调研分析

产品、服务对目标客群的满足程度是需要被持续动态理解、反馈迭代的，但业务数据在灵活度、信息有效性、操作成本等方面存在一定的局限性。以 PMF 过程为例，透过 PMF 我们可以看到一个满足特定目标市场的产品或解决方案，那么：

- PMF 是否达到预期状态？
- 不同类型客户使用产品过程中的核心需求是什么？
- 现有客户是否愿意将这个产品、服务推荐给其他人使用？

对于类似的问题，我们的确很难通过业务数据进行有效回答，那就需要一些补充途径来达成对客户的充分理解。客户访谈、调研问卷是我们经常使用的两种有效路径。值得警惕的是，二者一般都是通过小样本来推断整体或某些客群的特征的，因此在抽样策略、操作技术等方面需要更加精准，才能得到更客观、符合预期的答案。另外，客户访谈与调研问卷作为重要的信息通道，关键在于对相关要点的理解与掌握，其他内容需要结合具体场景来设计，本节主要针对工作中需要重点注意的事项进行说明，不进行过多展开。

1）客户访谈

简单来讲，客户访谈就是与目标客户进行面对面（线下、线上）的直接沟通，这样更容易形成对客户经营场景、产品使用等方面的深层次理解，是产品、服务能够持续创新的源泉。进行客户访谈分析，我们需要注意两个方面。

- 一定要带着目标来客观记录事实，而不是带着立场、预判。
- 最大限度地还原真实场景、客户的情绪与感受，把最真实的情况传递给上下游协作单元，以便做出准确判断、改进。

在访谈的过程中，需要关注的重点事项是什么呢？

（1）访谈之前。

- **明确访谈目的**：这是访谈的初心，即我们期待通过访谈解决什么问题，接下来所有的工作都必须围绕它来展开，并据此来判断访谈结果是否符合预期。
- **确定访谈对象**：根据已知信息，选择一定数量最具有代表性的客户。
- **准备访谈内容**：围绕访谈目的，列出明确的访谈提纲，将不同类型问题进行归类，避免只是罗列问题，同时需要充分考虑到各类突发情况，准备预案。

（2）访谈过程。
- 参照访谈提纲展开沟通，对于不确定的回答要追问。
- 多问 When、Where、Why 类的问题，少问 Yes/No 类的问题，更有场景感地理解客户的表述。
- 重要的问题，客户回答不清楚，怎么办？可以尝试更换不同的角度，或者问其他人；关于客户的痛点问题，尽可能通过实际演示来增加理解、共鸣。

（3）访谈结束后。
- 结合访谈目的，在最短时间内进行内容、要点整理，并组织相关干系人进行复盘、讨论。
- 呈现具体的访谈结论，包括相关问题处理与反馈。
- 以访谈结果为输入，推断现有客群中相似客户的相关问题，并统一进行应对。

对于分析从业者，在客户访谈设计中，尤为重要的两项是前期对访谈客户的抽样选择技术，以及后期基于访谈结果在更大范围客群上的洞察分析，从而达到借助小样本群体实现对全量客户学习与理解的目的。

2）问卷调研

访谈覆盖的客户范围较小、操作成本较高，问卷调研可以看作访谈的一种补充方案，市面上均有成熟的工具可供选择，如问卷星、见数（Credamo）、腾讯问卷等。对于问卷调研，我们需要注意哪些事项呢？

（1）清晰的目标。

我们始终要思考一个问题：此次问卷调研是为了解决什么业务问题？在问卷调研之前，前置的要求就是明确目标，反之既难以确定调研的客群，又无法设计出具备针对性的问卷内容。

（2）问卷设计。
- **不预设立场**：在问题设计过程中，不要设计带有引导性、倾向性的问题，客观反映客户的真实想法。

- **尽量选择封闭性问题**：提供可枚举选项，客户只需要在选项中完成选择即可，而开放性问题是指通过文字输入来作答，对客户而言成本较高，且容易跑偏。
- **问题表述可量化**：在问题设计过程中，避免使用"大概""基本上"或类似的用词，每个人的理解、标准是不一致的，尽可能追求具备共识的、可量化的表述。

（3）问卷投放。

对于投放过程，如果是针对企业自身产品、服务等相关问题的调研，则可以通过自有平台进行投放，有赞在进行产品功能、NPS（Net Promoter Score，净推荐值）等调研分析时都采用该方式实现。在缺乏自有平台时或零启动阶段，可以选择第三方工具实现。

- **投放时间**：不同类型的产品，客户的活跃时间不同，选择活跃客户较多的时间进行投放。
- **确定筛选条件**：根据研究主题，确定样本筛选条件，从而可以获得更加有效的结果。
- **样本数量**：这里不是我们随意选择多少样本就可以，一般来说样本数量为题目数量的 5～10 倍。

（4）回收统计。

问卷结束后就是分析的过程，这也是我们最熟悉的。剔除无效问卷后，结合最初的目标，充分挖掘数据背后隐藏的信息，解决目标问题。一般第三方工具都会提供简单的分析与可视化方案，可以有效节省分析过程的资源消耗。

6.2.2 定量分析

正如英国物理学家开尔文所说："当你能够量化你谈论的事物，并且能够用数字描述它时，你对它就确实有了深入了解。但如果你不能用数字描述，那么你的头脑根本就没有跃升到科学思考的状态。"

数据是业务在数字世界的映射，直接反映了过去或当下的业务事实，据此可以进行两个重点方向的持续探索：不断提高企业决策质量、持续改进企业运营效率。不论企业经营类型、规模，都有必要将数据化决策作为企业级的基础策略，并尽可能避免浅尝辄止，数据化决策更强调在企业决策和运营效率优化方向的实践应用。几乎所有企业都会在自身的业务场景内尽可能充分地收集数据，包括客户基础属性、使用行为、第三方合作等不同类型数据，这也就为后续的定量分析准备了必要的基础素材。

从通常意义上讲，想要在上述两个方向取得积极正向的结果，需要对业务工作流程的持续改进，并在尽可能多的业务场景中，尝试通过数据而不仅仅是主观经验，来支撑各类假设和推断。整个实践过程中必然涉及各类定量分析方法的应用，常用定量分析方法如图 6-16 所示，我们接下来梳理一下这些定量分析方法及其在 SaaS 场景下的应用。

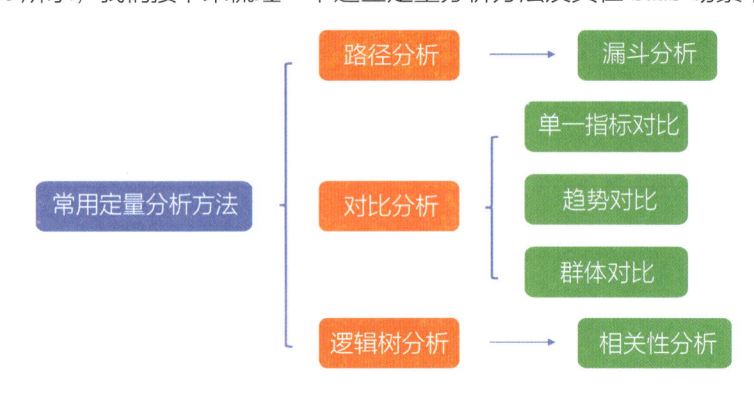

图 6-16　常用定量分析方法

1. 路径分析

前置问题：为什么需要先理解客户路径分析？

客户路径分析是用符合业务特征的量化语言对客户的关键行为过程进行呈现，从而牵引业务策略制定与执行的方法。在一般情况下，客户的实际路径是一个连续过程，而分析主要对其中的关键节点进行串联，常见的 AARRR 模型、PRAPA 模型都是这类方法。不同路径节点一般都会设置相应的职能架构，以保障客户路径的可持续性。客户路径分析是理解企业商业模式与组织能力的重要窗口，换句话说，在无法清晰理解客户路径的情况下，很难真正意义上理解商业模式，并得出高价值的研究分析结论。SaaS 客户生命路径如图 6-17 所示，它展示了 SaaS 业务中客户的生命路径，那么每个节点分别代表什么业务含义呢？

图 6-17　SaaS 客户生命路径

- **流量**：客户最初都是以流量的形式存在的，企业需要在各类线上与线下流量场景中寻找潜在的客户，常见的路径有免费渠道（品牌官网）、付费渠道（线下宣讲会/沙龙、广告投放）等。
- **线索**：流量被过滤后真正开始进入作业流程的就是线索，即获取到潜在客户的留资信息，特别是电话号码，意味着这个时候我们可以通过 SDR（Sales Development Representative，销售开发代表）、销售等角色与潜在客户进行互动，并在此基础上进一步确认付费意向。
- **商机**：线索经过触达和筛选后，转化为有订购意向的商机。
- **成交**：付款完成，这个时候才是真正意义上为企业贡献收入的客户。
- **活跃**：指客户是否有登录、是否有较高 GMV 等，这是关键过程指标，体现了客户对产品的依赖程度、使用情况，是未来是否续费的先行指标（如果付费后不活跃，则大概率会流失）。
- **增购**：在付费期间内，针对某些产品功能进行的二次/多次付费的行为。
- **续费**：当前付费产品到期后，客户选择再次付费，这是 SaaS 商业模式最重要的问题。

路径分析之所以重要，是因为它展示了该商业模式下的业务全貌，日常所遇到的问题都只是其中某个节点的，或者更细颗粒度层面的子问题。缺乏对全貌的理解，就无法构建与完善业务的认知闭环，当想要与更高职级的客户互动时，会遇到明显的瓶颈。基于上述说明，大家可以尝试思考如下问题。

- 在线索成本约束下，如何平衡线索数量与质量之间的矛盾？
- 从线索到商机，再到成交，如何提高成单效率、客单价？
- 如果要促进客户增购、到期续费，那么活跃阶段可以采取哪些策略？

上述问题的讨论在第 8 章（业务技术：SaaS 行业分析实践）中展开，接下来我们关注另一个问题：**当需要关注若干个客户生命路径节点，或者单个节点内部的效率优化问题时，可以选择什么方法？**

答案是漏斗分析，这是一个在众多商业场景下被广泛应用的方法，SaaS 业务中就包括销售漏斗、产品漏斗、客户成功漏斗等，用于观测不同节点的转化率是否在预期状态，进而寻找卡点出现在哪个环节、有多严重、如何优化。

以 SaaS 业务的销售场景为例，当关注业绩增长的时候，一般可以将其拆解为销售人数×人效。人效所反映的就是销售漏斗质量，企业的销售能力是可以通过销售漏斗来预测的，它可以增加对于销售业绩预测的确定性。SaaS 销售漏斗如图 6-18 所示。

```
潜在客户
可能会有兴趣的客户

预期客户
已经表达兴趣的客户

画像客户
表达兴趣并符合要求的客户

意向客户
确定有购买意向的客户

待成交客户
只差落实协议和付费

付费客户
```

图 6-18　SaaS 销售漏斗

根据销售漏斗来看，如果某个时期想获得更高的销售业绩，其实质就取决于两个核心问题。

- 扩大潜在客户的规模，即扩大投放与流入，并需要匹配可承接的组织能力。
- 在保证一定规模潜在客户流入的情况下，提高各环节转化效率并最终成交，但其难点在于各环节的协同效率。

2. 对比分析

前置问题：我们需要通过对比分析，寻找什么答案？

所谓对比分析，就是将两个或两个以上的数据（本质上是对象）进行比较，观察它们之间的差异，从而揭示这些数据所代表的业务变化和规律。其优势是可以非常直观地看出比较对象某方面的变化或差距，并且可以准确、量化地表示出这种变化或差距。

为什么需要对比？

单纯的数据指标很难看出好或不好，这样就很难据此推断造成业务结果的原因，无法进行更有效的业务改进。换句话理解，我们想要知道业务是否在向预期的方向发展，就需要有参照物。例如，某销售人员当月卖出了 3 单，好还是不好？如果不进行比较，我们就很难得出结论，也无法进行后续的分析。

但值得注意的是，并不是任何对象都可以顺手拿来对比。有一个很熟悉的故事：放羊人与砍柴人聊了一整天，羊吃饱后放羊人回家了，而砍柴人还没有动手砍柴，他们可以对比吗？显然不行，二者的工作方式是不一样的。

可比性原则是什么？

在进行对比分析时，前提条件是可对比，否则就失去意义了。以上述故事为例，砍柴人和放羊人是待比较对象，工作完成率是指标，必须保证二者都可比，即

- 对象可比：待比较对象属于同类型或同一领域，如淘宝与京东、快手与抖音、有赞与微盟。
- 指标可比：指标是待比较对象的量化呈现，在对象可比基础上，指标设计需要遵循指标计算口径相同、计量单位一致等原则，如淘宝与京东的 GMV、快手与抖音的 MAU（Monthly Active User，月活跃用户数量）、有赞与微盟的 SaaS 订购业绩。

接下来，简单梳理一下三个常见的对比分析场景。

1）单一指标对比

工作中常见的同比、环比，其实就是在可比的条件下回答当前做得好不好，或者可不可以做得更好，被比较的对象往往就是我们判断好坏的锚点。以 SaaS 业绩指标为例，很多人直接会讲本月 SaaS 业绩同比增长 20%，乍一看不错，但还需要问自己一些问题，在对比周期内：

- 市场环境是否发生明显变化？
- 销售政策、在售产品等是否发生变化？
- 销售人员规模、新老销售结构等是否发生变化？

很多时候我们发现，并不是单纯因为大家做得更好了，也可能是市场环境持续向好、销售促销政策调整等因素的作用，在归因时需要特别慎重，错误的归因无法带来对于问题本质的认知。因此只有通过一系列问题的追问，才能综合判断对比分析的结果对于业务决策的参考价值。

2）趋势对比

如果给具体某个单一指标增加时间属性，单一指标对比就演变为趋势对比，单一指标对比所反映出来的信息量有限，趋势对比能够带给我们更丰富的、更连续的参考信息。2021 年和 2022 年 GMV 趋势对比如图 6-19 所示，观察某业务的 GMV 趋势。

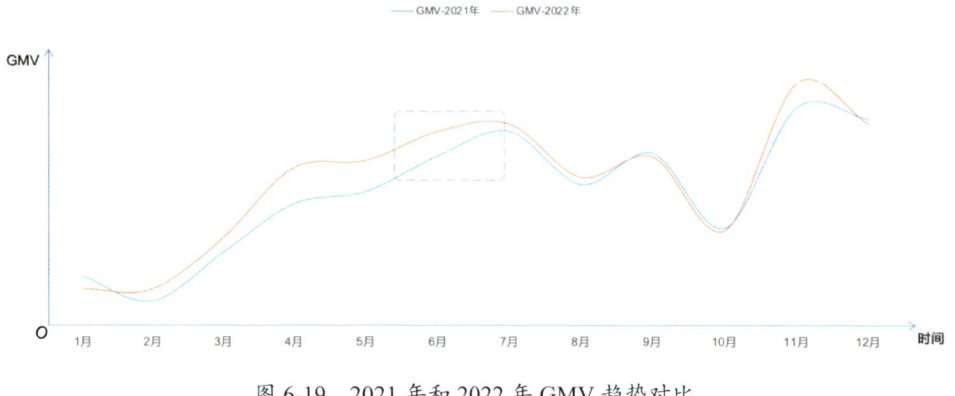

图 6-19　2021 年和 2022 年 GMV 趋势对比

通过图 6-19，可以直观地看出 2021 年与 2022 年的 GMV 趋势表现。

- **观察 1**：2022 年 GMV 普遍高于 2021 年同期，客户经营结果稳步提升。
- **观察 2**：2022 年 7 月 GMV 环比小幅增长。

如果以 2022 年 7 月环比来看，还不错，但是再结合同比观察就会发现：2021 年 7 月 GMV 的环比涨幅远高于 2022 年，换句话说，2022 年 7 月 GMV 表现实际上是比 2021 年差的，这时候就要继续从市场环境、客户结构、产品功能等多个角度进行拆解、归因分析。

3）群体对比

面对激烈的市场竞争环境，任何企业（市场、产品、服务）都极难在某个方向无差别地进攻，并取得显著竞争优势，这是 SaaS 场景下 STP、PMF 研究与执行的重要性所在。群体对比分析的目的是寻找具有明显差异的客群并选择针对性策略进行干预，从而获得更优的商业投入产出。至于从哪些视角进行群体的切分，需要根据业务实际进行取舍。

（1）SaaS 场景下的群体分析。

在 SaaS 商业场景下，客户新签和客户续费是两个重要的研究命题，我们从群体分析角度来理解策略选择。

① 客户新签。

参照第 6 章（6.2.1 节行业分析）所提到的 STP 与 PMF 分析，当企业选择了相应的客群时，隐含的结论是：在当前各种客观假设条件下，该群体优于其他群体。有赞在布局新零售时，也并非快速切入所有行业，这对于产品研发能力是巨大的挑战，同时具有经营风险。一般的路径都是结合已有优势，快速聚焦某几个重点行业并获得高渗透率和较优的财务模型（UE 模型）后，再进行规模化扩张。

② 客户续费。

对于 SaaS 客户，除客户自主续费之外，客户成功经理的策略干预也可以有效提升续费结果。如果客户成功经理能够在合理时间内覆盖所有待续费客户，那这个时候就不要按照群体来看了。但事实上这非常不经济，那么很自然的思考就是重点去干预那些容易被影响的高价值客群，这样既可以减少资源投入，又可以获得比较好的 ROI。

（2）按照什么方式划分客群。

客群的划分有很多种方式，这是一个策略问题，如可以按照地区、行业、规模、经营模式等维度划分，也可以进行交叉。其实质就是建设客户标签体系，从而进行**客户画像研究分析**。

客户标签体系的建设是有比较成熟的方法可以参考的。以 To B 场景而言，它一般通过对各类可获取数据进行加工，来描述与刻画客户特征。在具体应用时，可以根据某些特征及其组合来进行群体的商业性干预，如广告投放、精准推送等。客户标签体系的主要应用场景如下。

① 客户画像报告。

借助企业客户标签体系，我们可以从各个维度对客户进行群体性分析、研究，寻找不同群体之间的差异。当然整个过程需要与企业的年度经营目标、具体业务目标相匹配，否则很难被落地应用。这是我们认识客户的一种很重要的途径。

② 新机会研究。

依据标签在进行客群研究时，通过它们之间的差异，我们需要思考差异形成的原因，以及是否有新机会。

- **机会 1**：当我们关注到个别大型客户流失后，除要关注（调研）其原因外，还有很重要的一个思考是：具有类似特征的客户是否也存在流失的可能性？应该采取什么样的策略进行挽留？

- **机会 2**：假如按照 GMV 对客户进行分层，并作为客户标签，自然就会关注到分层较低（GMV 低）但是仍然留存的是什么客户？是否有进一步价值挖掘的可能性？反之，客户分层较高但是仍然流失的原因是什么？通过什么策略避免？

类似的场景非常多，客户标签化的目的在于商业机会的捕捉，可能是降低损失，也可能是客户（收入）增长，需要注意的是，避免单纯用标签数量作为目标，而应该是商业应用，即它创造了多大的商业价值。

（3）A/B 实验。

A/B 实验可以看作群体对比分析的具体应用，当我们需要评判某项改动（产品功能、算法策略、不同渠道效果等）是否带来预期的效果时，A/B 实验就是非常有效的一个选择。评价 A/B 实验是否有效有两个关键要素。

- **核心指标**：需要充分理解产品所做的改动和预期取得的效果，决定了实验进行的方向。
- **实验组和对照组选取**：两类群体在各个维度上的分布需要尽量一致，如在两个组别中，客户地区、行业、规模等分层占比需要大致相同，最大限度消除样本划分带来的实验结果误差。

A/B 实验流程如图 6-20 所示。A/B 实验本质是基于中心极限定理下的假设检验过程，其实施过程一般有以下七个步骤。

明确改动点 → 核心指标 → 样本数量、实验周期 → 流量划分方式 → A/B 测试 → 效果评估

图 6-20　A/B 实验流程

需要注意的是，A/B 实验的结果只表示统计学意义上的某项改动是否带来显著差异，而业务决策是需要综合考虑的。假定结果显示，某项改动能够带来显著差异，但是单一

功能的变化，可能同时带来其他影响。例如，在店铺首页增加商品详情页面入口曝光，可能显著带来了首页跳转商品详情页的流量增长，但同时考虑到客户停留时长有限，可能会分走通过店铺首页进入其他重要页面（如店铺笔记页等）的流量。此时，是否加大该功能的投入，需要综合考虑，而不是仅依赖 A/B 实验的结论。

（4）同期群分析（Cohort Analysis）。

在相同时间段内具有共同行为特征的客户称为同期群。共同行为特征是指在某个时间段内的行为相似，如 2022 年 1 月订购有赞产品的客户，就可以作为一个同期群。

同期群最常见的是按不同时间的新增客户来划分，然后观察活跃、续费等重点指标的变化，当然也可以根据业务实际情况定义划分规则。与 C 端客户的分析不同的是，SaaS 客户一般是按照年来订购产品或服务（包括多年版本、活动赠送时间）的，但我们一般不会按照年来进行同期群分析，原因在于观测周期太长且操作成本太大，可能错过最佳干预时间。因此，一般选择关键的产品使用效果指标、活跃指标来代替真实留存的概念，客户未使用或未活跃，那就意味着具有很大的流失风险，需要被进一步研究、及时采取措施。

同期群分析有什么用？

- 可以对同一个同期群在不同的生命周期下的行为进行横向比较，从而看出相似群体的行为随时间的变化。
- 可以对不同的同期群在同一个生命周期下的行为进行纵向比较，从而验证产品改进是否取得了效果。

在 SaaS 场景下，通常用分组分析法去观察在某个特定的月份进来的客户的后续行为数据，新签客户活跃率如表 6-2 所示，分别统计 2022 年 1 月—2022 年 7 月新签客户在后续 7 个月内的活跃率，用于预警客户流失风险并提前采取干预策略。

表 6-2 新签客户活跃率

		观测周期						
		第 1 个月	第 2 个月	第 3 个月	第 4 个月	第 5 个月	第 6 个月	第 7 个月
同期群	2022 年 1 月	0.8	0.7	0.6	0.57	0.55	0.53	0.5
	2022 年 2 月	0.82	0.73	0.65	0.62	0.58	0.54	
	2022 年 3 月	0.83	0.79	0.75	0.7	0.66		
	2022 年 4 月	0.87	0.84	0.81	0.77			

续表

		观测周期						
		第1个月	第2个月	第3个月	第4个月	第5个月	第6个月	第7个月
同期群	2022年5月	0.88	0.85	0.8				
	2022年6月	0.89	0.86					
	2022年7月	0.91						

这种分组分析法可以帮我们解答下面这样的问题。

- 2022年1月—2022年7月新签客户在几个月后是否都在持续活跃？
- 活跃率在一段时间后是否开始趋于稳定？

同期群分析可以让我们对比最近一个月新签客户（如表6-2中2022年7月进来的客户）和2022年1月进来的客户的活跃数据。数据显示，2022年7月进来的客户的活跃率和2022年1月相比大幅增加，结合这两个时间点分别所采取的干预策略，可以判断出2022年7月采取的策略有效性更高，未来该批次客户的留存率也大概率会高于2022年1月新签客户。

3. 逻辑树分析

前置问题：面对复杂业务问题，如何逐步收敛、寻找关键子问题与解决方案？

逻辑树又称为问题树、演绎树等，是将问题的所有子问题分层罗列，从顶层开始，并逐步向下扩展，不断收敛、定位问题原因的一种有效方法，也是我们日常很重要的一种认知习惯。问题拆解如图6-21所示，首先把一个已知问题当成树干，然后开始考虑这个问题和哪些问题或子任务有关。每想到一点，就给这个问题（也就是树干）加一个"树枝"，并标明这个"树枝"代表什么问题。一个大的"树枝"上可以有小的"树枝"，以此类推，找出问题的所有相关联项目。逻辑树主要帮助我们理清自己的思路，不进行重复和无关的思考。

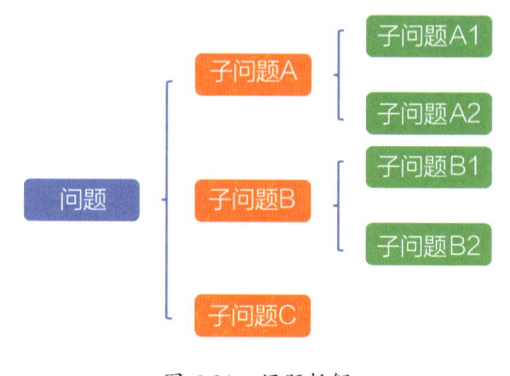

图6-21 问题拆解

逻辑树满足三个要素。
- **要素化**：把相同问题总结归纳成要素。
- **框架化**：将各个要素组织成框架，遵守不重不漏的原则。
- **关联化**：框架内的各要素保持必要的相关关系，简单而不孤立。

对于"这个问题是什么原因造成的？从哪些地方可以改进当前业务现状？"等问题，都可以按照 MECE 原则不断向下展开，寻找造成问题的真正原因。例如，SaaS 销售业绩是非常重要的研究命题，当它发生波动时，一般按照什么逻辑进行拆解呢？销售业绩如图 6-22 所示，通过逐层拆解，我们可以发现各层的业绩变化，最终可以实现问题定位，基于此结合业务约束条件寻找解决方案。什么时候停止拆分呢？在数据可支撑范围内，能够将问题收敛定位到可执行颗粒度时即可停止拆分。

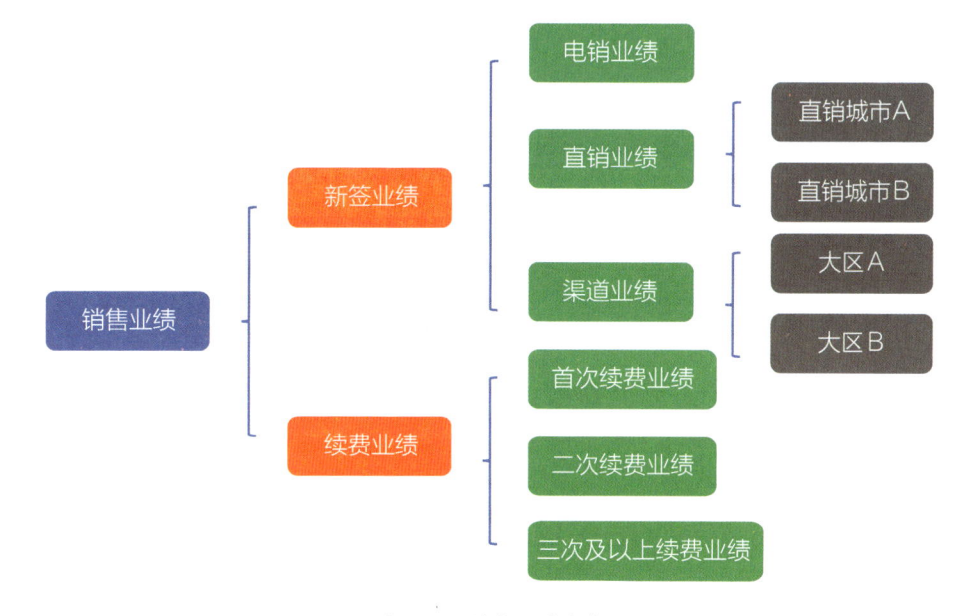

图 6-22　销售业绩拆解

假设根据上述拆解，我们发现"续费业绩→首次续费业绩"大幅波动，且在地域、经营类目等维度均无明显差异，那么如何寻找提高该指标表现的途径？这个问题实质上是要寻找哪些关键过程行为可以有效影响其变化，也就是进行相关性分析。

相关性分析是什么？

相关性分析是我们研究两个或多个因素之间是否存在相关性关系的一种方法，这种相关性关系包括正相关、负相关、不相关三种情况。在应用时，需要注意的是，相关性关系不同于因果关系：因果关系是指因素 A 发生导致因素 B 发生，如在不考虑其他因素时，早上 9:00 上班，起床时已经 9:00 多，所以迟到了，那么就可以认为迟到是起床太晚造成的。

但是假如因素 A 与因素 B 存在正相关关系，因素 A 增长时因素 B 也增长，并不能简单地推导出：因素 B 增长是由因素 A 增长造成的，可能还存在未被发现的其他因素。我们继续思考上述问题，寻找可能影响首次续费业绩的因素，首次续费业绩影响因素如图 6-23 所示，然后判断各因素之间、各因素与首次续费业绩的相关关系，辅助业务工作流程改进，这里只呈现相关思路，相关性的处理可以参考第 7 章（7.3 节挖掘工具）。

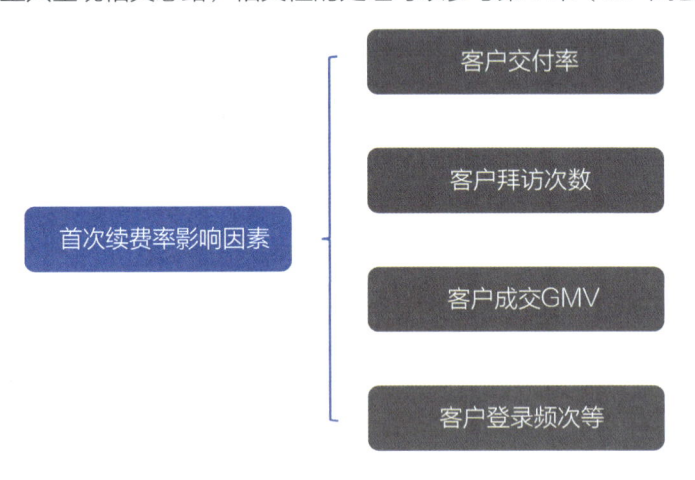

图 6-23　首次续费业绩影响因素

6.2.3　财务分析

在开始学习本节内容之前，大家可以先思考几个问题：

- 如何衡量一家企业是否在健康、可持续成长？
- 企业经营效率可以从哪些维度、指标来进行观察？
- 企业三大表（利润表、现金流量表、资产负债表）如何阅读、有哪些关系？在日常分析过程中如何应用？

企业作为不断追求利润的商业组织，通过战略地图可以清晰地看到，无论是客户视角，还是内部流程视角、学习成长视角，最终都需要关注财务视角的结果。任何业务决策都必须为这个目标而努力，几乎每项投入都必须要考虑财务结果，因此业务策略的落地最终一定要反映到财务结果上，即我们投入了多少市场费用、销售费用、研发费用、中后台资源等，创造了多大体量的经营结果。换句话说，长期财务结果是检验业务策略有效性的试金石，这里包括直接结果、可被证明或共识的间接结果。

分析核心是要影响不同层面的业务决策，而财务预算（结果）是必要的限定条件，掌握必要的财务知识能够让我们构建更完善的知识体系，从而产出更有质量的研究分析结论。当然对于大部分人而言，系统性学习财务相关知识是不现实的，下面我们主要从日常经营分析实践视角出发，盘点需要理解的关键知识要点。

1. 杜邦分析

正如巴菲特所说："财务报表分析的精髓就是杜邦分析！"

杜邦模型最早由美国杜邦公司使用，故名杜邦分析法，它可以作为站在全局视角思考的一个有效切入点。杜邦分析法最显著的特点是将若干个用来评价企业经营效率和财务状况的指标，按其内在联系有机地结合起来，并通过净资产回报率（Rate of Return on Common Stockholders' Equity，ROE）来综合反映，便于全面了解企业的经营和盈利状况。杜邦分析模型如图 6-24 所示，当观察一家企业时，需要从经营、投资、融资等多个视角进行判断，任何着眼于局部的评价都可能是不准确或不完整的，净资产回报率可以向下分解为两个指标。

1）资产净利率

资产净利率是影响净资产回报率最重要的综合性指标，主要取决于净利润率、资产周转率的高低。

- **净利润率**：反映企业的经营效率与盈利能力，增加销售收入与降低各项成本费用是提高企业净利润率的根本途径。
- **资产周转率**：反映企业的投资效率，代表企业赚钱速度、资产创造收入的能力。如果资产周转率高，则说明这家企业"原材料—加工—销售—收回现金—再采购原材料"这个完整的经营流程运行效率高。

2）权益乘数

权益乘数反映企业的负债程度，即企业利用财务杠杆进行经营活动的水平，资产负债率高，权益乘数就大，此时企业会有较多的杠杆利益，但同时经营风险更高。

结合杜邦分析模型，我们可以看到三种类型的经营模式：茅台模式（产品净利率高）、沃尔玛模式（资产周转率高）、银行模式（权益乘数高）。可见在财务结果上表现优异的企业，其所擅长的并不一定相同，可能是经营做得好，也可能是投资或融资做得好。

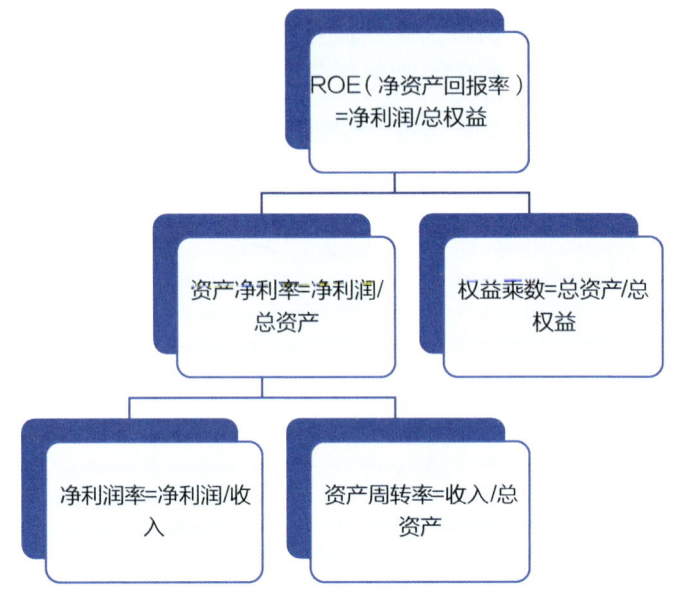

```
                    ROE（净资产回报率）
                    =净利润/总权益
                   /              \
          资产净利率=净利润/      权益乘数=总资产/总
          总资产                  权益
         /          \
  净利润率=净利润/收   资产周转率=收入/总
  入                  资产
```

图 6-24 杜邦分析模型

在日常工作内容中，涉及较多的是如何提高经营效率的相关命题。因此，接下来我们在呈现企业三大表（利润表、现金流量表和资产负债表）的要点时，重点关注利润表在经营管理过程中的若干应用。

2. 利润表、现金流量表和资产负债表

利润表、现金流量表和资产负债表共同反映了企业的全局信息，但是侧重点和呈现方式有所不同。接下来概括性梳理一下利润表、现金流量表和资产负债表。

1）利润表

当我们看一家企业的利润表时，究竟是在看什么？

- **规模**：市场空间与营收规模有多大。
- **赚钱**：毛利，这门生意的难易程度如何。
- **运营效率**：企业的组织效率，包括研发费用、销售费用、管理费用等内容的结构比例。

利润表结构如图 6-25 所示，企业最理想的状态是具有足够高的营业收入、高毛利率及相对低的费用率，这样才可以具有更好的盈利模型。

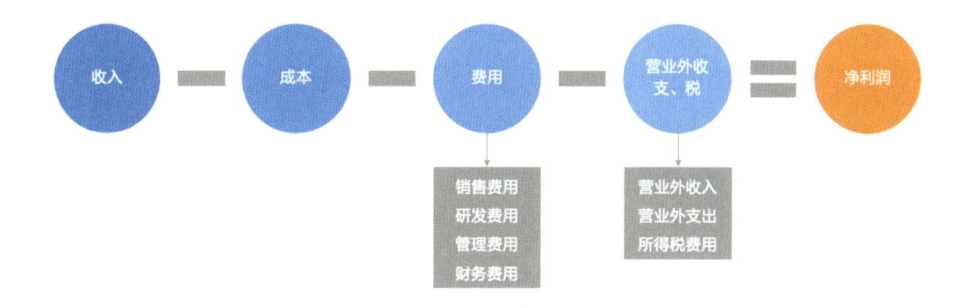

图 6-25　利润表结构

（1）基础概念。

营业收入、毛利率、费用率等属于经营结果指标，当进行经营分析时，更重要的是关注影响结果指标的关键过程行为，从而寻找能够达成预期结果的路径，接下来结合 SaaS 场景进行相关探讨。

① 收入。

企业经常性的、主要业务所产生的收入归属为主营业务收入，其余则为其他业务收入，这里首先需要理解收入确认原则。

- **权责发生制**：以收益、费用是否归属本期为标准来确定本期收益、费用的一种方法。
- **收付实现制**：以收益、费用是否在本期实际收到或付出为标准来确定本期收益、费用的一种方法。

SaaS 企业一般遵循的是权责发生制原则，即：

- 凡在本期发生应从本期收入中获得补偿的费用，不论是否在本期已实际支付货币资金，均应作为本期的费用处理。
- 凡在本期发生应归属于本期的收入，不论是否在本期已实际收到货币资金，均应作为本期的收入处理。

实行这种制度，有利于正确反映各期的费用水平和盈亏状况。

以 SaaS 产品为例，假设 2022 年 12 月，SaaS 软件销售收款 100 万元，它可以算作 2022 年的收入吗？显然是不行的，必须按照权责发生制进行计算，收入只能按照服务期消耗进度确认。

② 成本。

成本与生产活动直接相关，其直接花费与产品的成本挂钩，而费用是指不直接和生产活动相关的花费。销量-销售收入变动曲线如图 6-26 所示，成本拆分为固定成本与可变成本，它也是我们研究 UE 模型的基础。

- **固定成本**：总额在一定业务量范围内，不直接受业务量变动的影响、保持固定不变的成本，包括设备折旧费用、房屋租金、管理人员工资、日常办公费、销售人员底薪等。
- **可变成本**：在特定的业务量范围内，其总额会随业务量的变动而成正比例变动的成本，包括原材料、计件工资、能耗费、按销售量支付的销售人员提成。

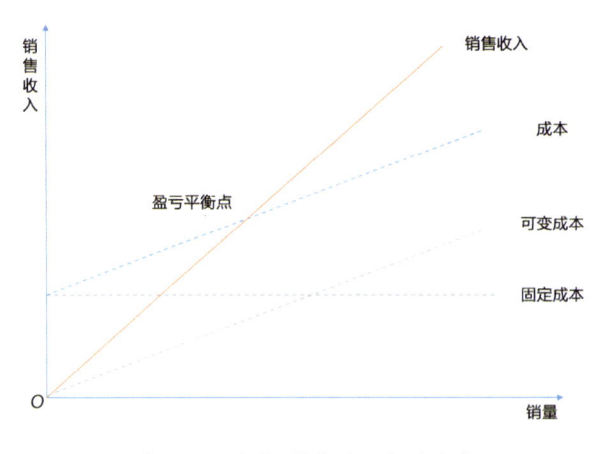

图 6-26　销量-销售收入变动曲线

我们借助两个案例来理解一下。

- 疫情为什么对零售门店业的影响比纯电商的影响大？零售门店商家房租这项固定成本大，即使不卖任何产品，也需要支出固定成本；而对纯电商来说，总成本中可变成本的比例更高。
- 疫情期间，对有赞的成本支出来说，直销大还是代理商更大？直销固定成本高，但是代理商只有卖出产品才有返佣，成本占收入的比例相对固定。

③ 费用。

企业的经营活动一般划分为生产、销售、管理、融资等，每一种活动发生的费用所发挥的功能并不相同。在利润表中，依据费用的不同功能分别表示为营业成本、销售费用、管理费用、研发费用和财务费用，其具体含义如下。

- **销售费用**：企业在销售商品、提供劳务过程中发生的各种费用，包括企业在销售商品过程中发生的保险费、包装费、展览费和广告费、商品维修费、预计产品质量保证损失、运输费、装卸费，以及为销售企业商品而专设的销售机构的职工工资、业务费、折旧费等费用。

- **管理费用**：企业为组织和管理企业生产经营所发生的费用，包括企业在筹建期间内发生的开办费，董事会和行政管理部门在企业经营管理中发生的或应由企业统一负担的行政部门职工工资、办公费等公司经费、工会经费，聘请中介机构费、咨询费、诉讼费、业务招待费等费用。

- **研发费用**：研发人员工资费用、直接投入费用、折旧费用与长期待摊费用、设计费用、装备调试费用、无形资产摊销费用、委托外部研究开发费用、其他费用。

- **财务费用**：企业为筹集生产经营所需资金等而发生的筹资费用，包括利息支出、汇兑损益，以及相关的手续费、企业发出的现金折扣或收到的现金折扣等。

需要注意的是，研发费用的处理包括两种方式：资本化与费用化。假设企业前两年投入 1000 万元研发新产品，第三年开始进行市场销售，那么研发支持是全部计入前两年吗？

这个时候就需要考虑是否要进行研发资本化，但并不是所有的研发支出都可以被资本化的。从字面上理解，研发分为研究和开发两个阶段。研究阶段的支出是不可以被资本化的，计入当期费用，也叫作费用化；只有开发阶段的支出，才可以资本化。**为什么会有这样的区别呢？**

研究阶段很有可能失败，未必会产出结果，所以要进行费用化处理；后期开发阶段，产品已经接近商业化，预计很快就可以转化为最终产品，会计政策允许把这部分进行资本化，作为企业的无形资产。研发资本化的处理，短期可以美化利润，长期则加大了企业未来盈利能力的不确定性。

（2）UE 模型。

UE 是体现收入与成本关系的最小运作单元，通常用于衡量收入与可变成本的关系。可变成本随着企业售卖产品数量的增多而成比例增长，但是固定成本是不论售卖产品数量如何变化都一直保持不变的。

① 最小运作单元。

最小运作单元与企业经营的主营业务有关，例如：

- 卖课程的教育企业，其最小运作单元可以是一个课程包。
- 卖车的企业，其最小运作单元可以是一台车。
- SaaS 软件企业，其最小运作单元可以是某个版本的产品。

那么最小运作单元的收入和成本，其实就是一个课程包、一台车和一版 SaaS 软件产品的收入和成本的关系。在单位经济模型下，毛利=收入-可变成本，盈利是每个企业存在的价值和意义，企业想要实现盈利（净利为正），首先要实现毛利为正，然后随着交易量提升（规模经济），毛利会在某个时间点抵消掉固定成本，实现净利为正。当然这一天来得越早越好，而不是无限期。

在 SaaS 业务里面，UE 用一句话概括就是每卖出一单赚多少钱（收入-销售成本），先要确保首单回正，才有可能达成长期回正。围绕 UE，我们可以抓住毛利回正的关键要素。

- **规模效应**：售卖客户数量增加。
- **单客价值**：ARPU（Average Revenue Per User，每用户平均收入）增长、NDR 提升。
- **可变成本降低**：销售效率与服务效率提高。

② 看 UE 而不看整体业务的原因。

从结构视角看，企业整体业务和交易数据都是由单笔交易或最小运作单元加总起来的，通过研究 UE，可以排除很多干扰因素，非常清晰地看到企业的经营情况，找出关键问题点。

- 初创企业/创新业务。

初创企业/创新业务在早期往往需要投入大量的成本在团队构建和购买资产等固定成本上，由于固定成本的存在和不规模经济，亏损的概率较大，但如果仅仅因为前期亏损就停止业务是很不明智的。如果随着时间和业务规模的增长，企业能够在一定时间内找到一条切实可行的路径，企业的毛利能够超过固定成本，那承受前期因固定成本带来的亏损而继续扩大业务将是有利可图的。当换作净利来评价时，很容易忽视业务的真正潜力。

初创企业/创新业务通过 UE 分析可以得出收入和可变成本的关系，从而告诉投资者企业的商业模式从本质上来说是盈利的，所需要做的只是快速地扩大交易量，实现规模化。

通过 UE 计算得到毛利后，结合客户 LTV 和 CAC（Cost to Acquire a Customer，客户获取成本）分析，可以告诉投资者花出去的 CAC 是否能够赚回来。结合固定成本考虑，告诉投资者企业什么时候可以到达盈亏平衡点，以及实现盈利。

- 成熟企业/稳定业务。

成熟企业/稳定业务一般不使用 UE 来看，原因在于它基本步入稳定发展阶段，不需要再用营收换取增长，反而专注于整体的财务质量，固定成本和可变成本之间的区别并不重要。因为无论是哪种类型的成本，企业都需要负担，并且实现盈利。

2）现金流量表

现金流量表反映了企业一定时期内现金流入流出的情况，显示了企业对资金的管理能力。通过现金流量表，可以观察企业是否能够持续、健康经营。当企业处于逆境时，或者遭遇巨大的内外部风险时，现金决定企业还能不能活下去。

健康现金流意味着每个月入大于出，健康现金储备意味着如果没有收入至少可以撑 9～12 个月。对于大多数企业而言，如果现金储备不足以支撑 12 个月的生存时，融资是首要的；如果现金储备不足以支撑 6 个月的生存时，那就要开始考虑缩减规模。

一家没有利润、持续亏损的企业有可能活下去，但是一家没有现金流的企业坚持不了多久，正负现金流的判断依据如表 6-3 所示，现金流组合展示企业现状如表 6-4 所示，不同类型现金流的判断与组合分别反映了企业可能的经营情况。

- **经营活动**：经营活动产生的现金流是企业通过运营、维护业务，运用自身所拥有的资产创造的现金流入或流出，包括买入材料、生产商品、销售和管理商品、房屋租赁、品牌 PR 等。
- **投资活动**：企业内部长期资产的购建和处置企业购买股权、股票等对外投资。
- **融资活动**：吸收股权融资及股利分配或股权回购向外部借款及偿还利息和本金。

表 6-3　正负现金流的判断依据

现金流	+	-
经营净现金流	日常经营获取的现金>经营支出现金	日常经营获取的现金<经营支出现金
投资净现金流	变卖资产、收回投资、股利分红	购买设备、股权、股票债券等
融资净现金流	股东投入资金、借款	还借款、股利分配、股份回购等

表 6-4　现金流组合展示企业现状

现金流组合	经营净现金流	投资净现金流	融资净现金流	企业可能的情况
1	+	+	+	太多闲钱、准备投资
2	+	+	−	健康的成熟企业
3	+	−	+	相对成熟，融资进行扩张
4	+	−	−	关注投资风险，资金流是否健康
5	−	+	+	衰退期
6	−	+	−	清算、处置资产、偿还债务
7	−	−	+	初创企业
8	−	−	−	难以持续经营

3）资产负债表

不同资产负债表结构如图 6-27 和图 6-28 所示，资产负债表反映了企业在某一特定时间点（如季末、年末）全部资产、负债和所有者权益情况，体现了企业的规模、投资、战略、布局。通常企业负债情况/营运能力、上下游议价能力、产能/资产储备等都可以通过资产负债表看出来。

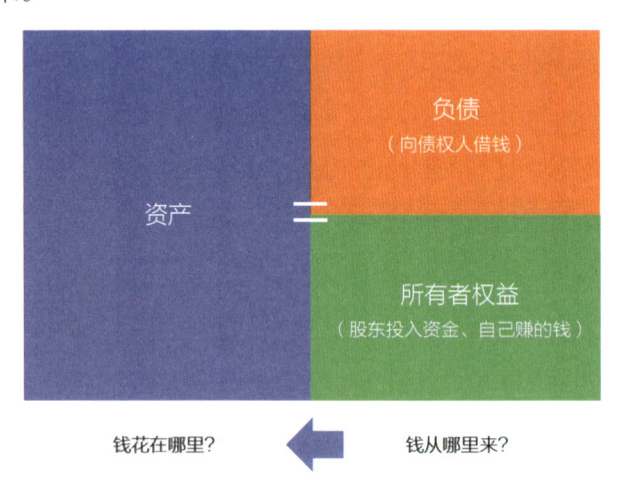

图 6-27　资产负债表结构（1+2）

图 6-27 进一步展开即图 6-28。

图 6-28 资产负债表结构（2+3）

企业三大表一般对外披露使用，可以看作某个时间段内的经营结果。在经营管理过程中，更关注现金流口径下的业务过程呈现、策略优化，在经营分析报告中，主要体现在财务预算（结果）部分。

6.3 写作技术

在日常工作中，绝大部分场景都需要用文字去达到协作、汇报、解释等目标，它们往往都承载着具体的工作任务，有着明确的方向。写作，其实就是借助文字将所要表达内容进行书面化的过程。分析过程结束并不是终点，用户有效理解并采取合理应对策略才是我们的目标，写作就是与用户对话的桥梁，遵循某些必备的原则、方法，会让我们更游刃有余。

为什么不是 PPT？

尽管 PPT 是一种非常好的呈现工具，但近些年在越来越多的工作场景下，有一种弱化 PPT 而使用在线协作工具代替的趋势，如飞书文档、石墨文档等。

从规模、成本与效率的视角可以有一些启发：以飞书文档为例，在规模化企业的复杂作业流程中，当我们对于材料的体验、美观度没有特殊要求时，飞书文档可以呈现更丰富的内容，且执行的成本和效率更优、传播效果更好，这可以极大程度提高协同效率，并增加知识的传播、复用。写作原则与应用如图 6-29 所示，遵循这些写作原则，可以让我们在重点应用场景中拿到更好的结果。分析从业者应提前构建认知、避免踩坑，而不是每次都事后才懂。

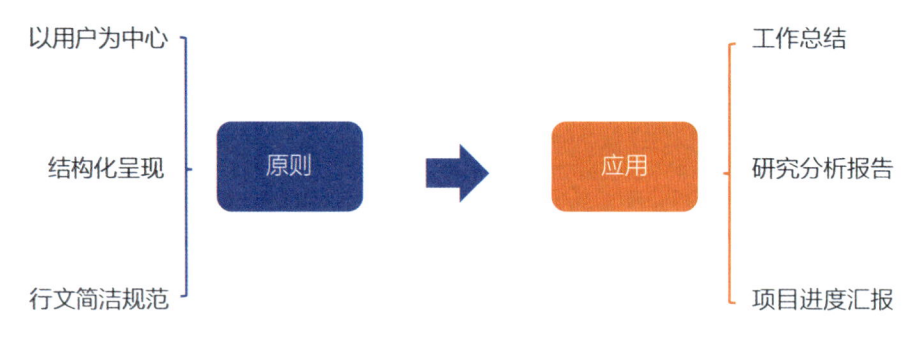

图 6-29　写作原则与应用

6.3.1 写作原则

如史蒂芬·平克（Steven Pinker）所讲："写作之难，在于把网状的思考，用树状结构，体现在线性展开的语句里"。

先从"作者逻辑"切换到"用户逻辑"，提供"所有必需信息"，再按照"要话先说"的顺序排列。我们写第一句话，是为了让用户继续看第二句话；写第二句话，是为了让用户继续看第三句话。时刻想象有一个刻薄的用户在对面喋喋不休地问你："这和我有什么关系？这个很重要吗？这个真的对吗？"。文章每个部分都要对用户有价值，如果能调动用户的情绪，让他进入心流状态，我们就赢了。以下是常见的写作原则。

1. 以用户为中心

客户是企业价值思考的初始问题，而用户是分析思考的原点。分析一般需要通过其他人的行动才可以拿到结果，那么除保证有价值的分析输出外，还需要多从用户阅读和理解的角度出发，尽量增加可读性、消除理解障碍。

在这里，我其实想更聚焦一些，将用户收敛到核心用户，很多阅读分析报告的人都可以被视为我们的用户，但真正能够利用它做出决策的人才是我们真正想影响的人，即核心用户，这两者是完全不同的。能够被核心用户高效、充分吸收的信息，才是有意义的，以用户为中心正是基于这个考量，更准确地讲是以核心用户为中心。在有赞的分析产出流程中，明确需要问题提出者，最好包括其直属上级对分析产出进行评价，对其他阅读的用户则不进行特殊要求。

那么，为了践行以用户为中心，有哪些需要注意的基本事项呢？
- **用户视角**：写的每一句话都是为了让用户看下一句，那么每句话对用户的价值是什么？说不清楚就不应该出现。
- **图表展示**：文不如表、表不如图，能用图表更容易说清楚的，建议优先使用图表。
- **观点优先**：要话先说，直接给出观点，不要等着用户慢慢挖掘。

2. 结构化呈现

可以回想一下，我们对于陌生事物的认知顺序是怎样的？往往并不是直接从细节开始的，一般都是由整体到局部的，同时有一个清晰的展开方法，如逻辑树。站在反面感受一下更容易理解：当你想要做一个业务判断时，分析从业者提供了一大堆明细数据……这简直就是灾难。"金字塔结构"是一个非常有用的模型，即先说中心意思，紧接着是内容的展开（遵循 MECE 原则）。因此，对一篇分析报告而言：
- 首段需要讲明白报告的背景、目的、要解决的问题及能够解决的问题等内容。
- 对一个段落来说，首句要讲明白本段的中心意思，这样才能做到逻辑清晰，要点突出。

3. 行文简洁规范

Keep It Short And Simple，这是职场写作一定要遵循的原则。一切以有效传递核心观点为目的，不要堆砌文字、数字及图表，如果它们无法支撑观点，那就不应该存在。我们经常在分析报告中看到环比/同比变化，似乎这已经成为一种习惯，如果现在与过去同期本身就不可比，那这个数字背后的业务意义是什么？

在多人协作的场景下，字体格式、标点符号、注释……都需要保证规范且统一。总之，我们要尽可能做到：段中不能有多余的句、句中不能有多余的词，并且术语、专有名词等要使用标准规范形式，追求更高的共识效率。

6.3.2 写作应用

写作应用即谋篇布局，其初衷在于让用户想看的内容与我们想表达的内容最大限度地收敛一致，并在此基础上尽可能减少阅读体验障碍。只有用户接收并理解的内容才是有效的，否则我们表达再多也没有太大意义，并且会产生很多负面的反馈。

在不同类型的场景下，用户想看的重点内容也会不同，能否抓住这些关键点是判断我们是否懂用户的重要标准，也才能回答好对应的问题。接下来我们针对工作中常见的三种场景进行说明。

1. 工作总结

常见的季度/半年度工作复盘、项目总结、月报/周报等，都属于工作总结的范畴。简单来说，工作总结就是将某个周期内的事项做个总结、汇报。

1）总结类型的材料，领导期待看到什么

这个问题主要考验的是分析从业者思考的深度、培养潜力，未来是否有更大的可能性。一定要避免站在自己视角的平铺直叙，同一件事情的表述方式要根据用户来确定，即时刻以用户为中心。

常见的一种情况：某分析从业者在半年度考核的自评片段为上半年完成 80 个数据需求、20 张看板开发、10 份分析报告。这样讲有错吗？没有！对吗？对！那为什么很难拿到好的绩效结果？

站在用户角度理解：做了这么多，价值创造究竟是什么？与上个周期比较，有什么进步或不同吗？未来会有更大的成长吗？这些都看不出来！关于工作总结，应该留给领导一件事情，那就只能是认可。

2）为什么领导在看我们的总结之前已经大概知道做了什么，他还希望读到什么

这里可以从三个视角来理解，其一是能力视角，即我们的工作能力，重点是围绕关键命题的价值产出；其二是学习视角，即从对工作感性的认知，上升到理性的、规律性的总结归纳能力；其三是站位视角，即我们是否能协助领导，对未来做出更正确的决定、贡献更大的价值。

考虑清楚这些问题，我们对于写作的视角、主要内容、表述方式等都会有更好的拿捏，即：

- 将工作成果写出意义，提供难得的、可复用的一线经验。
- 罗列贡献之后，找出问题或机遇，以及怎样解决相关问题或抓住这个机遇。

2. 研究分析报告

研究分析报告一般可以作为专业能力的综合体现，它应该是我们最擅长、最熟悉的

工作内容，也是分析价值创造的最有效手段。

1）当我们产出一份研究分析报告时，领导期待看到什么

领导期待看到的是我们的观点、对问题的洞察力，更具体一点来说，就是：

- 这是一个什么问题？为什么值得被分析？
- 得出了什么结论？依据是什么？
- 根据这个结论具体可以做什么？有什么收益和风险？

理解清楚领导的期待后，在研究分析报告中就应该提供相应的答案。首先，要说明为什么这是一个好问题（企业目标是一个好的来源）；其次，要有观点、有态度、有主见，要做到给问题，也给选项；最后，要做到方法扎实、数据可用（近似的正确好过精确的错误）。

2）除研究分析报告的结论外，领导还希望读到什么

首先是业务理解的广度与深度，单个问题的研究在长期而言是很小一件事情，只有对业务的深度认知才是可持续价值产出的基石。

其次是研究方法与逻辑，对于任何问题都需要有明确、贴近用户的认知逻辑和实践路径。

3. 项目进度汇报

分析团队作为偏中后台的角色，必然要大量参与业务的协同项目，如大量的专项命题分析、数据底层建设、产品功能改进评估等，一般短则 2~3 天，长则半年，我们需要定期汇报工作进度，包括是否有困难事项需要求助、是否有延后风险等，方便领导对于工作全局的整体管理。

当需要从分析视角创建项目时，除进度汇报的要求外，更重要的是要说明价值（这件事要达成什么结果，为什么要达成，和领导的目标有什么关系）和达成路径（怎么达成，需要多少时间和资源）。

1）对于工作进度汇报，领导想看什么

有结果的执行力，用结果说话是最有意义的，但是难度也最大。及时汇报进展、潜在风险、个人工作思考……都有助于领导的统筹。

2）为什么要向领导汇报进展，直接给结果不行吗？他希望读到什么

首先是你做了哪些动作，是否有助于达成业务目标；其次是目标达成情况的复盘，发

现的问题、事实和结论；最后是下一步的执行动作和预期达成时间。

那么，我们应该提供什么？主要包含目标进度、问题分析、经验沉淀、下一步行动的进度汇报，以方便领导进行预期管理；同时要注意语言表达，力求做到清晰明了。

第 7 章 工具技术

> 《论语·卫灵公》有言:"工欲善其事必先利其器。"好的工具是效率倍增器,真正让我们专注于数据价值的发掘,既可以看得到,又可以做得到。

熟练掌握各类常用工具是胜任分析岗位的前置条件,几乎在所有相关招聘 JD(Job Description)中都有明确的要求。但同时我们必须清楚地意识到:工具仅仅是核心胜任能力之一,过多、过少的投入都不"正确",那么如何认识工具以确保合理的投入呢?先看几个熟悉的场景。

- 经常使用 SQL、Python/R 处理数据,是否等同于熟练掌握?
- 开发了几十张报表、上百个指标,是否谈得上理解企业报表体系建设?

熟练使用与掌握并不是同一层面的概念,大家经常讲的其实是业务场景下的具体使用经验,而不是认知深度。如果我们想要走向管理或资深级别的专家岗位,但是每天都在不断重复 SQL、BI 工具与 Python/R 的简单使用,那么随着时间推移,距离目标会越来越远,时间永远不会是低质量重复的朋友。

回答职业成长问题,需要跳出单纯业务场景下的具体使用,站在更高一层来思考与总结数据查询、报表体系建设、数据挖掘等工具的价值与实践方法论,这也是本章想探讨的内容。

7.1 查询工具

不可否认,SQL 是分析从业者一项必备的技能,在目前大部分的职能设计中,几乎所有决策场景下的问题验证类需求都会流入分析需求池,由此我们经常会看到 SQL Boy、取数工程师等颇具贬义、自嘲的措辞,甚至大家会产生自我价值怀疑。事实上,分析与 SQL 经常被画上等号的原因可以归纳为以下两点。

(1)频繁与 SQL 打交道。

SQL 几乎覆盖所有的分析工作场景,包括常见的问题验证、报表开发、研究分析等。SQL 帮助分析从业者在企业决策价值流中构建自己的基本盘,也是最容易被看见的价值所在。正是如此，对于 SQL 可以用"爱恨交加"来形容。

（2）SQL 语法复杂度低。

虽然 SQL 语法简单，但实际经历过的人一定会有切身感受：企业数据基建在完善性、规范性、智能化等建设标准上的缺失，直接导致的在查找数据、准确性校验上的时间消耗，远远超过开发 SQL 逻辑本身。

一般需求的处理流程可以概括为需求分析→业务理解→元数据查找→底表校验→逻辑编写→结果校验→交付，甚至经常需要循环往复，如此耗时的流程，最终往往被"不就是 select *"等评价掩盖。客观来看，大部分时间其实都在为数据基建不完善买单，但是其他人根本不会关注这些底层问题。

7.1.1 价值判断

SQL 作为日常使用最多的数据查询工具，市面上已经有非常多优秀的书籍能帮助解决日常实践过程中遇到的各类问题。因此在这里我们并不会重点关注 SQL 语法，而是从整体视角思考应该从哪些层面来认识 SQL，对于具备多年分析经验的从业者而言，这一点尤为重要。

1. 价值与达成路径

在使用 SQL 的时候，通过对其独特价值与达成路径的思考，可以让我们获得超越工具自身层面的认识。

1）What：独特价值是什么

如果认为 SQL 只用于数据查询，那就显然低估了其在分析价值主张下的作用。第 2 篇导语部分我们提到一个问题：在成本与效率约束条件下，如何规模化解决问题验证的挑战？答案是使用 SQL。包括报表体系在内，其背后的内容建设大部分也是通过 SQL 实现的。问题验证是报表体系的补充，SQL 通过问题验证在更加灵活的解决业务场景下的共识建设。由此，SQL 的价值最终体现在构建具备共识的量化语言体系上。

2）How：如何实现这种价值

在规模化的背景下，SQL 如何以高效率、低成本的方式助力问题解决，从而凸显其真正的价值？在具体场景中，分析从业者往往深陷于"取数→校验"的循环，因此很少有精力关注针对处理成本与效率的优化，以及带给企业经营降本提效的贡献。当我们想要清晰地传达上述价值时，至少需要做好以下准备。

- **持续提高专业度**：保持对业务逻辑的动态掌握、加强对数据仓库底层与元数据的理解，这是现实工作中耗时较多但又无法绕开的内容。
- **强化信息获取**：在 SQL 查询过程中，经常会伴随与业务人员的互动，其实质是信息交换。很多时候，制约价值厚度的正是对业务信息掌握的及时性、全面性。

记得之前在团队讲过一句话："假设今天停掉所有的 SQL 需求，大家如何规划时间分配？又能做好什么？"这句话的背景是，当时问题验证（SQL 查询）占比较大，即便如此，团队最终依然得到了上下游业务方的认可。其本质就是对于上述问题的思考与回答"我通过 SQL 在解决企业的什么问题，做得怎么样"。

2. 如何判断掌握水平

我们经常会在简历上看到"熟练掌握 SQL"的描述，什么才算是熟练？对于单个分析从业者或小规模团队，SQL 使用过程中的一些问题并不突出，但是当团队规模逐步扩大，或者上下游协作环节增加时，很多原来没有或不那么明显的问题，都会极大地影响团队工作效率。

那么，在团队规模大、协作复杂等前置条件下，我们应该关注什么？如果从日常工作内容跳出来思考，则协作效率、应用成本、数据安全和数据质量是四个需要被关注的内容。

1）协作效率

协作是针对团队而言的，单个分析从业者在 SQL 层面并不需要考虑协作问题。但是在空间网状模型中，面对规模化的问题验证、报表体系等内容，必然涉及多人、多团队协作，那么就必须关注且重视协作效率。我们可以通过三个具体的场景来切身感受一下。

- 团队内部分工调整、离职、转岗，之前所负责工作需要被快速承接。
- 针对集团、BU、各级业务单元之间的共性内容，如何避免重复造轮子？
- 上下游协作团队（业务人员、数据仓库），如何保持协作默契？

当然还有更多的问题，难以全部罗列，如果无法按照某种约定/规范进行协作，那么意味着规模越大，所带来的效率损失越大。过去我踩过大量的坑，当然这也促使团队进行了针对性变革与沉淀，并将其作为入职必读手册和专业性考核的内容。

（1）任务与表命名。

当我们看到一个工作流、任务或表名称的时候，就应该能了解一些基本信息，查看具体逻辑是耗时且低效的。国际通行的命名方式有两种：驼峰命名法和蛇形命名法。我们采用了蛇形命名法，即全小写、单词之间用下画线分隔。

良好的任务、表与字段命名应当是自解释的，如果看完注释还无法理解，甚至曲解其含义，那可以说命名和注释是不合格的。例如：存储在哪里？属于哪个业务域？应用在什么场景？按照什么方式进行数据更新？甚至更丰富的信息，都可以直接从名称获取，从而减少查看具体逻辑与沟通咨询的成本。借助日常的两个案例来感受下。

- **基础格式**：数据库.垂直业务域_[子业务线(基础主题)]_自定义名称_使用场景_后缀。例如，bi.wsc_team_login_report_di，它的含义是存储于 bi 库中、微商城店铺的登录数据、每日增量（daily insert）更新、用于报告制作。
- **临时表命名规范**：数据库.人名_表名，其中表名仍遵循基础格式规范。例如，dev.zhangsan_wsc_team_login_idx_dd，它的含义是存储于 dev 临时库、微商城店铺的登录数据、每日全量（daily detail）更新、用于指标开发。

（2）代码注释。

良好的代码习惯，对于个人与团队效率提升都是有益的，常见一些有效约定如下。

① 任务说明。

- 创建任务注释。

节点名称：分销市场日志表。

创建人：张三。

创建时间：20190101。

调度周期：日全量/增量、小时全量/增量。

节点说明：程序完成的功能、适用场合、使用缺陷等详细描述。

- 修改任务增加注释。

修改人：张三。

业务逻辑解释：对流程进行详细的业务解释。

更新记录：对脚本的变更进行记录。

疑问与优化：对流程开发的疑虑与问题，可以记录在此，如性能方面的考虑。

② 代码段注释。

统计近 30 天每个客户的小程序成交 GMV，限制客户类型为电商类，剔除储值卡支付的订单。

③ 表与字段注释。

每个表填写表名注释，要求重要的业务表必须有清晰的注释，如知识付费订购记录表。同时，表中字段需要有清晰的注释。

- 每个字段填写注释。
- 时间类字段需要填写时间周期格式，金额字段填上单位。
- 当字段值可枚举时，罗列枚举值及相应描述信息。

④ 格式规范。

- 保证整体代码有相应缩进、对齐。
- 代码中不要出现大小写混合的内容，正则及字符串内容除外，均应使用小写。
- 子查询紧接 from 之后进行换行缩进对齐。
- 代码块之间需要有且只有一行空行进行分割。
- 所有子查询均需要写注释，并且注释位置在紧接子查询左括号之后或子查询别名之后。
- 所有使用到的表、子查询、大部分字段均需要有注释。
- 脚本中最后一段 SQL 代码块不能省略分号。
- 任意一行只有一个保留关键字（除了 as）。
- 多个结果集命名别名，且结果集汇总的时候字段需要带上别名。

2）应用成本

在规模化企业的决策场景中，处理数据查询必须要有成本的概念，并将其明确传至业务方，这将有助于产生更有质量的 Q（Question）。

关于成本管理，相较于技术工具与方法的应用，更重要的是成本意识。在空间网状模型中，个体想法都可能带来创新这一假设是成立的，但并不意味着这些想法都是高质量的，成本意识能够持续提高大家思考与提问的质量。

（1）成本有哪些。

① 分析时间资源。

直接成本：主要体现在通过 SQL 来解决的业务问题上，它们对于分析时间资源是直接消耗的，具体数据参照第 4 章（4.1 节问题验证）提到的，此处不再赘述。

间接成本：换句话说是机会成本，当我们消耗时间处理 SQL 类问题时，就必然没有时间投入更有价值的研究分析。与此同时，人员个稳定带来的招聘与培养是需要考虑在内的。

② 服务器资源。

服务器资源通常包含为响应问题验证需求而产生的临时查询成本、报表体系所产生的任务调度成本等。

（2）为什么要关注成本。

① 企业层面。

除显性的分析时间资源、服务器资源的消耗外，需要思考的是：如何提升企业经营效率？成本意识的培养长期会带来大家对问题的思考深度，SQL 通过问题验证、报表体系带给业务的价值也会更大。规模化的质量提升，减少隐性的机会成本，无形中是在强化企业整体的分析决策能力。

② 业务视角。

业务人员能否足够理解业务并提出高质量的问题，除依靠其自主学习成长外，还需要在成本意识上的清晰认识，它能够有效驱动业务部门的理解与抽象总结能力，避免低质量问题带来分析团队资源的消耗。现实中，大家很少在意这个问题，但它确实非常重要。

③ 分析团队。

分析从业者在 SQL 使用过程中的技术成长如何来判断？时间与资源消耗就是很好的评价维度。我们曾经有一段时间专门在绩效评价中增加了成本的测算，即工作效率、资源消耗量。它会促使大家提升 SQL 技术水平，同时关注代码质量、调度任务成本、无效任务下线……通过成本的量化管理，在提升效率的同时可关注更多高价值的研究分析问题。

3)数据安全

一般谈到数据安全，大家可能认为是数据开发或安全团队应该关注的事情，然而分析从业者在与多业务场景的协作中，也会遇到非常多的敏感数据泄露风险。我们可以简单回顾一些主要风险场景。

- 业务方经常会有涉及客户手机号码、姓名等信息导出需求。
- 在办公桌面上，经常可以见到打印的业绩、收入等数据。
- 经营数据报告、业绩与收入测算等敏感报告的阅读/编辑权限。

数据安全是悬在分析从业者头上的一把剑，也是绝对不能出问题的一条红线，同时需要尽可能兼顾业务使用效率。在日常工作中，有一些基本的安全措施。

（1）敏感字段加密。

客户手机号码、姓名等敏感信息，统一进行安全加密，使用时按照标准流程审批（不同数量级需要相关负责人审批），按次审批使用，且导出数据文件也需要加密提供。

（2）表权限管理。

数据开发和分析从业者拥有大部分表的查询权限，而其他角色需要查询权限管控，对于数据仓库而言，如果用提高数据仓库（Data Warehouse，DW）层表的使用人次作为目标，虽然能在一定程度上增加数据获取便利性，但不仅会带来数据安全风险，更有可能由于数据口径不一致而增加决策成本，因此需要根据企业或业务发展阶段谨慎选择。

（3）数据导出审批。

这里包括两块内容，其一是通过数据平台查询导出，除敏感数据规定外，超过一定量级也需要审批确认；其二是报表体系的导出（包括自助分析），一般默认报表是不呈现敏感数据的，因此这部分的审批一般由业务负责人管理。

（4）分析报告。

试想一下，对于上千份报告的权限管理该怎么样设计？这也是我们团队一个大的挑战，对报告进行分类（经营分析报告、财务竞品分析、机会研究……），分别设计相应的权限管理规则，如经营分析报告只针对集团、BU经营管理人员，特殊情况需要单独审批。

4)数据质量

在具体的分析任务过程中，数据查询与校验是十分耗时的环节，尤其是低质量的数据建设，会导致整个业务的决策效率低下。这个问题主要体现在两个方面。

- 数据缺失、错误。
- 在协作链路中,数据建设无法匹配业务动态演进的速度。

数据建设一般由数据开发人员负责,相对于分析从业者,他们对于业务动态变化的感知稍弱。以 GMV 为例,不同的支付方式应该怎么处理,不同业务场景、成长阶段是不太一样的,并不是简单的求和。分析从业者需要对数据质量有持续的反向建设输入,整个过程以量化的形式呈现出来并计入团队(个人)OKR。

对于整个业务决策而言,要避免只盯着研究分析报告,整体协作效率是否更优也是重要的评价内容。在我们团队,这部分内容是持续量化呈现、反馈的,它对于问题验证、报表体系建设、研究分析等内容的效率提升有明确的价值贡献。

7.1.2 数据治理

更确切地来讲,这里所关注的是以提高分析质量与效率为导向的若干治理问题,最大限度降低在数据层面的资源消耗以确保聚焦于业务问题解决。数据仓库内部分层如图 7-1 所示,数据仓库是我们较为熟悉的数据获取与操作路径,一般会遇到哪些常见的效率挑战呢?

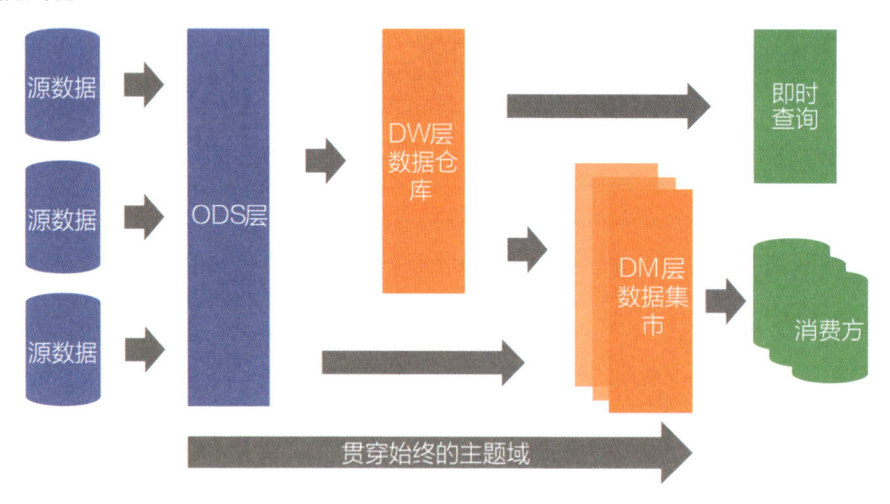

图 7-1 数据仓库内部分层

1. 数据质量

在 SQL 使用中耗时较多的是数据准确性校验,数据完整性、一致性是其最常见的两个挑战。

1)数据完整性

源数据,特别是埋点日志采集,是很容易出问题的环节,其稳定性严重影响数据仓库的稳定性,进而影响分析与业务执行效率。

在 C 端业务场景中,客户行为数据采集与分析是非常重要的命题,其对应的规范性较高。然而在 To B 业务场景中,由于商业模式的巨大差异,客户行为数据在规范性、落地应用等方面相对落后于 C 端业务场景,持续越久,治理成本越高。在涉及多方协作场景下,需要通过明确规范与异常责任评价来尽可能减少类似问题,它们会直接导致分析过程无法进行。

2)数据一致性

回顾一种场景,当需要统计 GMV 时,有若干个表都可以查询,那么该用哪一个?这就是重复计算问题,其主要影响是资源浪费、分析效率降低。

在现实角度来讲,不同业务线之间,存在各自计算同口径数据的情况;不同开发人员之间,也存在各自维护同口径数据的情况。那么,该如何解决这一问题呢?我们需要站在企业(业务)整体层面进行标准化设计、执行,这里面有操作成本的挑战,其实就是执行成本与企业决策效率之间的平衡。我们过去在报表体系的治理上,其实也是在解决这个问题,局部建设一定是执行效率最优的,但在企业(业务)全局经常不成立。

2. 业务导向性

数据规范性与业务动态性如图 7-2 所示,这里真正的问题在于数据仓库的规范性需要以业务导向为前提,业务经常会因市场、企业战略调整等因素变动而动态性变化,数据建设则更多期望稳定、规范,这里是存在一定矛盾的,其本质是数据建设价值如何被衡量的问题。

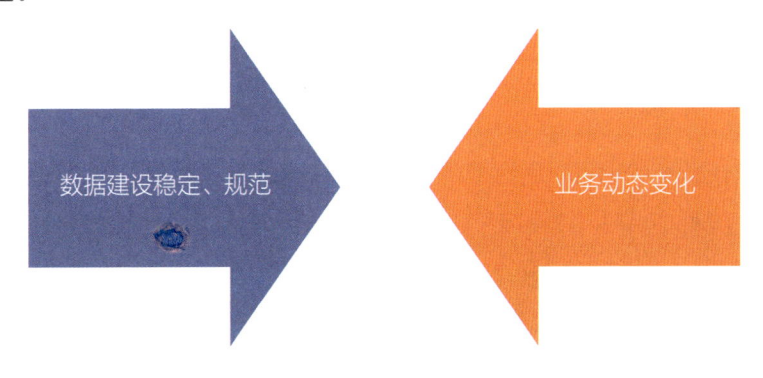

图 7-2 数据规范性与业务动态性

在理想状态下，假如数据仓库能够以高时效满足业务动态变化性，那么分析从业者在问题验证、报表体系建设、研究分析等内容上可节省大量时间，同时业务场景的工作效率会更高。反之，二者的矛盾大，意味着分析需要向下补位以保障业务运转。

以自助分析能力建设为例，假如数据仓库能够以整体、统一的标准提供符合业务需要的指标集合，就能够以产品功能的方式满足业务日常使用需求，常规问题验证的需求就会大幅缩减，可以实现在规模、成本与效率约束下的最优解决方案。

7.2 报表工具

报表工具是量化语言体系建设的重要载体，在分析价值主张中，谈到了量化语言体系对于企业全体同欲、同知、同行的影响，它是一种实现共识效率的基础能力。传统 BI 工具具有高实施成本、低业务敏捷度等问题，这促进了敏捷 BI 工具的快速普及、应用，敏捷 BI 工具可以由分析或业务人员进行自助式建模、呈现，能够实现快速部署、数据源集成、高性能计算、探索式分析。

2019 年，Google 以 26 亿美元的价格收购商业情报软件和数据分析平台 Looker，Salesforce 以 157 亿美元的价格收购 BI 工具领导者 Tableau。与此同时，国内涌现出众多优秀的 BI 分析产品，如帆软（2006 年）、观远（2016 年）、网易数帆（网易有数）、神策（2015 年）等。

本节并不打算展开讲报表开发，而是根据过去的实践经验，对于报表体系的价值取舍、建设方法论与评价标准进行概要性的介绍。Know-how 是比较容易的，但是对于核心用户（Who）、独特价值（What）的认知更加重要。报表体系必须要站在整个企业或业务全局视角来规划，局部性的建设长期来说都必然会有损共识效率与决策效率。

7.2.1 价值判断

在很多人的简历中都可以看到"从 0 到 1 报表体系建设经验"类似的描述，在敏捷 BI 工具普遍应用的背景下，其开发门槛确实比较低，但是要能够理解其价值并系统化落地，非常不易。对于企业报表体系，这里仍然回到 Who-What-How 层面来思考，参考第 2 篇导语提到的分析价值主张，我们尝试通过空间网状模型来回答下面几个问题。

1. Who：核心用户是谁

用户导向是今天所有工作展开的思路，企业依据对用户的理解来制定使命、愿景，分析依据对用户的理解定义报表工具的各类评价与建设标准。对于"Who：核心用户是谁"这个问题，最容易得到的答案是业务人员。需求是业务人员提出的，那么用户肯定就是他们呀！这样理解没有错，但不够准确、严谨。我们的基础思考是整个业务应该怎么看更合理，而后依据业务人员的需求进行有取舍的建设，这里的用户其实是所有与业务相关的人员。

报表体系的用户首先是业务人员，其次才是各级业务负责人，背后的假设是业务人员要尽可能看清楚业务并解决问题，不要把问题向上层层传递。经常遇到的一个误区是对于 Who 的理解，当某些业务负责人提出想看一些数据时，接下来一定会有人据此来提出一大堆报表开发需求，理由就是某业务负责人要看，至于其是否是真需求、合理与否并不重要！

2. What：独特价值是什么

如果把报表体系仅仅定义为数据指标建设，那就弱化了其真实价值。在空间网状模型中，试想一种极端情景：大家对同一件事情的认知都不同，会带来什么灾难性的结果？要实现企业全体的上下同欲、同知、同行，除各类规范、文档层面的约定外，最关键的是形成具备共识的量化语言体系，这是报表体系的独特价值。

对于具体业务场景，每个对象都应该有清晰的定义、度量标准，除非我们有意设置多个定义，否则所有人都有必要坚持同样的标准。只有对于业务事实的认知一致，才有可能带来更有质量的思考和业务决策。

3. How：如何传递这种价值

这里需要回答的是如何构建具备共识的量化语言体系，反过来思考，日常工作中的阻碍是什么？

- 多个团队、多个分析从业者都参与同一业务场景下的报表建设，可怕的是大家的标准都不相同。
- 设置过高的数据安全门槛，每个人看到的只有某些碎片信息，难以形成通盘的认识。

刚加入有赞时，业务人员、数据仓库人员、技术开发人员、分析从业者……都在某些特殊背景下，进行业务报表开发，这带来极大的业务理解成本，经常导致我们陷入口径解释的泥潭。记得第一次"发火"就是因为这个问题，而后主导快速推进指标体系统一建设，同时基于此进行自助分析能力的推广使用。直至现在，业务侧绝大部分的报表体系均实现了统一，包括口径、开发、维护与体验等一系列标准。

总之，决策成本是企业不容忽视的问题，最重要的是对时间的无效浪费，改进的基石就是业务认知是否一致，即具备共识的量化语言体系。

7.2.2 方法论与实践

当我们看清楚报表工具的价值判断后，接下来需要回答的就是以什么样的方法论来指导实践，也就是下面要讨论的内容。

1. 建设方法论

价值取舍可以让我们看清楚它对于用户的真实价值是什么，而方法论回答的是通过什么样的路径或遵循什么原则可以更有效地实现。报表体系在大量工具类书籍中是讨论比较多的内容，因此这里并不打算具体讨论如何设定指标、开发等细节问题，更多是分享一些经验与心得，报表开发方法论如图 7-3 所示，我们主要考虑四个方面的内容。

图 7-3 报表开发方法论

1）客户生命路径

客户生命路径本质上反映的是企业产品或服务的商业模式，它是商业模式在客户视角上的外显，需要被完整、准确地刻画出来：客户怎么来、怎么使用、价值变现、扩散传播等一系列路径节点，起源于端游时代的 PRAPA 模型、Dave McClure 在 2007 年提出的 AARRR 模型等都是经典的实践方法论。

对于 SaaS 企业而言，客户生命路径相对比较固定，它是制定与优化各种业务策略的基础。任何一种策略都是作用于某个或多个路径节点的，如客户线索、销售过程、客户付费、活跃留存、增购等。对客户生命路径的梳理与理解是基础与核心，基于此我们才能在系统性的层面上考量指标体系的设计，要避免只停留在具体指标层面。

2）业务场景

关于业务场景，本质是对组织架构和职能设计的理解，它具有相对的稳定性。业务场景可以是整个企业，也可以是某个业务单元（如市场部、销售团队、产品团队等），甚至是具体产品，其天然具有颗粒度属性，且可以进一步拆分，既有可能覆盖整个客户生命路径，又有可能只针对某些路径节点。

搞清楚业务场景，其实就是在回答当我们谈目标的时候，谈的是谁的目标？确保对目标的理解是体系化的。

3）业务目标与策略

企业依据战略目标及解码过程形成年度经营规划，最终会体现在一系列北极星指标上，其余指标大体是围绕北极星指标在客户生命路径、业务场景等要素下的逐级向下拆解，这样对于指标的产生逻辑就会有更清晰的理解。

O（Objective）是根据客观条件动态变化的，对于电商平台而言，起初会以获客为北极星指标，而后可能是 GMV、MAU，不同阶段会进行相应的调整，其变动也一定会带来 S（Strategy）和 M（Measurement）的重新匹配。

OSM 模型如图 7-4 所示。在 SaaS 场景下，通过 OSM 模型可以结构化地理解上述过程。

- **O（Objective）**：承接企业/业务年度经营规划的北极星指标。
- **S（Strategy）**：选择达成业务目标的可执行路径。
- **M（Measurement）**：这不是一个独立的环节，只是单独拿出来进行说明，实际操作层面会融入目标和策略制定过程，它的核心价值是形成共识，相较于定量指标，语言或文字层面的共识是不够的。

图 7-4　OSM 模型

4）使用对象

非常基础且关键的问题：指标体系的使用对象是谁？关于使用对象，终端业务与管理层的期待是完全不同的。

使用对象对于指标设计、拆解方法、技术选择等都至关重要，之前在进行有赞的报表体系建设时，大家觉得可视化效果太丑了，为什么不做得好看一点？与市场主流商业化 BI 工具相比，这是事实，但任何时候我们都需要实事求是地考虑问题，企业在不同阶段的需求重心是不同的，且在企业数据文化尚未成熟时，可视化效果不应该被过度强调，它必须围绕针对使用对象的数据信息传递效率来设计，也就是不能本末倒置，将条件作为目标。

2016 年我在网易工作时，花费很多时间做了一个 PPT，选择了很多可视化呈现，全程大概 40 多分钟，几乎没人提出问题，结束后就听关系比较好的同事告诉我："太复杂了，这代表什么意思？看不懂啊。"的确，对于使用对象而言，为什么非要去理解更高级的可视化图形？我们始终要记得：看数据是手段，不是目的，使用对象需要的是通过数据承载的信息支持业务决策。

报表体系的价值并不在于炫酷、美观，而是如何在共识的基础上，达成最高效的信息传递。

2. 在零售电商 SaaS 场景下，如何构建报表体系

对于任何一家企业，其业务所对应的商业模式是相对比较清晰且稳定的，基于此才能结合宏观环境、行业竞争、组织能力等因素采取灵活的战略目标与策略选择。报表体系是商业模式和企业战略路径的直接体现，常规运营所反映的是商业模式的执行，经营目标选择是战略目标解码后的核心策略取舍。

因此，在构建报表体系时，我们可以分成两个层面（业务视角、经营视角）来区别思考。

1）业务视角

SaaS 场景下的基础指标设计如图 7-5 所示，并不是说所有的指标建设一开始就要拆目标，否则就显得不高端。大部分场景下并不是从 0 开始的，我们需要做的只是客观地将关键环节通过指标化的方式呈现出来，除非商业模式改变，否则一般不会出现大幅度的变动。

- **流量**：官网、App 端、广告投放等分别有多少访问量。
- **线索**：在访问数据中，有多少人留下电话号码。
- **客户**：注册开店、订购、活跃、续费。

上述都是客观业务事实，根据业务的工作模式进行合理的组合呈现即可。这里真正需要注意的是：指标体系并不是一蹴而就的，而需要长期持续迭代，最关键的是需要明确的指标管理规范，能够体系化地、清晰明确地呈现出来，并持续迭代。

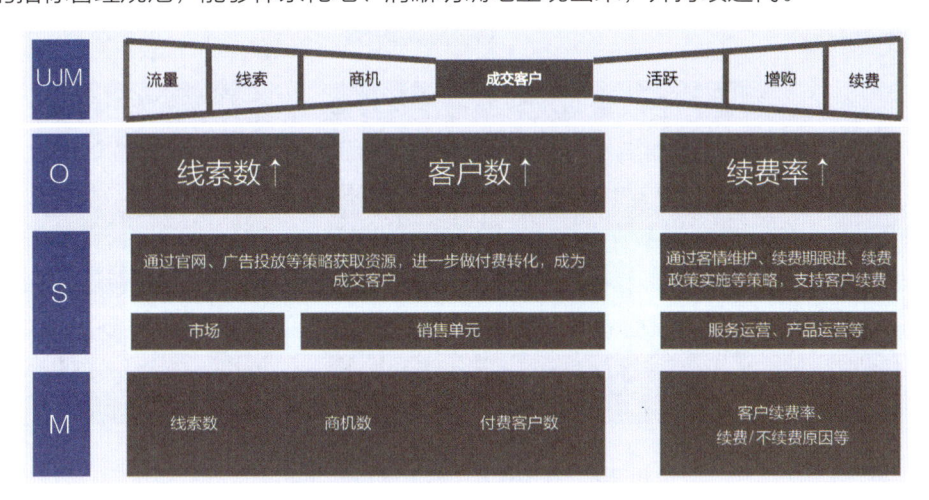

图 7-5　SaaS 场景下的基础指标设计

2）经营视角

各种外在条件与企业实践过程的变化，都会促使企业动态调整战略目标与年度经营规划，北极星指标与策略、组织能力也会进行相匹配的调整，这个时候需要考虑北极星指标在业务场景下的拆解、关键策略的评价等内容，确保业务日常运营能够快速适应企业经营目标的调整。

经营视角下的关键指标调整如图 7-6 所示，对于大多数 SaaS 企业，2022 年之前大体会单纯以客户数量增长为经营方向，2022 年开始则更注重高质量的增长，回归 SaaS 商业模式的本质。由关注客户数量增长（收入增速）过渡到关注高质量增长（利润增长），除外在经营提效（成本与费用控制）外，内核就是提高 NDR，有两个主要路径。

- NDR 可进一步拆解为客户续签率、金额续费率，也就是客户能够留存且愿意为更多产品付费。
- 长期而言，围绕 PMF 提升客户数量。

经营目标的调整，逐级拆解后会体现在具体业务场景和个人上，例如：

- **线索获取**：除关注线索的数量、质量外，还必须关注财务预算、目标客群特征。
- **销售单元**：除关注业绩、人效外，还必须卖对产品（PMF 条件）。

- **服务单元**：除基础服务外，重点关注核心客群的活跃、续费，依然围绕 PMF 展开。

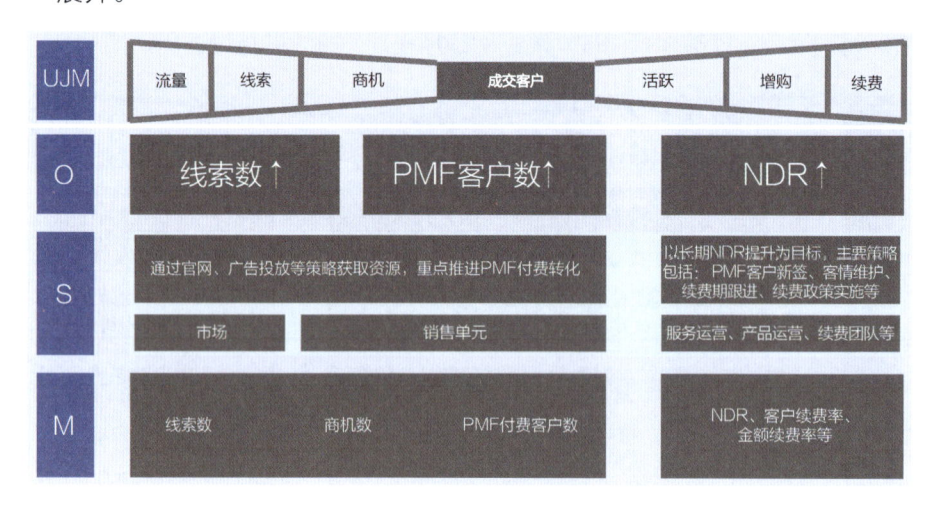

图 7-6　经营视角下的关键指标调整

3）报表开发流程

一般报表开发流程如图 7-7 所示。不管是常规运营，还是经营目标调整，最终在进行报表开发实现时，一般会遵循图 7-7 中的流程，确保以确定的规范、标准进行迭代。该流程看起来会比较复杂，甚至有点啰唆，但是站在长期推进共识效率建设的角度，这是最有效的。

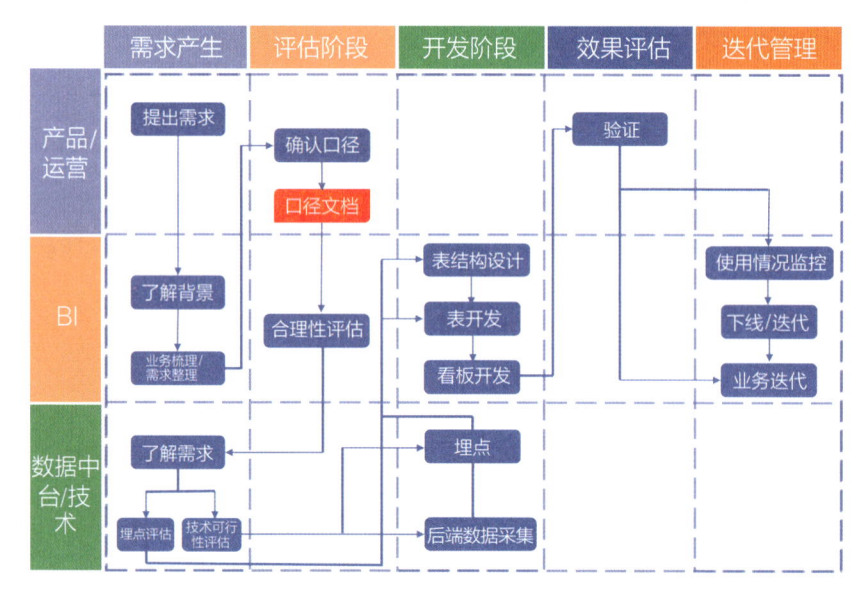

图 7-7　一般报表开发流程

7.2.3 评价标准

模型的准确率、性能、稳定性等指标是判断其是否可实践使用的标准,那么评价指标体系的标准是什么?

任何时候我们思考问题都要从用户视角出发,基于报表体系的独特价值尝试进行回答,即在**最短的操作路径下具备最高效的信息获取效率**。也就是说在实际使用时,数据信息获取是最终目的,最短操作路径是效率保障,背后体现的是对使用对象与业务场景的动态性理解深度。

报表体系评价准则如图 7-8 所示,基于上述认知,我们在报表规划与建设过程中始终坚持一些基本准则,旨在保障报表体系的持续价值创造与传递。

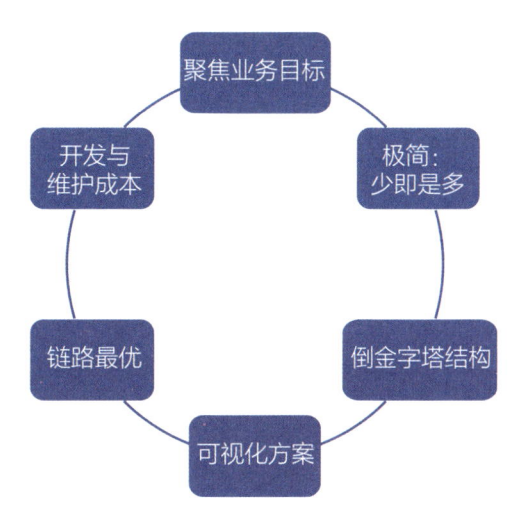

图 7-8 报表体系评价准则

1. 聚焦业务目标

我们希望报表体系经过规范性建设后能够持续稳定地产出价值,但这与业务本身的动态性演进是有矛盾的。报表体系必须准确、及时地反映真实的业务状态,否则就丧失了其存在的价值,它是所有评价标准的基础,背离业务现状之上的所有规则都缺乏任何实质意义。

报表体系应该在最短时间内,让使用对象得到准确的业务量化信息,从而进行相应的业务判断、调整。

2. 极简:少即是多

报表体系是基于业务逻辑的指标组合,当刻画具体业务对象时,需要时刻秉持极简思维,尽可能使用最少的指标来实现。在实践中我们发现,即使业务人员讲:"我需要……指标",这也需要被存疑、多次确认,因为每个人对真实业务的理解深度、广度都是不同的,很容易产生指标冗余而造成各类成本增加、体验变差。

极简,并不是一句口号,而是围绕使用对象的真实需求,最大限度降低信息冗余、减小信息获取与加工成本,这是我曾经在治理庞杂报表体系过程中的深刻感受。

3. 倒金字塔结构

倒金字塔结构主要反映的是认知顺序，我们在观察一个对象时，通常都是由宏观到微观、由概览到细节的。我们在看具体业务的时候，并不是一开始就深入细节的，一般从北极星指标或粗颗粒度指标入手，而后逐层拆解。报表体系在规划设计时，需要首先呈现最重要、最核心的指标，其次是重要的细节、图表，最后是具体的细节内容，这样更贴合大家的日常认知习惯。

4. 可视化方案

字不如表、表不如图、一图胜千言等都凝聚着众多的经验，它们主要表达的就是可视化方案选择的重要性。优秀的图形可以正确、高效地表达数据的业务含义，同时减少用户的理解成本。这里的优秀并不等同于高级或复杂，而是基于使用对象群体认知水平与习惯所进行的取舍。

在很长一段时间内我只建议大家做折线图、柱状图和饼图等常见的图形，其考量就是当时的数据文化建设还在初级阶段，选择复杂图形所带来的用户学习成本太高。

5. 链路最优

在一般情况下，当我们想看某个业务的数据表现时，都需要通过多个报表来实现，那么应该如何设计报表的排序、层级结构，才能保证最佳的操作体验呢？这需要我们足够理解业务与用户习惯，在此基础上持续迭代，才能达到用户思考与操作路径最优。

6. 开发与维护成本

开发与维护成本是极容易被忽视的问题，表面来看是财务成本，实际上更重要的是共识效率。大家可以先尝试回答三个问题：

- 开发 1 张报表需要多少时间？开发 100 张、1000 张呢？
- 当前你所在团队管理的报表体系，使用率与频次是多少？有多少人在使用？
- 报表体系一般采用 T+1 更新（特殊场景实时呈现），那么你所在团队的报表体系每天（月）消耗成本是多少？

只有被业务人员高效使用的报表体系才是有价值的，参照第 4 章（4.2 节报表体系）所提到的，要开发 100 张报表，那么直接人力成本大概是 25 万元，这只是一个简单的粗算，实际的成本远不止如此。尤其是中大规模的企业，报表体系远远超过 100 张，这是需要被重视和考量的。

报表开发所消耗的资源、业务使用耗时，如果能够持续优化，所节省的资源必然将带来更大的价值产出。

7.2.4 增强分析

增强分析（Augmented Analysis）概念由 Gartner 在 2017 年提出，并对其进行定义：增强分析是下一代数据和分析范式，它面向广泛的业务用户、运营人员和民间数据科学家，利用机器学习将数据准备、洞察发现和洞察共享等过程自动化。

2019 年，增强分析与人工智能、量子计算、区块链等技术一起被 Gartner 评选为十大战略趋势之一。Gartner 认为：增强分析将颠覆目前的数据分析模式，代表了数据和 BI 能力的第三大浪潮。

2021 年，Gartner 在其发布的 *Hype Cycle for ICT in China, 2021* 中做了最新的定义：增强分析包括机器学习（Machine Learning，ML）和人工智能（Artificial Intelligence，AI），在统一的平台上提供数据管理和分析能力。增强分析通过将机器学习和人工智能应用于现有的操作流程中，使数据管理和分析自动化，从而更有效地进行数据分析。增强分析使更多的用户获得更深入的洞察力，减少了当前依赖 IT 处理所带来的效率问题和口径偏差。

从定义可以看出，增强分析的目的就是提升分析的效率、降低使用门槛。在当前的实践中，增强分析与 BI 工具进行融合是极具实际应用价值的方向。

1. 应用价值

在对增强分析的探索中，其价值主要体现在两个方向：商业价值、用户价值。

1）商业价值

- **降本**：对于专业分析和数据团队，将分析流程标准化、智能化后，业务用户可以使用自然语言查询对应的数据，并得到预测性/处方性分析，从而减少投入。
- **提效**：对于业务用户来说，自助式分析、减少角色沟通，通过人工智能进行自然语言处理和数据分析，能够更快获取结果，提高决策效率。
- **创收**：可作为 SaaS 产品的权益之一，通过售卖直接获得收益。

2）用户价值

- **降低分析门槛**：自动化洞察帮助分析从业者、客户运营人员轻松应对之前需要由分析处理的预测性和处方性分析。
- **提升客户运营能力**：基于更多的洞察，帮助客户诊断店铺问题，提升经营效率和效果。

2. 增强分析类型

增强分析相关的技术包括增强数据准备、增强数据分析和增强机器学习，以下我们简单理解一下。

1）增强数据准备

准备数据是分析的前提，也是最耗时的工作。数据准备不仅包含 ETL（Extract-Transform-Load，数据抽取、转换和加载），通常还包含数据探查、数据质量、数据模型、数据清洗等工作，涵盖了数据管理的各个方面，甚至还包括数据集成和数据仓库的管理。增强数据准备通过两个方面来提升效率。

- **可视化交互**：通过拖曳的方式实现可视化的数据配置、数据源的混合及数据清洗工作，让数据准备变得更加快捷。
- **算法辅助**：利用机器学习和人工智能技术实现部分流程的自动化。例如，自动查找数据之间的关系，对数据质量进行评估，推荐用于连接、丰富、清洗数据的最佳方法，还有自动查找元数据和血缘关系等功能。

2）增强数据分析

提升分析的易用性和智能性是一个重要的目标，这可以很大程度上简化人力分析的资源投入。

- **易用性方面**：用户无须建模和编写代码，通过可视化的界面即可洞察数据，提高分析的可用性，技术主要包含了自然语言查询（Natural Language Query，NLQ）和自然语言生成（Natural Language Generation，NLG）两个方向，其中 NLQ 是指用户直接在搜索框输入或通过对话的方式查询数据，NLG 是指将语义信息以人类可读的自然语言形式进行表达。
- **智能性方面**：帮助用户自动寻找数据规律，将相关结果自动转化为可视化图表，提高分析的效率，典型的技术包括自动洞察（Automated Insights）和自动可视化（Automated Visualization）。自动洞察是增强分析的核心功能，现在大部分的主流 BI 平台都有自动洞察的相关功能推出，其目标就是代替一部分分析从业者的工作，从数据中发现潜在信息和价值。自动可视化是指根据分析结果自动选择可视化的方式进行展示，将极大加快整个分析流程，更适合业务人员使用。

3）增强机器学习

在分析决策方向，通过机器学习逐个解决具体问题的成本偏高，将原本复杂的建模过程变得自动化是重要的演进方向。BI 工具作为非常重要的业务洞察平台，在其中嵌入机器学习模型是很经济的解决方案，通过图形化界面就可以完成模型的整个流程，可以将机器学习模型应用到更多的场景，从而显著提高分析效率。

3. 应用产品

目前市场上主流的一些敏捷 BI 产品，如 Tableau、Power BI、Tellius 等都在进行增强分析方向的探索与应用。接下来我们以 Tableau 为例，了解当前的应用进展，详细内容可以进入 Tableau 官网学习。

1）数据问答

数据问答如图 7-9 所示，数据问答可以极大降低使用门槛，用户通过自然语言就可以与之互动，通过引导式搜索可以快速获取想要的答案，同时搜索结果可以通过各种可视化形式展示，与问题验证相比，其效率提升非常明显。

Salesforce 中的"数据问答"

Salesforce 中的"数据问答"让 Salesforce 用户可以使用自然语言*和语义搜索来提出任何问题，并以见解、立刻生成的报告和推荐仪表板的形式立刻获取答案，所有内容都按照他们的业务而量身定制。由于 Einstein 会直接通过 CRM 学习贵组织中所用语言的结构和上下文，让您更省时地提出正确的问题，从而有更多时间根据智能见解采取行动。

*自然语言查询功能将于明年年初正式发布。

图 7-9　数据问答[①]

---

① 关于此图涉及的更多内容，请访问 Tableau 官网查询、浏览。

2）Einstein Discovery

Einstein Discovery 如图 7-10 所示，Einstein Discovery 由机器学习驱动，给用户提供可信的业务预测与建议，帮助用户更快地制定更加明智的决策。Einstein Discovery 由 Salesforce 开发，现已整合到 Tableau 工作流中，它让包括数据科学家和业务用户在内的任何人都可以创建直观的预测模型，而无须编写代码。

图 7-10　Einstein Discovery[1]

3）数据故事

数据故事如图 7-11 所示，数据故事可以提高分析从业者对于数据的解读效率，并且带来很好的阅读体验和工作提效。

图 7-11　数据故事[2]

---

[1] 关于此图涉及的更多内容，请访问 Tableau 官网查询、浏览
[2] 关于此图涉及的更多内容，请访问 Tableau 官网查询、浏览

增强分析能够降低我们在常规事项中的资源投入，可预期的是机器学习与人工智能将极大改变未来分析工作的重心，使得分析从业者可以专注于更大价值机会的研究与探索，这是更有商业价值的事情。

7.3 挖掘工具

SQL、BI 等工具对于问题验证、报表体系建设、确定性命题分析是比较适用的，但在遇到数据格式不标准（文本）、数据处理逻辑复杂（数据清洗、特征选择）、探索性分析等情形时，尤其是对于数据平台能力建设不完善的企业，分析从业者往往需要借助更灵活的挖掘工具来快速解决问题。

1. 为什么要做挖掘

"不会写代码""看着模型和公式就头疼""企业不是有算法部门吗"……这些问题可能都在无形中造成大家对数据挖掘的恐惧和抗拒。站在职业发展的视角，任何市场定义的岗位职责边界都不应该成为束缚，凡是对于核心用户决策场景有价值的算法模型，都应该被纳入认知框架，这也是本书一直强调的观点。

在具体应用层面，Python/R 等简捷易读的代码、Sklearn 等强大的算法库、微软/Google/亚马逊等企业推出的自助式数据挖掘平台……都在不同程度地降低学习实践成本。

2. 怎样掌握挖掘技术

提到数据挖掘，你首先想到的是什么？Python/R？算法模型？特征？还记得我第一次接到机器学习相关课题时，也只是想到上述技术问题，但在实操过程中，逐渐被"打脸"。模型到底解决谁的什么问题、创造什么价值、训练数据从哪里来、数据标注谁来做、模型部署和迭代怎么办、成本是多少、怎么解释模型的结果……反而是此类非技术问题在更大程度上影响了项目能否顺利落地。对于具备多年经验的分析从业者，我们需要从"让模型真正帮助解决业务决策"出发来厘清认知，重点关注三个方面。

1）问题场景

企业内部的数据挖掘平台项目、需要上线用于收入创造（如用于贷款审批的用户评分模型等）的项目、机器人项目、自动驾驶项目等场景，对运行效率和模型精准度要求极高，分析从业者更适合以"PM+需求分析人员+业务方"的角色参与需求分析、模型解释和校准、进度把控等环节，模型开发和部署更适合交给算法和开发人员完成。

业务假设尚不清晰、时效性要求不高的场景，更适合分析从业者独立完成闭环敏捷开发，如 SaaS 场景下提取对客户续费有显著影响的特征、预测消费者更感兴趣的商品等课题。

2）项目流程

数据挖掘项目流程如图 7-12 所示，经过严谨的需求分析、数据挖掘，将数据转化为决策结论，才能最终给出具有强业务解释性且符合需求的交付物。

图 7-12 数据挖掘项目流程

3）存在的挑战

数据挖掘项目客观存在的问题导致在核心用户决策场景的应用挑战比较大，如下面列出的问题。

（1）业务解释性差。

业务解释性差是实际应用过程中的挑战，模型就像黑盒，很难解释清楚为什么会得出这样的结果，这导致业务人员轻易不敢将模型结果直接进行应用。在实施时，需求由业务人员发起，业务负责人具备相关的知识，选择成熟且业务解释性强的算法……总之，条件越充分，落地难度越低。

（2）数据准备不充分。

缺乏合适的样本、数据标签等，都会严重影响项目进度。为避免此类问题，在需求分析阶段，需要做到充分了解、明确解决方案（业务支持、项目成员分工、项目交付时间等），预先告知风险，做好预期管理。

（3）难以说清项目价值。

最可怕的就是加班加点几个月完成了模型，汇报时却说不清楚价值。在整个项目周期中，需要完整且严谨的项目文档，预先确定北极星指标并进行监测、评估。

我们将在本章介绍各个环节中的关键概念、主要方法，最后给出 SaaS 场景中关于试用期客户关键特征提取的实例，帮助大家在认知中建立起完整的实践框架，做到心中有大图、搜索有的放矢。

7.3.1 需求分析

在整个项目执行过程中，需求分析时间一般会占到 30% 左右。我们倾向于花足够多的时间，严谨地对项目各个阶段可能的问题和风险进行提前预判，最大限度保证投入可控、落地有用。这里依然沿用 Who-What-How 模型来理解相关内容。

1. Who：明确需求方

在项目开始之前，首先需要明确需求方是谁、真实要解决的关键问题是什么，这是前期必须形成共识的内容。假如需求方是销售负责人，那么其主要关注的是销售业绩、人效，一切与其考核目标低相关性的内容都很难得到重视。除此之外，在需求方资源紧张的情形下，可以明确代理人，方便有效推进。

2. What：确定商业价值

不具备商业价值的项目都很难长期存续，在 SaaS 业务中，客户新签、客户留存、收入结构、成本与费用是受关注度高的话题，在发起项目时，必须要确认是在解决什么问题、预期结果是什么。如果与上述话题相关性较低，则可以适当减少资源投入，确保所有精力都聚焦于核心场景的主要经营目标。

3. How：如何实践

在明确回答 Who 与 What 之后，主要关注如何高效实现的问题，即北极星指标与实践方法。

1）北极星指标

与业务负责人和项目组成员达成一致，确定项目的北极星指标和计算口径，如线索转化率、收入贡献等。

2）实践方法

- **数据准备**：谁来提供样本、有多大量级、数据标签怎么标记……这些事项一定要在前期确认完成，明确 DDL 和责任人。
- **算法实践**：根据要解决的问题类型，明确哪些算法是适合的？以及自己做、还是需要其他角色支持？例如，在分类场景下，对新样本的预测结果，是需要业务人员进行辅助判断的。
- **交付物**：需要明确交互内容（模型结果给业务人员、业务人员是否需要返回校准结果）、交付节奏（迭代节奏）。

7.3.2 数据挖掘

数据获取、**数据预处理**、**算法选择**、**模型评估**是数据挖掘项目的标准执行流程，如图 7-13 所示。在实际应用中，根据模型评估的结果，需要不断地重复从数据预处理到算法选择的过程，以获得最优模型。本节将涉及一部分公式用于举例，可以帮助大家更有效地理解吸收。

图 7-13 数据挖掘项目的标准执行流程

1. 数据获取

在数据挖掘环节中，用于数据获取和预处理的时间占比为 60%~70%，非常烦琐且耗时。数据获取阶段需要读取**不同格式**、**不同存储位置**、**不同规模**的原始数据，处理这些"不同"，就是本阶段最主要的问题。

1）不同格式

TXT、CSV、Excel、JSON、HTML 是常遇到的数据格式，一般都有直接读取的函数可用，如 Python 中的 pandas 库。在深度学习场景中，还需要处理音频、视频格式。

2）不同存储位置

本地：数据存储在计算机本地，只需提供存储位置作为读取的参数即可。在数据挖掘项目中，可以开设专门的文件夹目录，用于存储所需的数据源文件。如果源文件不止 1 个，则可以编写函数先依次读取文件夹下的全部文件，再将读取内容进行汇总。

开源数据：大多来自政府或各大高校公开数据、机器学习竞赛数据，可以有效节省用于数据处理的时间，快速进行算法模型训练。

数据库：在实操过程中，数据通常存储于企业数据库中，Python/R 均支持数据库直连，可以直接编写 SQL 查询语句。

3）不同规模

简单粗暴地判断文件规模的方法是，如果代码运行速度在可接受范围内，且未报"内存溢出"等类型的错误，那么不需要考虑文件规模的问题；反之，如果代码运行缓慢，或者报"内存溢出"等类型的错误，此时再来关注如何处理。

解决思路是：**分批次读取**。大文件如果采用一次性全部读取的方式，那么对内存的占用非常大，极有可能报错。可采用按行读取、一次读取 N（自定义）行、使用迭代器等方式避免内存溢出。

2. 数据预处理

数据预处理总览如图 7-14 所示，数据预处理工作主要包括数据格式处理和特征选择。

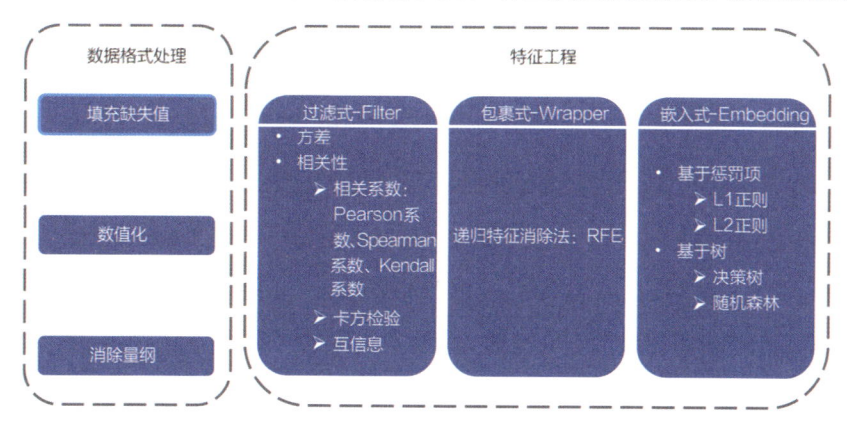

图 7-14　数据预处理总览

1）数据格式处理

（1）填充缺失值。

在一般情况下，用平均值、众数、中位数、最大（最小）值等统计量进行缺失值填充，最大限度保留信息。

（2）数值化。

绝大部分模型要求输入的数据为数值型，因此需要将原始数据中非数值型的特征进行数值化处理。

若特征为无顺序分类变量，如【男、女】，通常采用 One-Hot 编码处理，男→【1，0】，女→【0，1】。这种方法的好处是充分体现各个值之间的无差别性，弊端则是可能会导致维度增长过快，由此带来维度灾难。

若特征为有顺序分类变量，如【2022-01、2022-02、2022-03】，可直接进行 mapping 映射处理：2022-01→1、2022-02→2、2022-03→3……也可进行延伸处理，如可将时间转换为距离当前日期的天数，同样能够完整地保留信息。

（3）消除量纲。

例如，身高和体重，分别以 cm、kg 为单位，导致其不可比较，这就是量纲的影响。

- **标准化**：把特征转换成标准正态分布 $N(0,1)$。
- **归一化**：把特征在 (0,1) 区间内进行等比例缩放，即 a→$(a-min)/(max-min)$。

归一化受异常值的影响较大，易导致转化后的数据失真，因此我们通常采用标准化来消除量纲影响。

2）特征选择

特征选择阶段的目标是在最大程度保留原始信息的基础上进行特征组合，以降低模型训练难度，避免过拟合。例如，我们需要基于某些信息预测一个样本的性别，那么在同等条件下，选择【身高、年龄、体重】这些自然属性特征所训练出来的模型，一定要比选择【家庭成员数、工作年限、个人资产】这些社会属性特征所训练出来的模型要准确。这是因为前者在该场景下更能准确地刻画一个样本，最大程度保留了原始信息。

常用的特征选择方法主要包括过滤式（Filter）、包裹式（Wrapper）和嵌入式（Embedding），接下来我们简单梳理一下。

（1）过滤式（Filter）。

将原来的 N 个特征，删减为 $M(M<N)$ 个特征后再输入模型，可以有效避免维度灾难，重点在于如何确定过滤标准。

- **利用方差**：方差小的特征几乎不提供增量信息，可以考虑删除，减少后续模型训练的工作量。

- **利用相关性**：即使脱离数据挖掘场景，相关性判断仍具有广泛的应用。若两个特征之间相关性比较强，则只保留其中一个也不会造成信息损失，反之则需要同时保留；若特征与结果之间相关性比较强，则需要保留该特征，同时需要删除相关性不强的、与结果没有什么相关性的特征。

特征与结果之间的相关性，可以判断业务动作与结果之间的关联程度，作为资源分配的参考依据。例如，在 SaaS 场景中，分别判断会员数、GMV 与续费率之间的相关性，再结合显著性分析，进一步区分出应该优先关注会员数增长，还是 GMV 增长。

相关性判断主要有三种方式，即相关系数、卡方（χ^2）检验、互信息（Mutual Information）。

① 相关系数。

- Pearson 系数。

Pearson 系数的本质是计算两个连续数值型变量之间的余弦相似度，其取值在[-1,1]之间。负值表示负线性相关，正值表示正线性相关，0 表示没有线性相关关系但可能存在非线性相关关系。

Pearson 系数计算如下。

$$r_{xy} = \frac{n\sum x_i y_i - \sum x_i \sum y_i}{\sqrt{n\sum x_i^2 - \left(\sum x_i\right)^2}\sqrt{n\sum y_i^2 - \left(\sum y_i\right)^2}}$$

式中，n 为观测对象的数量；x_i 为 x 的第 i 个观测值；y_i 为 y 的第 i 个观测值。

- Spearman（秩）系数。

Spearman 系数反映两个连续数值型变量 X 和 Y 之间的相关方向，其取值在[-1,1]之间。如果当 X 增加时，Y 趋向于增加，则该系数为正；如果当 X 增加时，Y 趋向于减少，则该系数为负；如果当 X 增加时，Y 没有任何趋向性，则该系数为 0。

与 Pearson 系数相比，Spearman 系数同样只适用于连续数值型变量，但由于其没有正态分布和等方差假设，且对异常值的敏感度较低，因此适用范围通常更广。但 Spearman 系数统计效率较低，容易忽略一些不太强的线性相关关系。

Spearman 系数计算如下。

$$\rho = 1 - \frac{6\sum d_i^2}{n(n^2-1)}$$

式中，d_i 代表两个变量分别排序后成对的变量位置差（秩序差）；n 代表观测对象的数量。

看一个具体的计算案例就明白了。Spearman 系数示例如表 7-1 所示，Spearman 系数 =1-6×(0+1+1)/(3×8)=0.5，即身高和体重存在一定的正相关性。

表 7-1　Spearman 系数示例

	样本 A	样本 B	样本 C
X-身高	178	160	170
X-身高排序	1	3	2
Y-体重	75	70	65
Y-体重排序	1	2	3
秩序差（d_i）	0	1	-1
秩序差平方	0	1	1

- Kendall 系数。

Kendall 系数适用于**有序分类变量**之间进行相关关系强弱和方向的判断。具体来说，变量 X 的两个样本值记为 x_1、x_2，变量 Y 的两个样本值记为 y_1、y_2，如果 $(x_1-x_2)(y_1-y_2)$ 为正，则两个样本为同序对（Concordant）；为负，则为逆序对（Discordant）；为 0，则既不是同序对，也不是逆序对。基于此，Kendall 系数有两种常用计算方式。

公式 1：

$$\tau_a = \frac{c-d}{\frac{1}{2}n(n-1)}$$

式中，c 代表同序对个数；d 代表逆序对个数；n 代表样本数。

来看一个具体的计算案例。Kendall 系数示例如表 7-2 所示，假设一组 4 人的身高体重排序如下。

表 7-2　Kendall 系数示例

样本	A	B	C	D
身高排序	4	3	2	1
体重排序	3	4	1	2

样本 A 的同序对是样本 C 和样本 D，样本 B 的同序对是样本 C 和样本 D，样本 C 和样本 D 没有同序对。那么同序对个数如下。

$$c = 2 + 2 = 4$$

逆序对个数如下。

$$d = 6(总对数) - 4(同序对数) = 2$$

因而 $\tau_a = \frac{2}{6} \approx 0.33$。

公式 2：

$$\tau_b = \frac{c-d}{\sqrt{(c+d+t_x)(c+d+t_y)}}$$

式中，c 代表同序对个数；d 代表逆序对个数；t_x 和 t_y 分别代表数据 X 和 Y 中的并列排名对数。

总结来说，Pearson 系数和 Spearman 系数均适用于连续数值型变量，前者对变量分布有要求，对异常值敏感，且只能衡量变量之间的线性相关性，后者对变量分布无特殊要求，但计算效率较低；Kendall 系数适用于任何样本数（尤其是小样本）的有序分类变量之间的相关性判断。Python 和 R 均支持相关系数的计算，分析从业者需要根据使用场景及数据条件判断采用何种相关系数，并能对相关系数结果进行解读。

② 卡方（χ^2）检验。

卡方检验适用于分类问题，衡量实际值与理论值之间的偏离程度，该方法能说明特征与结果之间是否相关，但无法判断是何种相关。实施过程是，首先建立假设：特征与结果不相关；然后构建卡方统计量、计算卡方值；最后根据卡方值和显著性水平来判断是否接受原假设，若卡方值越大，则表示越要拒绝原假设，即特征与结果是相关的。

实施方式其实不复杂，下面以 SaaS 场景客户经营模式（特征）和是否续费（结果）之间的相关性判断为例进行说明。

- **步骤 1**：建立原假设 H_0：客户经营模式与是否续费不相关。
- **步骤 2**：卡方检验示例如表 7-3 所示，计算得到其中数据。
- **步骤 3**：计算卡方值。

$$\chi^2 = \frac{(60-45)^2}{45} + \frac{(30-45)^2}{45} + \frac{(40-55)^2}{55} + \frac{(70-55)^2}{55} = 18$$

- **步骤 4**：计算自由度，自由度 V=(行数-1)×(列数-1)。在本例中，客户经营模式有 2 种取值，是否续费有 2 种取值，因此自由度为(2-1)×(2-1)=1。

- **步骤 5**：卡方分布临界值速查表如表 7-4 所示，查询卡方分布的临界值，将临界值与计算得到的卡方值进行比较。假设本例中 $\alpha=0.05$，对应的 $\chi^2=3.84$。

表 7-3　卡方检验示例

实际值	续费	不续费	总计
直营模式	60	40	100
加盟模式	30	70	100
总计	90	110	200
续费率：90/200=0.45，不续费率=110/200=0.55			
理论值	续费	不续费	总计
直营模式	100×0.45=45	100×0.55=55	100
加盟模式	100×0.45=45	100×0.55=55	100
总计	90	110	200

表 7-4　卡方分布临界值速查表

自由度 V	概率 α									
	0.95	0.9	0.8	0.7	0.5	0.3	0.2	0.1	0.05	0.001
1	0.004	0.02	0.06	0.15	0.46	1.07	1.64	2.71	3.84	10.83
2	0.10	0.21	0.45	0.71	1.39	2.41	3.22	4.61	5.99	13.82
3	0.35	0.58	1.01	1.42	2.37	3.67	4.64	6.25	7.82	16.27
4	0.71	1.06	1.65	2.20	3.36	4.88	5.99	7.78	9.49	18.47
5	1.15	1.61	2.34	3.00	4.35	6.06	7.29	9.24	11.07	20.52
6	1.64	2.20	3.07	3.83	5.35	7.23	8.56	10.65	12.59	22.46
7	2.17	2.83	3.82	4.67	6.35	8.38	9.80	12.02	14.07	24.32
8	2.73	3.49	4.59	5.53	7.34	9.52	11.03	13.36	15.51	26.12
9	3.33	4.17	5.38	6.39	8.34	10.66	12.24	14.68	16.92	27.88
10	3.94	4.87	6.18	7.27	9.34	11.78	13.44	15.99	18.31	29.59

因为

$$\chi^2 = 18 > \chi^2_{95\%}(1) = 3.84$$

落入拒绝域，拒绝原假设，即客户经营模式与是否续费是相关的。

③ 互信息。

通俗地讲，互信息是两件事为彼此提供的信息，就是说当我们知道一件事情的时候，对于增加另一件事情的确定性有多少帮助。确定性增加得越多，代表两者越相关，反之则代表两者越不相关。

分析从业者需要理解相关系数、卡方检验、互信息三类不同的特征选择思路和适用场景，在实践中做出正确的应用判断。

（2）包裹式（Wrapper）。

如图 7-15 所示，包裹式特征选择的实施思路为：从所有特征中不断地选择子集进行模型训练，根据训练结果选择出最优子集。换言之，其目的就是为给定的算法模型选择最优特征子集。

图 7-15　包裹式特征选择

常用的包裹式特征选择法为 RFE（Recursive Feature Elimination，递归特征消除法）。RFE 是一种寻找最优特征子集的贪心算法，主要思想是反复构建基模型，每一轮都筛选掉重要性最差的那些特征，直到所剩的特征达到要求，也就是所谓的"递归"。由于需要根据重要性进行每一轮的筛选，因此基模型只能选择那些带有重要性排序的模型，如线性回归、逻辑回归、SVM、决策树等。RFE 的稳定性很大程度上取决于基模型。例如，若采用逻辑回归，由于没有经过正则化的回归是不稳定的，因此 RFE 也不稳定；若采用 Ridge 回归或 Lasso 回归，则 RFE 稳定。

RFE 在实施时需要首先指定最后需要保留的特征数量，这个值的选择除经验外没有太多可参考的信息，比较盲目。Python 的 Sklearn 包封装了结合 CV（Cross Validation，交叉验证）的 RFE，即 RFECV。RFECV 会遍历特征的所有组合，分别计算验证误差，选择误差最小的作为挑选的特征子集。该方法有效避免了人工设置特征数量，但在维度较高时，计算会比较耗时，假设初始特征数量为 n，那么 REFCV 需要遍历的特征组合数为 $n(n-1)/2$ 个。

（3）嵌入式（Embedding）。

嵌入式方法将特征"嵌入"模型训练，在完成模型训练的同时，可以得到特征重要性排序。其适用于一些自带重要性排序的算法，如 Ridge 回归、Lasso 回归、SVM、决策树、随机森林等，主要有基于惩罚项和基于树两类。

① 基于惩罚项。

什么是惩罚项（Penalty Term）？这得从损失函数（Loss Function）说起。监督式机器学习（下称：监督学习）的任务就是根据给定的样本观测值，寻找某种模型下观测值和目标值之间差距最小的参数集合，而这个"差距"就是损失函数。以线性回归为例，其损失函数就是平方误差，监督学习的目标是寻找参数 w，使得下述损失函数最小。

$$\min_w \sum_{i=1}^{n} \left(y_i - w^T x_i \right)^2$$

当特征维度 T 过大，而样本量 n 过小时，极易出现过拟合现象。

过拟合指的是模型把不该学的、不反映本质的特征也学进去了，导致泛化能力很差，无法应用于更多的样本。例如，有个小朋友在跟着抖音上的短视频学唱歌曲，每次唱完都会在最后加一句"抖音"，他以为这是歌曲结束的标志，而我们都知道并不是。

正则化代表所有降低过拟合的方法，惩罚项是其中一种方法，它将监督学习的优化目标从 Loss Function 变成 Loss Function + Penalty Term。基于惩罚项的正则化主要有 L1 正则和 L2 正则，线性回归、逻辑回归、SVM 等模型都支持进行 L1/L2 正则化。

- L1 正则。

当惩罚项使用 L1 范数时，称为 L1 正则。L1 范数是指向量中各个元素绝对值之和。基于 L1 范数的线性回归模型称为 Lasso 回归，也称为稀疏规则算子，目标函数为

$$\min_w \sum_{i=1}^{n} \left(y_i - w^T x_i \right)^2 + \lambda \|w\|_1$$

$\lambda \|w\|_1$ 就是 L1 范数。该方法会让特征变得稀疏，最终使得某些特征的重要性参数变为 0，也就完成了特征选择，这也是它被称为稀疏规则算子的由来。

- L2 正则。

当惩罚项使用 L2 范数时，称为 L2 正则。L2 范数是指向量各元素的平方和的平方根。基于 L2 范数的线性回归模型称为 Ridge 回归，目标函数为

$$\min_w \sum_{i=1}^{n} \left(y_i - w^T x_i \right)^2 + \lambda \|w\|_2^2$$

$\lambda \|w\|_2$ 就是 L2 范数。与 L1 正则相比，L2 正则不会让特征的重要性等于 0，而是接近于 0。实际在解决过拟合问题中，L2 正则比 L1 正则更受追捧，感兴趣的读者可以查阅相关资料理解数学推理过程。除线性回归模型外，逻辑回归、SVM 等模型也都可以进行 L1/L2 正则。

② 基于树。

可以使用决策树、随机森林等基于树的模型进行特征选择，它们均提供特征的重要性排序。

本节重点介绍三类解决特征选择问题的思路，关于代码部分，Python/R 等主流工具均对其做了集成，满足大部分情况下的调用。Sklearn 特征选择方法速查表如表 7-5 所示。

表 7-5 Sklearn 特征选择方法速查表

方式	方法	核心引用类
过滤式（Filter）	方差	from sklearn.feature_selection import VarianceThreshold
	Pearson 系数	from sklearn.feature_selection import SelectKBest from scipy.stats import pearsonr
	Spearman 系数	from sklearn.feature_selection import SelectKBest from scipy.stats import spearmanr
	Kendall 系数	from sklearn.feature_selection import SelectKBest from scipy.stats import kendalltau
	卡方检验	from sklearn.feature_selection import SelectKBest from sklearn.feature_selection import chi2
	互信息	from sklearn.feature_selection import SelectKBest from sklearn.feature_selection import mutual_info_classif
包裹式（Wrapper）	基于逻辑回归的 RFE	from sklearn.feature_selection import RFE from sklearn.linear_model import LogisticRegression
	基于逻辑回归的 RFECV	from sklearn.feature_selection import RFECV from sklearn.linear_model import LogisticRegression
嵌入式（Embedding）	基于 L1 的线性回归——Lasso 回归	from sklearnfeature selection import SelectFromModel from sklearn.linear_model inport Lasso
	基于 L2 的线性回归——Ridge 回归	from sklearnfeature selection import SelectFromModel from sklearn.linear_model import Ridge
	基于 L1 的逻辑回归	from sklearnfeature selection import SelectFromModel from sklearnlinear model import LogisticRegression m_l1=SelectFromModel(LogisticRegression(penalty="l1" C=0.1)).fit_transform(x, y)
	GBDT	from sklearn.ensemble import GradientBoostingClassifier m_gbdt = GradientBoostingClassifier()

3. 算法选择

在选择算法时，首先需要明确两个问题。

- **要什么**：要解决什么问题？是对未知样本进行分类，还是预测某一些指标？
- **有什么**：已经有的数据是什么情况？有无标签？有无历史经验可以学习？

算法要在"有什么"的条件下解决"要什么"的问题。事实上，算法已经是一个专门的学科和职位，逻辑推演、代码编写都是必备技能。而对于分析从业者，快速解决问题才是我们最主要的诉求，本节着重介绍各主流算法的核心思想，帮助大家在实际场景中，能够根据上述两个问题的答案，快速选择出最适合的算法。

数据挖掘算法主要有两种分类方式：根据学习方式分类与根据任务类型分类。

1）根据学习方式分类

根据学习方式的分类如图 7-16 所示，根据学习方式，机器学习可分为监督学习和强化学习，而监督学习又可以根据训练数据的标签情况，分为有监督学习、无监督学习、半监督学习。

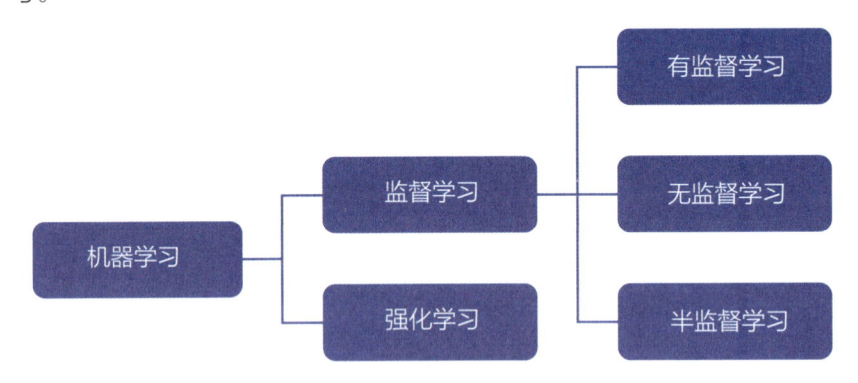

图 7-16 根据学习方式的分类

（1）有监督学习：训练数据具有类别/数值标签。

有监督学习简单来讲就是根据大量的历史经验，对未知做出预测，这是理论发展最为成熟的一类方法。在企业经营决策中，这类算法的可靠性最高，一方面是由于历史经验具有较高参考价值，另一方面是由于基于此得出的结果具备更高的可解释性。

在 SaaS 场景下，预测客户是否会续费、预测某段时间的 GMV 数值等是典型的有监督学习任务，常用算法有 CART、逻辑回归、Lasso 回归、SVM、朴素贝叶斯。

（2）无监督学习：任何一组训练数据都不具有标签。

当我们对某件事情一无所知时，就需要用到无监督学习，通俗来讲是期望找到那些很像的样本放在一起。无监督学习是一种探索和发现式的学习，它的结果可以是群，更进一步可以是群体特征。

无监督学习示例如图 7-17 所示，假如我们面对着 1 万个 SaaS 客户，想要做分群运营，但不知道用什么规则进行分群，就可以借助无监督学习算法。得到分群结果后，再利用分析技术探索各个群体的特征，检验其在业务端是否足够相似，这些作为知识，用于指导后续的分群迭代。

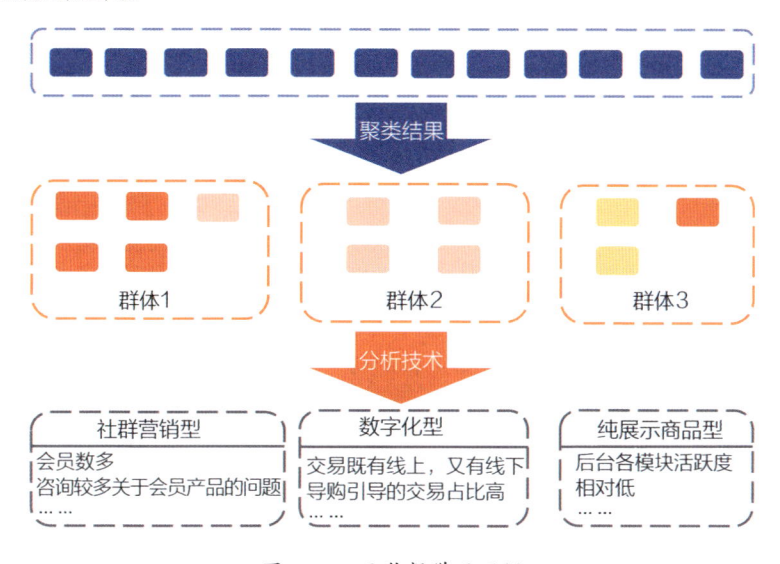

图 7-17　无监督学习示例

常用的无监督学习算法有 DBSCAN、K-means、Apriori 等。

（3）半监督学习：训练数据中仅少部分样本有标签。

在现实场景中，获取有标签的训练数据是有比较高的成本的，实际情况往往是没有任何标签（无监督学习）或仅有少量标签，后者就需要用到半监督学习的方法。例如，在 SaaS 场景中，共有 10 万条线索，销售部门仅对其中 1000 条线索具有是否"有效"的判断，需要根据这 1000 条线索，预测剩余的 9.9 万条线索是否有效。

半监督学习有两种核心思想。

① 自学习（Self-training）。

利用已有的标签数据训练一个模型（有监督学习），利用训练好的模型对没有标签的数据进行预测，在预测结果中选出置信度高的样本（如可以利用阈值限制），将这些样本加入有标签的数据集中，再次利用有监督学习训练得到模型，重复上述步骤，直到将没有标签的数据全部标记完。

② 协同学习（Co-training）。

假设有标签的样本有 N 个，每个样本具有 F 个特征。我们把这 N 个样本分为两份，

分别具有 F_1（$<F$）、F_2（$<F$）个特征，利用有监督学习分别得到模型 M_1 和 M_2，应用于没有标签的样本，选取各自置信度高的样本（阈值原则）得到 U_1 和 U_2。将 U_1 输入 M_2、U_2 输入 M_1，更新两个模型，直到模型不再发生变化。核心在于交叉放置、交叉验证。

（4）强化学习。

强化学习也称"增强学习"，与监督学习不同，强化学习需要模型自己与环境进行交互获得反馈，来更新自己的认知，属于一种自学式的学习。强化学习一般应用于具有 1 个"智能体"的场景中，做出正确的尝试，获得正向的反馈和回报；做出错误的决策，将得到错误的反馈和惩罚。不断地试错后，"智能体"将学习到最优的决策路径。

强化学习最常应用于自动驾驶、机器人训练（AlphaGo），其在企业经营决策中应用较为局限，因为我们一般不会训练一个"智能体"替我们做决策。

常见的强化学习算法有 Markov Decision Process（MDP，马尔可夫决策过程）。

2）根据任务类型分类

Sklearn 算法选择路径如图 7-18 所示，根据任务类型，Sklearn 将机器学习分为分类、回归、聚类、降维四种类型，并构建了清晰的机器学习算法选择的"决策树"，具有较高的参考价值。

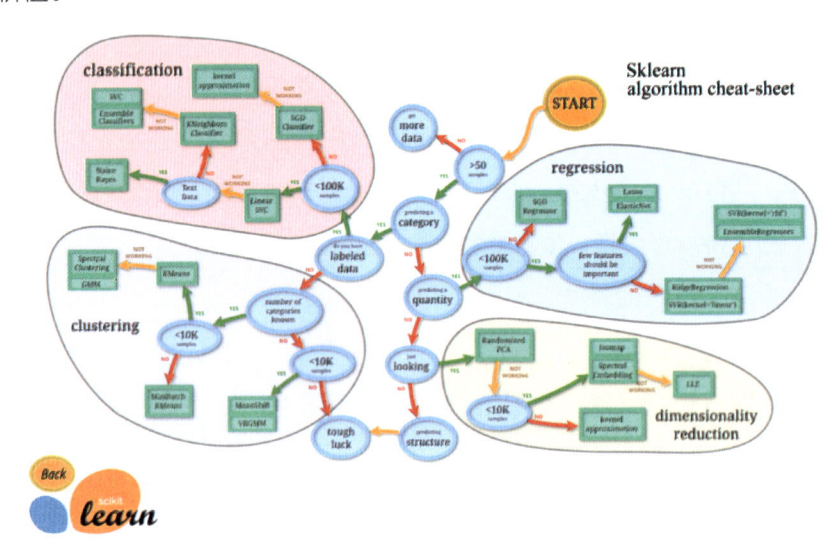

图 7-18　Sklearn 算法选择路径[1]

---

[1] 关于此图涉及的更多内容，请访问 Sklearn 官网查询、浏览

（1）分类算法。

若训练数据具有标签，且标签是不连续的类别型变量（例如：是/否、高/中/低），要解决的问题是预测样本属于什么类别，那么这就是一个分类问题。若训练样本超过 10 万个，则选用 SGD（随机梯度下降）、核估计（Kernel Approximation）等算法。若训练样本在 10 万个以内，且是文本分类问题，则选用朴素贝叶斯（Naive Bayes）算法，否则尝试 SVM（线性 SVC 等）、KNN、逻辑回归、集成分类器（随机森林、AdaBoost、GBDT、XGBoost）等算法。

（2）回归算法。

若训练数据具有标签，且标签是连续的数值型变量，要解决的问题是预测样本取值多少（例如：预测本年 GMV），那么这就是一个回归问题。回归算法主要有线性回归（Linear Regression）、Ridge 回归（Ridge Regression）、Lasso 回归。

（3）聚类算法。

若训练数据不具有标签，要解决的问题是将一批样本根据已有特征分门别类地归纳好，那么这属于聚类问题。聚类算法主要有 K-means、密度聚类 DBSCAN、高斯混合模型 GMM 等，聚类算法不是很多，在实际应用时，就算每种都尝试一下，也并不复杂。

（4）降维算法。

如果我们想要识别在已有特征中，哪些比较重要；或者特征数量过多，易造成过拟合，需要进行降维处理，那么这都属于降维问题。降维算法除了在特征选择章节提到的算法都适用，还有比较主流的算法是主成分分析法（PCA），该算法将原 N 个特征处理为 M（$<N$）个聚合后的特征，是一种维度提升的操作，比较常用，但一直存在不易解读的问题。

常用算法的 Sklearn 速查表如表 7-6 所示。

表 7-6　常用算法的 Sklearn 速查表

方式	方法	核心引用类
分类	逻辑回归	from sklearn.linear_model import LogisticRegression as LR m_lr = LR(penalty="l1",solver="liblinear",C=0.5)

续表

方式	方法	核心引用类
分类	朴素贝叶斯	from sklearn.naive_bayes import GaussianNB from sklearn.naive_bayes import MultinomialNB from sklearn.naive_bayes import BernoulliNB
	SVM	from sklearn import svm m_svc = svm.LinearSVC(loss="hinge",C=1,random_state=5) ## 线性支持向量机 m_rbf = svm.SVC(C=1.5,kernel="rbf",random_state=5) ## 径向基函数作为核函数
	决策树	from sklearn import tree m_tree = tree.DecisionTreeClassifier(criterion='gini', max_depth=None,min_samples_leaf=1,ccp_alpha=0.0,random_state=0)
	随机森林	from sklearn.ensemble import RandomForestClassifier m_rf = RandomForestClassifier(class_weight='balanced',random_state=37)
	GBDT	from sklearn.ensemble import GradientBoostingClassifier m_gbdt = GradientBoostingClassifier()
	XGBoost	import xgboost as xgb ## 原生接口，需要预先安装包 from xgboost.sklearn import XGBClassifier ## sklearn 封装后的方法，无须安装
	AdaBoost	from sklearn.ensemble import AdaBoostClassifier m_ada = AdaBoostClassifier(n_estimators=100,algorithm='SAMME.R')
聚类	K-means	from sklearn.cluster import KMeans m_kmeans = KMeans(n_clusters = 3, random_state = 0) ## 聚 3 类
	DBSCAN	from sklearn.cluster import DBSCAN m_dbscan = DBSCAN(eps=3, min_samples=2) ## 聚 3 类
	GMM	from sklearn.mixture import GaussianMixture m_gmm = GaussianMixture(n_components=3, n_init=10, random_state=42) ## 聚 3 类
回归	线性回归	from sklearn.linear_model import LinearRegression m_linear=LinearRegression()
	Ridge 回归	from sklearn.linear_model import Ridge m_ridge = Ridge(alpha=1.0)
	Lasso 回归	from sklearn.linear_model import Lasso,LassoCV,LassoLarsCV m_lasso = Lasso(alpha=0.01) ## 调节 alpha 可以实现对拟合的程度控制 m_lassocv = LassoCV() ## 自动选择最佳的 alpha m_lassolars = LassoLarsCV() ## 基于最小角回归交叉验证自动实现选取最优的 alpha
降维	PCA	from sklearn.decomposition import PCA m_pca = PCA(n_components=3) ## 降至 3 维

4. 模型评估

模型评估如图 7-19 所示，模型评估用于指导模型的调整与优化。不同学习任务的模型，需要使用不同的指标进行评估。

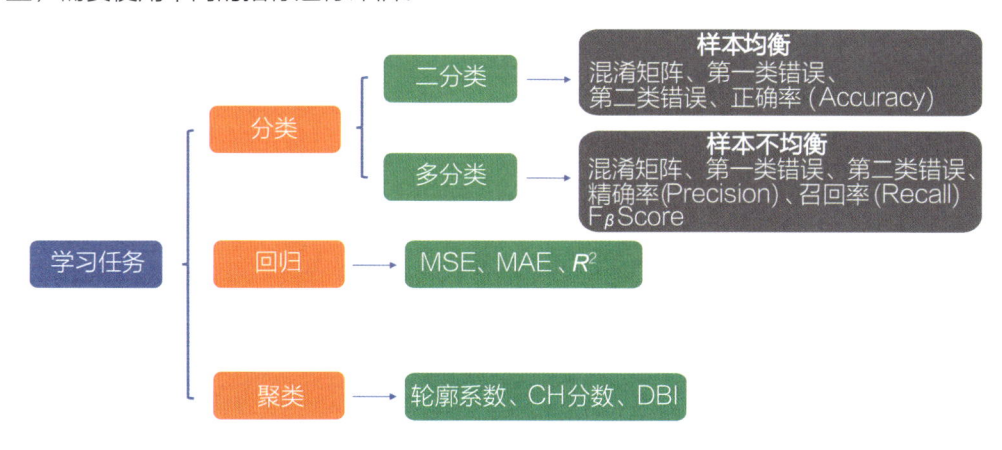

图 7-19 模型评估

1）二分类问题

（1）混淆矩阵。

先来介绍最重要的概念：**混淆矩阵（Confusion Matrix）**，几乎全部的统计指标都是在其基础上衍生得到的。

二分类混淆矩阵示意如表 7-7 所示，假设样本共计 300 个，根据模型预测值和实际值之间的交叉组合，形成了 2×2 的矩阵，这就是所谓的混淆矩阵。

表 7-7 二分类混淆矩阵示意

		实际值	
		1	0
预测值	1	100，TP	20，FP
	0	30，FN	150，TN

- **TP（True Positive，真阳性）**：实际值为 1、预测值也为 1。

- **FP（False Positive，假阳性）**：实际值为 0、预测值为 1，也称第一类错误，通俗理解为"被误伤/冤枉的好人"，当预测结果与某些惩罚项相关时，这一类错误的代价是比较大的。例如，在计算机的木马病毒检测中，如果模型误认为某个重要的文件是病毒，执行了删除操作，就可能造成损失。

- **FN（False Negative，假阴性）**：实际值为 1、预测值为 0，也称第二类错误，通俗理解为"漏网之鱼"。例如，当检测新冠病毒时，将一个携带病毒的样本识别为了正常样本，就可能造成更大范围的传播风险。

- **TN（True Negative，真阴性）**：实际值为 0、预测值也为 0。

混淆矩阵客观地描述预测值与实际值之间的差异，是最基础的数据。基于此，衍生出各类反映模型预测能力的统计量。

（2）正确率、精确率和召回率。

- **正确率（Accuracy）**：表示模型预测正确的样本占比，公式为

$$\text{Accuracy} = \frac{\text{TP} + \text{TN}}{\text{TP} + \text{TN} + \text{FP} + \text{FN}} = \frac{250}{300} \approx 83\%$$

当 0 和 1 的样本分布足够均衡时，正确率足够反映模型的预测能力；但当样本分布不均衡时，该指标就失效了。例如，在新冠病毒检测场景中，新冠病毒感染人群远远少于正常人群，假设在 10 000 个样本中（总样本量），实际仅有 2 个感染者，即使模型将全部 10 000 个样本预测为 0（没有人感染），正确率也接近 100%，但实际该模型对于预测新冠病毒感染几乎是无效的。在这种情况下，就需要用到以下两个统计指标。

- **精确率（Precision）**：也称查准率，表示在预测为 1 的样本中，实际值为 1 的样本占比，公式为

$$\text{Precision} = \frac{\text{TP}}{\text{TP} + \text{FP}} = \frac{100}{120} \approx 83\%$$

精确率基于预测为 1 的样本进行计算，常被用于"尽量不要冤枉好人"的场景中，进行模型评估。

- **召回率（Recall）**：也称查全率，指的是真阳性样本中被预测出来的样本占比，公式为

$$\text{Recall} = \frac{\text{TP}}{\text{TP} + \text{FN}} = \frac{100}{130} \approx 77\%$$

还是上述新冠检测的场景，若召回率为 0%，那么我们就能得知该模型对于预测新冠病毒感染是无效的。召回率常被用于"任何一个坏人都不能被放过"的场景。

（3）F_β Score。

有些场景中的模型关注召回率，有些场景中的模型关注精确率，而且有时候，"鱼和熊掌不可兼得"。F_β Score 就是基于这个背景产生的，它试图在召回率和精确率之间找到某种平衡点。

$$F_\beta \text{Score} = (1+\beta^2)\frac{\text{Precision} \times \text{Recall}}{\beta^2 \times \text{Precision} + \text{Recall}}$$

我们看到，F_βScore 通过 β 控制权重，当 $\beta=1$ 时，两者权重相等；当 $\beta<1$ 时，Precision 的权重更高；当 $\beta>1$ 时，Recall 的权重更高。常用的有 $F_{0.5}$Score、F_1Score、F_2Score。

（4）ROC 曲线和 AUC。

ROC（Receiver Operating Characteristic，受试者操作特征）曲线是最重要的衡量模型的指标之一。ROC 曲线示意如图 7-20 所示，ROC 曲线的纵轴是 TPR（真正率），横轴是 FPR（假正率）。

- **TPR**：就是前面提到的召回率，即在实际值为 1 的样本中，预测正确的比例有多少，反映的是"有多少坏人被抓出来"，公式为

$$\text{TPR} = \frac{\text{TP}}{\text{TP} + \text{FN}} = \frac{100}{130} \approx 77\%$$

- **FPR**：在实际值为 0 的样本中，有多少比例被误判为 1，反映的是"有多少好人被误判"，公式为

$$\text{FPR} = \frac{\text{FP}}{\text{FP} + \text{TN}} = \frac{20}{170} \approx 12\%$$

以逻辑回归为例，模型的输出结果是该样本为 1 的概率值 ρ，我们设置阈值为 λ。当 $\rho \geq \lambda$ 时，预测该样本为 1，否则为 0。每取一个 λ，就会得到一次预测结果的混淆矩阵，进而得到一组 [FPR,TPR]。取 N 次不同的 λ，得到 N 组 [FPR,TPR]，这样绘制出来的曲线就是 ROC 曲线。我们希望好人不被误判、坏人都被抓出来，即 ROC 曲线要尽量往左上角靠近。

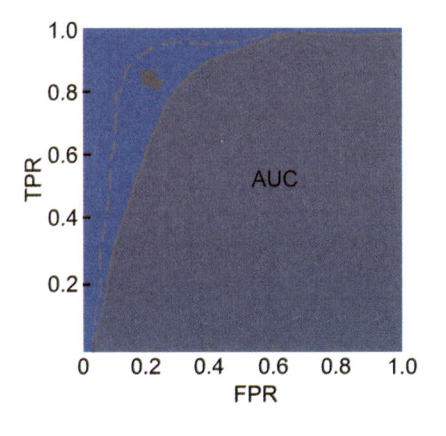

图 7-20 ROC 曲线示意

ROC 曲线下的面积称为 AUC（Area Under Curve）。AUC 越大，代表模型的预测能力越强。

2）多分类问题

多分类问题可以认为是多次的二分类问题。假设我们训练得出一个区分客户价值（高价值、中价值、低价值）的三分类模型，在测试样本上得到如下的混淆矩阵（见表 7-8）。

表 7-8 多分类混淆矩阵示意

		实际值		
		高价值	中价值	低价值
预测值	高价值	100	20	10
	中价值	25	150	30
	低价值	15	40	200

对于每一个分类来说，都可以计算得到一个 2×2 的混淆矩阵，进而计算出一组 Precision、Recall、F_1 Score 的值。

- **类别 1**：高价值样本混淆矩阵，如表 7-9 所示。

表 7-9 高价值样本混淆矩阵

		实际值	
		1	0
预测值	1	100，TP	30，FP
	0	40，FN	420，TN

$$P_{高} = \text{Precision}_{高} = \frac{TP}{TP+FP} = \frac{100}{130} \approx 77\%$$

$$R_{高} = \text{Recall}_{高} = \frac{TP}{TP+FN} = \frac{100}{140} \approx 71\%$$

$$F_{1高} = 2 \times \frac{0.77 \times 0.71}{0.77 + 0.71} \approx 74\%$$

- **类别 2**：中价值样本混淆矩阵，如表 7-10 所示。

表 7-10 中价值样本混淆矩阵

		实际值	
		1	0
预测值	1	150，TP	55，FP
	0	60，FN	325，TN

$$P_{中} = \text{Precision}_{中} = \frac{TP}{TP+FP} = \frac{150}{205} \approx 73\%$$

$$R_{中} = \text{Recall}_{中} = \frac{TP}{TP+FN} = \frac{150}{210} \approx 71\%$$

$$F_{1中} = 2 \times \frac{0.73 \times 0.71}{0.73 + 0.71} \approx 72\%$$

- 类别 3：低价值样本混淆矩阵，如表 7-11 所示。

表 7-11 低价值样本混淆矩阵

		实际值	
		1	0
预测值	1	200，TP	55，FP
	0	40，FN	295，TN

$$P_{低} = \text{Precision}_{低} = \frac{TP}{TP+FP} = \frac{200}{255} \approx 78\%$$

$$R_{低} = \text{Recall}_{低} = \frac{TP}{TP+FN} = \frac{200}{240} \approx 83\%$$

$$F_{1低} = 2 \times \frac{0.78 \times 0.83}{0.78 + 0.83} \approx 80\%$$

综合评价该模型的分类效果，需要综合考虑以上三组数据，一般有三种计算思路。

- Macro：取各个指标的平均值。

$$\text{Precision} = \frac{P_{高} + P_{中} + P_{低}}{3} \approx 76\%$$

$$\text{Recall} = \frac{R_{高} + R_{中} + R_{低}}{3} \approx 75\%$$

$$F_1 = \frac{F_{1高} + F_{1中} + F_{1低}}{3} \approx 75\%$$

- Weight：考虑不同类别的权重，取加权平均值。

Macro 方法相当于对三个类别赋予了相同的权重，但我们也可以赋予不同的权重。假设 $W_{高} : W_{中} : W_{低} = 0.6 : 0.2 : 0.2$，则有

$$\text{Precision} = P_{高} \times W_{高} + P_{中} \times W_{中} + P_{低} \times W_{低} \approx 76\%$$

$$\text{Recall} = R_{高} \times W_{高} + R_{中} \times W_{中} + R_{低} \times W_{低} \approx 73\%$$

$$F_1 = F_{1高} \times W_{高} + F_{1中} \times W_{中} + F_{1低} \times W_{低} \approx 75\%$$

- Micro：各个类别的 TP、FP、FN 相加后再计算对应指标。

$$\text{Precision} = \frac{TP_{高} + TP_{中} + TP_{低}}{TP_{高} + TP_{中} + TP_{低} + FP_{高} + FP_{中} + FP_{低}} = \frac{450}{590} \approx 76\%$$

$$\text{Recall} = \frac{TP_{高} + TP_{中} + TP_{低}}{TP_{高} + TP_{中} + TP_{低} + FN_{高} + FN_{中} + FN_{低}} = \frac{450}{590} \approx 76\%$$

$$F_1 = 2 \times \frac{0.76 \times 0.76}{0.76 + 0.76} \approx 76\%$$

3）回归问题

与分类模型一样，回归模型的评估也要计算"预测值与实际值之间的差异"，不同的是，回归模型的预测值和实际值都是连续数值型变量。假设我们训练好的回归模型对样本的预测值为 $P_i (i=1, 2, \cdots, m)$，样本的实际值为 $A_i (i=1, 2, \cdots, m)$，常用的三种模型评估指标如下。

- 均方误差（Mean Squared Error，MSE）。

$$\text{MSE} = \frac{1}{m} \sum_{i=1}^{m} (p_i - A_i)^2$$

- 绝对值均值误差（Mean Absolute Error，MAE）。

$$\text{MAE} = \frac{1}{m} \sum_{i=1}^{m} |p_i - A_i|$$

MSE 和 MAE 越接近于 0，代表模型的回归效果越好。

- R^2。

前面提到的 MSE、MAE，反映的是预测值与实际值之间的差异。我们不仅希望模型能在样本数据上预测出正确的值，还希望它能发现数据规律，在未知样本上有好的表现，所以引入了 R^2，R^2 反映的是模型的拟合能力，公式为

$$R^2 = 1 - \frac{\sum_{i=1}^{m}(A_i - P_i)^2}{\sum_{i=1}^{m}(A_i - \overline{A})^2}$$

R^2 介于 0~1 之间，越接近 1，拟合效果越好，一般认为超过 0.8 的模型拟合效果较好。

4）聚类问题

与分类和回归问题不同，聚类问题本身不存在"实际值"的概念，因此对模型的评估基本是围绕"簇内距离（紧密性）足够小、簇间距离（分离性）足够大"这个原则展开的。

聚类问题的常用评估指标如表 7-12 所示。

表 7-12　聚类问题的常用评估指标

	指标	簇内	簇间	核心思想	如何评估
单一指标	SSE（和方差）	✓		针对每一个簇，计算簇内样本与中心点的距离之和，再求和	SSE 越接近于 0，表示簇内距离越小，聚类效果越好
	Compactness（CP）	✓		针对每一个簇，计算簇内样本与中心点的平均距离，最后取所有簇的平均值	数值越小，表示簇内距离越小，聚类效果越好
	Separation（SP）		✓	任意两个簇中心点之间的距离，求和	数值越大，表示簇间距离越大、聚类效果越好
综合指标	轮廓系数（Silhouette Coefficient）	✓	✓	$S_i = \dfrac{b-a}{\max(a,b)}$ a：样本 i 与同簇其他样本的平均距离 b：样本 i 与距离最近的簇的所有样本的距离的平均值 所有样本的轮廓系数为 S_i 的平均值	取值范围 [-1,1]，数值越大，表示簇内距离越小且簇间距离越大，聚类效果越好 注：不适用于 DBSCAN
	CH 指数（Calinski-Harabaz Index）	✓	✓	$\mathrm{CH} = \dfrac{S}{C}$ S（簇间分离度）：各个簇的中心点与所有样本的中心点的距离的平方和 C（簇内紧密度）：簇中各样本与簇中心点的距离的平方和	CH 指数越大，表示簇内距离越小且簇间距离越大，聚类效果越好 注：不适用于 DBSCAN
	戴维森堡丁指数，DBI（Davies-Bouldin Index）	✓	✓	$\mathrm{DBI} = \dfrac{1}{n}\sum_{i=1}^{n}\max_{j\neq i}\left[\dfrac{\sigma_i + \sigma_j}{d(c_i,c_j)}\right]$ n：簇的数量 σ_i、σ_j：每个簇的簇内距离平均值 $d(c_i,c_j)$：两个簇的簇中心点之间的距离	DB 越小，表示簇内距离越小且簇间距离越大，聚类效果越好
	邓恩指数，DVI（Dunn Validity Index）	✓	✓	$\mathrm{DVI} = \dfrac{\min_{1\le i<j\le n} d(i,j)}{\max_{1\le k\le n} D(k)}$ n：簇的数量 $d(i,j)$：簇 i 和簇 j 之间的簇间距离 $D(k)$：簇 k 内部的簇内距离	DVI 越大，表示簇间距离越大且簇内距离越小，聚类效果越好

评估指标的 Sklearn 方法速查表可以帮助分析从业者快速上手使用，如表 7-13 所示。

表 7-13 评估指标的 Sklearn 方法速查表

任务分类	评估指标	sklearn 类
分类	混淆矩阵	from sklearn.metrics import confusion_matrix X = confusion_matrix(y_true, y_pred)
	正确率（Accuracy）	from sklearn.metrics import accuracy_score X = accuracy_score(y_true, y_pred)
	精确率（Precision）	from sklearn.metrics import precision_score X1 = precision_score(y_true, y_pred, average=None) X2 = precision_score(y_true, y_pred, average='macro') X3 = precision_score(y_true, y_pred, average='micro') X4 = precision_score(y_true, y_pred, average='weighted')
	召回率（Recall）	from sklearn.metrics import recall_score X1 = recall_score(y_true, y_pred, average=None) X2 = recall_score(y_true, y_pred, average='macro') X3 = recall_score(y_true, y_pred, average='micro') X4 = recall_score(y_true, y_pred, average='weighted')
	F_1 Score	from sklearn.metrics import f1_score X1 = f1_score(y_true, y_pred, average=None) X2 = f1_score(y_true, y_pred, average='macro') X3 = f1_score(y_true, y_pred, average='micro') X4 = f1_score(y_true, y_pred, average='weighted')
	AUC	from sklearn.metrics import roc_auc_score X = roc_auc_score(y_true, y_scores)
回归	MSE	from sklearn.metrics import mean_squared_error as MSE
	MAE	from sklearn.metrics import mean_absolute_error as MAE
	R^2	from sklearn.metrics import r2_score
聚类	轮廓系数	from sklearn.metrics import silhouette_score
	CH 指数	from sklearn.metrics import calinski_harabasz_score
	DBI	from sklearn.metrics import davies_bouldin_score

7.3.3 交付上线

事实上，整个数据挖掘项目过程中都在持续进行交付。例如，就模型结果和效率与业务展开持续确认和沟通。如果需求分析过程执行到位，那么交付理应是可被预期的。数据挖掘模型的交付主要围绕以下四个方面。

1. 项目文档

项目文档主要面向业务负责人及项目组成员，核心是构建沟通语言和准则，需要持续维护更新。

1）进度管理

我们应该都有被各个业务方催进度的经历，每个业务方都认为自己的需求紧急且重要，不理解为什么不能立刻处理。作为支持方，往往比较被动，因为当时我们可能同时有 N 件"重要且紧急"的事项，容易陷入疯狂赶进度，但仍然无法满足每一个业务方期待的困境。

这个问题的解法是：建立排期文档并透明发布，做好预期管理。排期文档的必选字段是：需求提出者、提出时间、简要描述（可以是归类，如经营决策/命题研究/指标体系建设/取数支持等）、期待交付时间、处理人、预估工时、预计投入时间、预计交付时间、状态标识（处理中/按时交付/延期交付/拒绝）。这个文档让业务方有预期，当预期与实际差距较大时，方便进行资源沟通。

2）开发过程

参照 7.3.1 节需求分析提到的，数据挖掘项目需要与业务人员就模型结果进行频繁交互，而业务人员的反馈很有可能导致我们需要做出特征、参数、算法等的调整。因此，版本迭代等开发过程是需要被详细记录的，主要包括样本、模型、参数、结果、与业务人员的沟通结果（是否可用/迭代方向等），便于分析从业者进行版本的更新和回溯。

3）重要会议纪要

我们每个人几乎都同时并行多个关键事项，难免出现遗忘的情况。为保证沟通效率，项目成员及业务负责人就关键议题所达成的共识是必须要被清晰记录的。关键议题主要包括项目节奏、项目分工、模型调整内容等。

4）指标监控

模型被验收后，应用于实际业务中，一般都需要定期进行效果 Review。而这个"效果"的判断依据，就是在需求分析阶段被达成共识的北极星指标。

2. 可用的模型

数据挖掘项目最大的产出就是一个"好用"的模型。好用指的是效率和效果均符合业务使用需求。

1）效率视角

如果是一次性输出的模型，如寻找与续费最相关的特征（客户行业、规模、订购版本、近期的 GMV 表现……），那么找到最相关的特征后，业务就可以进行策略应用了，一段时间内不会发生改变，因此模型几乎没有效率要求；而对于需要定期更新的模型，如消费者一旦进入某个线上商城，就需要根据他的历史数据预测出他最感兴趣的商品来调整推荐商品列表的顺序，模型几乎需要实时地给出反馈，否则会影响消费者体验，这对模型的效率要求非常高。这种情况一般需要开发人员一起配合。分析从业者自己负责的项目，一般对模型的时效性要求是中低的。

2）效果视角

在模型评估阶段使用混淆矩阵等方式做的评估，是在存量已知标签的样本上进行的。而对于未知的样本，如预测接下来 1 个月到期的客户是否会续费，那么在 1 个月后就能将预测结果与实际结果做对比，根据结果及时做出模型的调整。

3. 业务解读

数据挖掘没有能够大规模应用于决策的重要原因是其业务解释性差。在实际项目中，为最大限度地保证其落地，我们可以从以下三个方面应对这个问题。

- **预期管理**：在项目前期就要与业务负责人澄清，后续可能会出现一些无法解释的情况。一般来说是可以理解的，毕竟如果用简单分析技术可以解决，也不会采用数据挖掘算法。
- **算法选择**：选取成熟且较易解释的算法，如决策树。
- **分析技术进行补充**：针对模型结果，辅以分析技术进行业务解读。

4. 迭代原则

针对需要迭代的模型，建立机制来约定业务人员需要反馈的周期和内容，据此进行模型迭代。

7.3.4 应用实践

研究背景：面对复杂多变的外部环境，客户数增长遇到了两大挑战：其一是 B 端线索获取成本持续增加；其二是销售资源有限，流程化作业导致人效无法有效提升。业务负责人希望销售人员都能够聚焦于更加有转化可能的线索上，这样线索 ROI 和销售人效都能获得增长，因此"以最小的成本获取更易转化的线索"这个命题的商业价值被突显出来。SaaS 数据挖掘项目应用实践如图 7-21 所示，由于涉及数据隐私，本节重点介绍项目过程中的思考和经验。

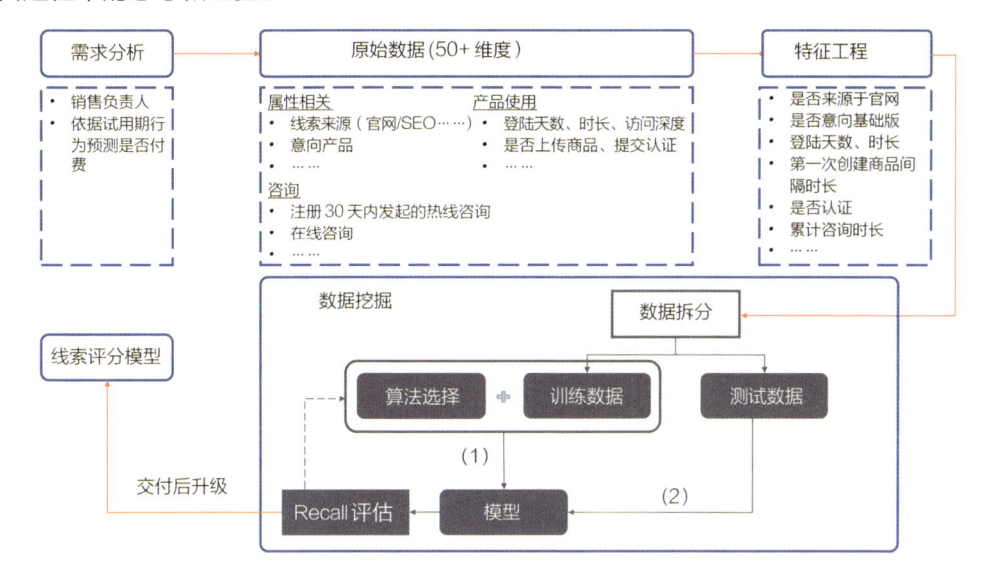

图 7-21　SaaS 数据挖掘项目应用实践

1. 需求分析

需求分析是开展有效挖掘实践的前提，对于真实目标、技术方案的选择等命题，都要保证不跑偏。

1）明确目标

在有赞，当客户注册了商城账号后，7 天内可以免费试用各类产品功能。试用期结束后，有的客户选择付费，更多的客户则静默流失。我们可以通过学习那些最终付费的客户在试用期的行为，找到哪些行为与付费结果是最相关的。捞取具有类似行为的线索提交给销售人员重点跟进，以期提升转化率，进而提升销售人效。

因此，分析从业者需要根据线索（客户）在试用期的行为，建立模型，预测线索最终是否会付费，并将预测为 1 的线索提供给销售人员优先跟进。同时，该模型能判断与付费最相关的客户行为特征，这帮助我们加深对于客户和产品的理解。本项目由销售负责人负责，北极星指标为线索转化率。

2）技术方案

在选择样本时，遇到的第一个问题是对时间周期的处理，这里需要结合线索时效性、平均转化周期综合考虑，既需要保证模型能够获取足够多的行为数据，又需要考虑太过久远的线索已经基本不会被重新激活。我们选取距离当前 3 个月左右开通试用的线索作为训练样本，目标变量为线索最终是否付费。

上述命题属于分类问题，且最终需要输出特征重要性排序，因此可以借助逻辑回归、决策树、随机森林、GBDT 等算法进行模型训练。

2. 数据挖掘

在准确的需求分析基础上，就需要获得所需的业务数据，并进行特征工程及模型的训练，为正式应用做准备，主要过程如下。

1）数据获取

由于数据量大，因此需要通过企业内部的算法训练平台连接业务数据库，通过 SQL 获取原始数据。

2）特征工程

参照 7.3.2 节（数据挖掘）提到的，该阶段占用了整个项目至少一半的时间，其中特征选择部分在一定程度上决定了模型结果。可解释性、探索性是最大的矛盾和约束，尽可能选取简单、易于解释、泛化能力强的特征。一方面，分析从业者与销售人员、产品经理、CSM（Customer Success Manager，客户成功经理）充分沟通和头脑风暴后，确定线索来源及特性、试用期间的产品使用情况两个大的维度，这是业务人员直接感知和总结出的与付费相关的特征；另一方面，为了使模型具备泛化能力，尽可能发现一些业务人员平时没有特别注意总结、但对付费有影响的特征。参考第 3 章（3.3.2 节选择打仗阵型）提到的，在集中式架构下，分析从业者具备全局视角优势。通过梳理完整的 SaaS 业务体系，最终确定将咨询数据也列为重要的维度。

本项目中的数据预处理阶段，主要进行相关性分析和数值化处理。

- **线索来源**：分类变量，首先需要借助卡方检验验证其与付费结果之间的关系。在具备相关性的前提下，进一步进行 One-Hot 编码处理，官网、SEM（Search Engine Marketing，搜索引擎营销）……分别转化为(1,0,0…)、(0,1,0…)……。
- **登录行为**：首先转化为月均登录天数，然后通过计算 Pearson 系数进行相关性验证，决定是否保留该特征。
- **咨询**：转化为向服务部门发起的咨询时长、向销售部门发起的咨询次数这两个指标，同样需要进行相关系数的计算决定是否保留。

数据预处理之后，共计产生 30+维度，均为数值类型。进一步，通盘计算 Pearson 系数，最大限度地保证输入模型的特征是有意义的，涉及数据隐私，最终输入模型的数据不再展开。

3）数据挖掘

逻辑回归、决策树、随机森林、XGBoost 都是带有特征重要性排序的算法，经过训练数据训练后得到的模型，在同样的测试数据上进行模型评估来选择最优的算法。

这里重要的是选择什么指标进行模型评估？其代表模型最重要的使命。在本项目中，我们需要尽可能多地把付费线索识别出来，换句话说，相对于误判，识别不到的代价是更高的。因此召回率和 F_2 Score 更适合作为模型评估指标。最后，综合指标数据与模型性能，选择 XGBoost 作为应用模型。

3. 交付上线

- **项目实施**：基于模型识别出的线索，提供给销售人员进行转化，监控线索转化率。经过销售人员反馈和数据跟踪，这批线索的转化率高出大约 3%，对于人效的提升效果是显著的。
- **业务解读**：这里只介绍一个踩坑经验。分析从业者需要基于对产品的理解借助定量分析方法进行业务解读，而非 100%基于模型输出的特征重要性排序。例如，我们发现最影响转化率的是认证操作，但实际很可能是客户已经做好了付费决策的一个后续操作，这一类行为并不能帮助产品更好地理解客户，也不能帮助销售人员找到与客户的共鸣，因此是需要手动调整权重的。如果分析从业者直接拿着原结果应用，很可能效果低于预期。
- **文档和看板交付**：除整体项目文档外，分析从业者需要将项目核心过程数据上线看板，形成业务负责人和项目组成员的共识，这是分析价值创造中重要的环节。
- **模型迭代**：以自然月为单位，提供线索名单并收集销售人员反馈、更新数据，据此持续迭代模型。稳定后交付算法部门进行优化和线上部署，升级为线索评分模型。

第 8 章　业务技术：SaaS 行业分析实践

> 正确理解业务是必要的基础，但正确的标准并不容易把握。面对新的业务，当我们掌握相对通用的方法时，它也就不再陌生了，甚至可以获得意外的惊喜。

近两年在和不同行业背景的分析从业者交流中，大家普遍给到的反馈是 To C 的业务做起来会比 To B 顺手。这个"顺手"体现为我们每个人天然就是用户（消费者），很自然地就可以将自己代入业务场景中去进行分析。但是，在 To B 行业绝大部分是没有这样的经历或视角的，自然做起来就没那么"顺手"了。

更具体一点，如果想在 SaaS 行业中选择一家有长期成长空间的目标企业，首先必须要想明白几个问题。

- 为什么要选择 SaaS 行业？
- SaaS 企业（产品、服务）在解决哪些客户的什么痛点问题？
- 如何判断目标企业的发展阶段与水平，分析在其中能创造什么价值？

以第一个问题为例，也许有人会说 SaaS 行业在国外发展了很多年，而在国内才发展不久，有很大的市场潜力和发展空间；也有人会说 SaaS 是一门"躺赚"的生意，采用订阅收费模式，只要在前期积累一定量的客户后，就可以源源不断地赚钱。但稍做思考就会发现，前者忽略了国内外市场及企业之间巨大的差异；后者取决于何时能达到盈亏平衡点、获客成本与效率、客户留存等关键指标。

只有对这些问题经过思考并给出清晰的答案后，我觉得才适合选择加入，避免单纯将薪资或其他主观因素作为选择的依据。

8.1　SaaS 简述

1999 年，甲骨文原高级副总裁马克·贝尼奥夫在旧金山创立 Salesforce，当时他预测未来软件不需要复杂的安装、维护及更新，而是成为一种服务，连接网络便可使用，按账号数或按时间来付费，这便是我们今天所说的 SaaS 模式。此后的二十多年，SaaS 理念对企业数字化产生深远影响，Salesforce 也一路高歌猛进，其市值在 2021 年 11 月一度冲上

3000 亿美元，成为全球 SaaS 行业当之无愧的巨头。

SaaS 作为一种软件服务，与传统软件模式有哪些区别呢？传统软件模式与 SaaS 模式对比如图 8-1 所示。

- **传统软件模式**：客户一次性付费买断使用权，软件部署、数据存储均在企业自有服务器上完成，后续的维护由客户自行组建运维团队承接。这种模式也可以简单理解为买一台电视机，付费即拥有。
- **SaaS 模式**：采用租用制/订阅制，客户一般按照月或年付费。SaaS 企业在云端开发各类应用，客户按需付费使用，付费期间的使用问题由 SaaS 企业承接。付费期结束后，客户失去该软件的使用权，如果想要继续使用，则需要再次付费。例如，字节跳动旗下的办公协作软件飞书就是 SaaS 模式的，客户订阅一定数量的员工账号，拥有一年使用飞书的权限，次年需要再次付费才可继续使用。SaaS 本质上是一种先付费、再履约的服务，这造就了 SaaS 企业优秀的现金流，也是 Saas 获得资本认可的重要原因。

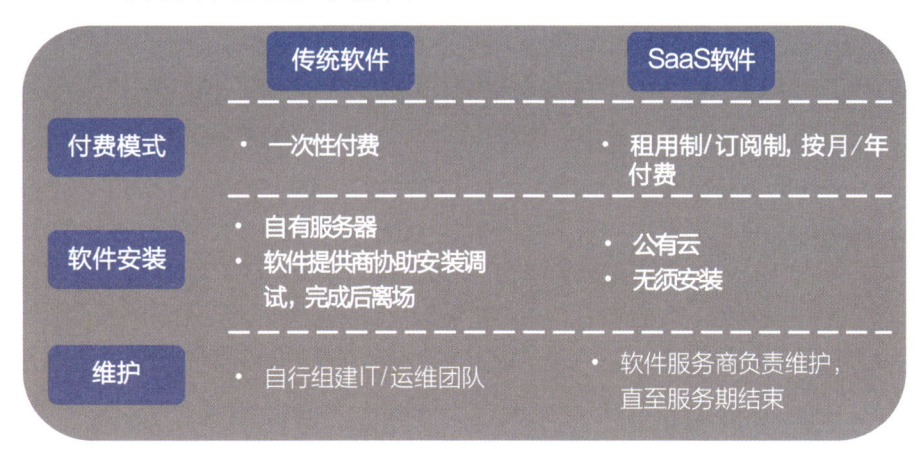

图 8-1 传统软件模式与 SaaS 模式对比

8.1.1 发展现状

SaaS 的起源和爆发都在美国，国内 SaaS 起步较晚，目前尚在发展阶段，整体市场规模仍较小。正所谓"以古为镜，可以知兴替"，我们将在本节对比国内外 SaaS 发展现状，以理解和判断国内 SaaS 市场机会和趋势。分析从业者也需要借此认清 SaaS 企业正在和将要面对的重要命题，从而锚定价值创造支点。

1. 国外 SaaS 发展历程

"欲见未来，必见其史"，我们先来看国外 SaaS 发展历程，如图 8-2 所示，主要经历了四个阶段。

1）萌芽期（1995—2005 年）

Netsuite、Salesforce 和 SuccessFactors 相继成立，提供行业通用的 SaaS 产品，如 CRM、ERP 等。早期的产品使用者主要是互联网、游戏行业的中小企业客户，客单价相对较低。

2）扩张期（2005—2011 年）

供需两端共同促进了 SaaS 行业扩张。供给端：IaaS（Infrastructure as a Service，基础设施即服务）和平台 PaaS 发展迅速，微软、亚马逊等巨头纷纷入局，为 SaaS 提供了良好的发展基础。需求端：金融危机导致企业对降本增效需求加大，促使企业进行数字化转型。

3）成熟期（2011—2016 年）

经过近十年对 To B 客户的持续影响，SaaS 市场达到了较高的成熟度，行业细分逐渐清晰，产品进入定制化的发展阶段。同时，这一阶段集中式地进行了 SaaS 企业的 IPO，Workday、Shopify、Splunk 等企业均在此期间成功上市，这代表 SaaS 优秀的商业模式获得了资本市场的认可。

4）整合期（2016—2022 年）

领先的 SaaS 企业期望能够占领更多的市场份额，那么它必须要满足客户更多方面的产品需求。例如，企业初期只提供交易能力，随着对客户理解的加深，发现客户对于数据分析能力有需求且愿意付费，但自己又没有相应有竞争力的产品储备，那么如何以较低的成本来解决这个问题？答案是收购。以 Salesforce 为例，其发展历程中的一个核心部分便是它的收购战略。作为 CRM 产品服务商，它以解决客户的销售效率为需求切入点，后续通过收购 Slack、Tableau 等产品，逐渐渗透到客户的内部员工协作管理、灵活数据分析等需求场景，进一步巩固自己的 SaaS 领先地位。

```
┌─────────────────┐                    ┌──────────┐
│ 萌芽期          │                    │ 成熟期   │
│• 陆续出现行业通用SaaS│                │• 细分赛道│
│  产品           │                    │• 密集IPO │
│• 客单价低       │                    │          │
└─────────────────┘                    └──────────┘
   1995年      2005年      2011年      2016年      2022年 →
                    ┌──────────────┐              ┌──────────────┐
                    │ 扩张期       │              │ 整合期       │
                    │• 基础设施发展迅速│          │• 领先企业凭借优势进│
                    │• 企业降本需求增加│          │  行业务外延和收购│
                    └──────────────┘              └──────────────┘
```

图 8-2 国外 SaaS 发展历程

2. 国内 SaaS 发展历程

对比来看，国内 SaaS 行业发展规律大致与国外趋同，目前为止主要经历了四个阶段（见图 8-3）。

1）萌芽期（2003—2009 年）

2004 年，Salesforce 成功上市。同年，八百客成立并发布了它的第一款 SaaS 产品：CRM Beta 版本，这是中国第一批试水的 SaaS 产品。同一阶段，国内许多传统软件厂商开始进行 SaaS 转型，如用友、金蝶等，纷纷进入 SaaS 市场。

2）成长期（2009—2014 年）

2009 年，阿里云正式成立。在此阶段，伴随着云计算技术发展和移动设备的普及，SaaS 迎来一波创业高峰。有赞、微盟、光云、纷享销客等知名 SaaS 企业均在此阶段成立。

3）破局期（2014—2020 年）

2014—2015 年，中国 SaaS 融资事件频发，SaaS 行业迎来一次资本市场的小爆发，故 2015 年也被称为中国 SaaS 元年。这一年，阿里巴巴发布钉钉 1.0 版本，宣布正式进军 SaaS；纷享销客完成 1 亿美元的融资。

究其根本，随着 4G 网络的普及与移动互联网时代的到来，传统 CRM 和 ERP 无法满足 B 端客户对于效率的要求，而这正是 SaaS 产品当时的优势所在。

4）快速发展期（2020—2022 年）

突如其来的疫情按下了国内数字化转型的快进键，几乎所有行业都在思考如何进行数字化提效。蜂拥而至的行业需求，促使国内 SaaS 企业加速完善产品竞争力来应对。

目前国内 SaaS 发展阶段大致对应国外 SaaS 发展的扩张期（2005—2011 年）。因此，下一步极有可能是在细分领域持续演进产品，进入成熟期，孵化出国内 SaaS 巨头，迈步进入整合期。

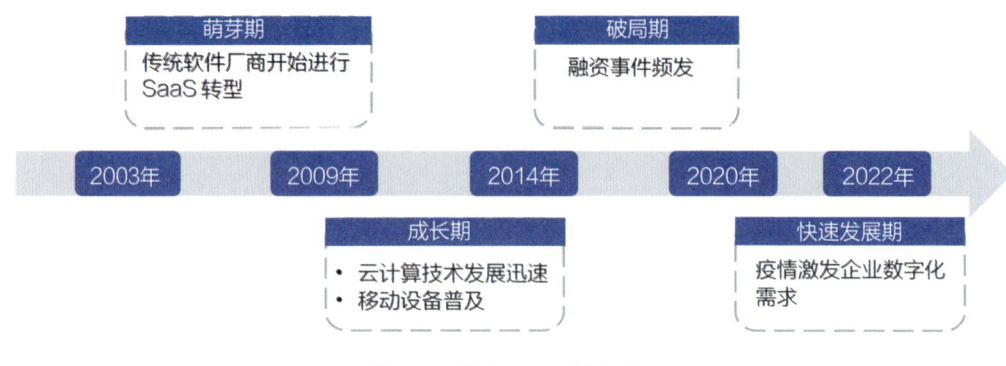

图 8-3 国内 SaaS 发展历程

总结来看，SaaS 模式近几年在国内的快速发展，主要归结于以下三点。

- 国家层面对数字化的政策保障及企业自身基于提升经营效率而对数字化产生的强烈诉求。
- 上游基础设施、技术的完善和移动互联网的发展。
- SaaS 优秀的商业模式，先收费、再履约，这使得 SaaS 企业拥有可观的现金流。并且 SaaS 标准产品收入有边际效应，伴随企业对客户需求的深耕和产品的打磨，获客成本将逐渐降低，产品毛利将随之增长。

3. 国内 SaaS 行业的挑战

通过对比国内外头部 SaaS 企业的市值（见图 8-4），我们能够感受到目前的发展阶段和差距。中国 SaaS 市场尚未出现千亿市值的巨头企业。从市场占有率的角度来看，这也说明国内 SaaS 市场尚处于分散状态，因此围绕目标客群的价值创造仍然是 SaaS 企业的首要命题。

通过对比，我们可以从三个层面来理解国内 SaaS 发展遇到的挑战。

1）上游：基础设施

2010 年至今，国内云计算相关技术迅速发展，但仍处于发展的早期阶段。据 Gartner 数据显示，2018 年，国内企业上云率约为 40%，而同期美国已经达到 85%，这几乎直接导致国内外 SaaS 发展差异。

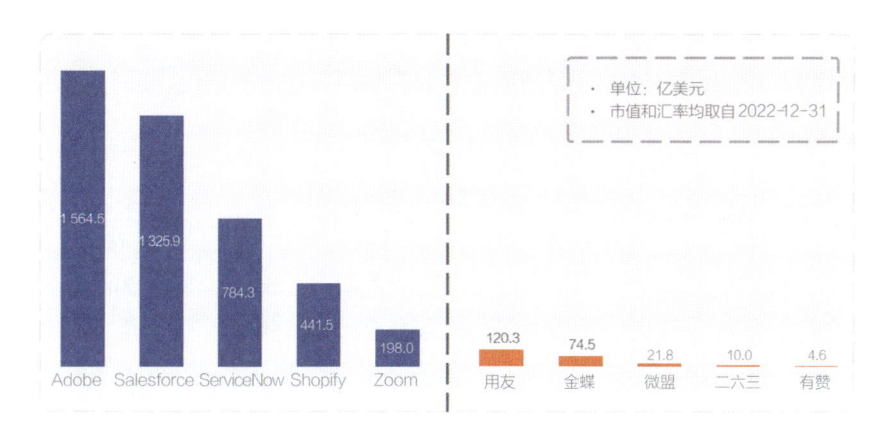

图 8-4　国内外头部 SaaS 企业市值对比

2）中游：SaaS 企业

国内 SaaS 企业在客户获取、客户留存两个核心业务命题上均与国外 SaaS 企业有着较大差距。

在客户获取环节，重点关注获客成本和效率，以同为电商行业头部 SaaS 企业的有赞和 Shopify 为例，2021 年公开财报显示，有赞销售费用率为 61%（收入的 61%用于获客），而 Shopify 仅为 20%，由此可见 Shopify 的获客效率更高。

在客户留存环节，重点关注 NDR，这代表着 SaaS 企业凭借老客户持续创造收入的能力。参照第 8 章（8.2.2 节经营视角）提到的表现较好的 SaaS 企业的 NDR 在 120%以上，中位数约为 105%，而国内 SaaS 企业尚未开始在财报等公开渠道披露 NDR 数据，但结合实际盈利数据来看，大部分企业的 NDR 可能尚未达到 100%。

关于这部分内容，将在第 8 章（8.2 节 SaaS 关键指标）中重点展开，这是分析从业者关注的最主要命题。

3）下游：B 端客户

人口红利尚未完全消失，B 端客户更倾向于用"加人"的方式来解决效率问题。加之对云端数据安全的担忧，因此国内客户为软件服务付费的意愿度较低。

另一方面，不同规模客户特征对比如表 8-1 所示，SaaS 的主要目标群体为中小型客户，其市场规模大，需求一般可以使用标准产品满足，但其付费能力相对弱，自身存活率较低，导致续费率偏低，而续费是 SaaS 最核心的命题之一；对于付费能力强的大型客户，其需求很难用标准产品来满足，一般需要单独进行定制开发和交付，而一旦如此，不仅影响 SaaS 毛利，还将无法通过沉淀通用客户的需求来反哺产品迭代。这可能使 SaaS 企业陷入盈利困境。

表 8-1 不同规模客户特征对比

客户类别	客户数量	需求标准化程度	客单价	续费率
大型客户	少	低	高	高
中小型客户	多	高	低	低

8.1.2 产品分类

国内 SaaS 市场目前较为分散，企业往往从解决客户经营环节中的部分痛点切入来进行产品研发和商业化。我们分别站在产品功能视角与客户视角，来理解不同视角对于 SaaS 的划分与价值的理解。尤其是客户视角，不管企业如何定义自己的产品、服务，其价值创造是否成立，只有从客户视角才能够看清楚。

1. 产品功能视角

SaaS 产品按照适用行业的不同，可分为两种类型：通用型 SaaS 产品和垂直型 SaaS 产品。

- **通用型 SaaS 产品**：适用于大部分行业的客户，解决客户经营过程中的各个环节的问题，主要有 ERP、CRM/SCRM、HRM、财务及税务管理、协同办公、数据分析、运维与安全等。
- **垂直型 SaaS 产品**：深耕各垂直行业，解决行业问题，主要有电商零售、教育、餐饮、地产等。

2. 客户视角

从价值创造的维度来看，SaaS 产品究竟在解决客户的哪些痛点？我们大体可以划分成以下四类.

- **创收**：帮助企业拓展客户，挖掘新的市场需求，提升销售各环节的效率，创造可持续的收入增长。这是最容易被客户感知到的价值，客户的认可度和付费意愿也因此相对较高。
- **合规**：保障企业日常经营符合法律法规，最大程度避免政策及合规风险。
- **降本**：通过技术优化运营/管理流程，降低人工投入程度，进而降低对应的成本投入。
- **增效**：通过标准化生产、部门协作等效率工具，在保障质量的前提下提高工作效率。

SaaS 产品交叉分类图谱如图 8-5 所示，结合产品功能视角与客户视角，可以相对清晰地看到不同类型的产品在重点解决客户的哪些问题，这使我们对 SaaS 行业有了更直观的理解，如有赞主要在解决客户创收、降本、增效等问题。

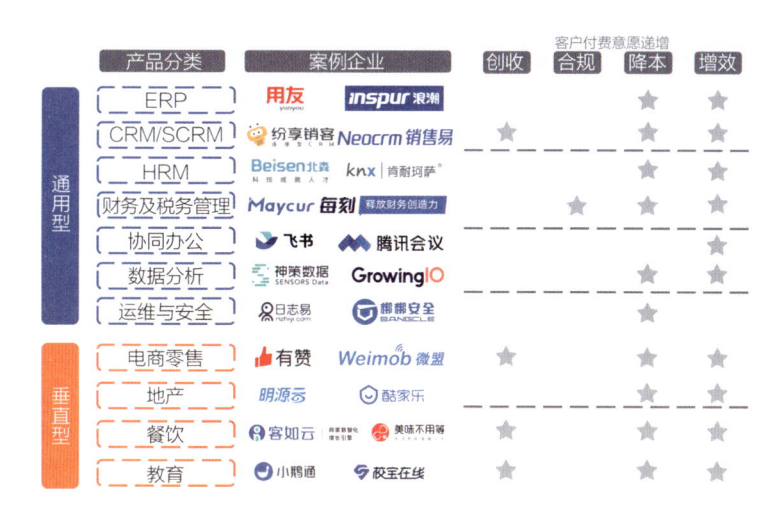

图 8-5　SaaS 产品交叉分类图谱

本节我们对比了国内外 SaaS 发展历史和发展特点，重点对国内 SaaS 市场的发展阶段、挑战与机遇等方面做了简要分析。对于分析从业者，这些都是在进入一个行业或企业时需要尽可能明确的问题，这也是我们自身成长和价值创造的基础。

8.2　SaaS 关键指标

在观察具体业务时，需要通过定量指标来实现清晰的业务理解，业务视角与经营视角就是两个最重要的窗口。

- **业务视角**：紧密贴合关键业务场景，能够直接展示业务展开过程和价值支点。

- **经营视角**：关注经营目标的达成，通过关键经营指标来呈现业务执行结果与质量。

SaaS 的本质是服务，服务的本质是续费。从商业视角看就是让更多的客户留下来为企业产生持续性的收入，所以当我们谈到业务技术时，其实就是如何快速形成体系化的认知，并聚焦于重点命题持续洞察与价值输出。对于分析从业者而言，指标是最熟悉的切入点，但在本节我们并不着眼于具体业务场景下的细节指标，而是从 SaaS 业务全局视角来进行展开与讨论。

8.2.1 业务视角

业务视角主要基于业务事实和业务过程展开，它源自业务实践，能够帮助我们深入浅出地理解业务。在本章中，主要围绕以下三个阶段进行。

- **客户获取**：核心是销售漏斗转化（从线索获取到付费），绝大部分销售相关的工作也都基于此开展。
- **客户活跃**：在客户生命周期中，以客户交付为切分节点，分别看该节点前后的变化与差异。
- **客户留存**：从先行性指标和结果指标切入。

另外，如图 8-6（a）所示，传统的软件销售模式是漏斗模型，主要关注最后的付费环节；但 SaaS 的销售模式是如图 8-6（b）所示的蝴蝶结模型，这其中的差别主要由客户成功（Customer Success，CS）带来。尽管销售行为能够为企业带来一部分收入，但这并不是收入的全部；在而后的客户生命周期中，因为有了客户成功团队的介入，原本于软件销售漏斗底部收口的订阅收入会被再次放大（续费、增购、升级）。

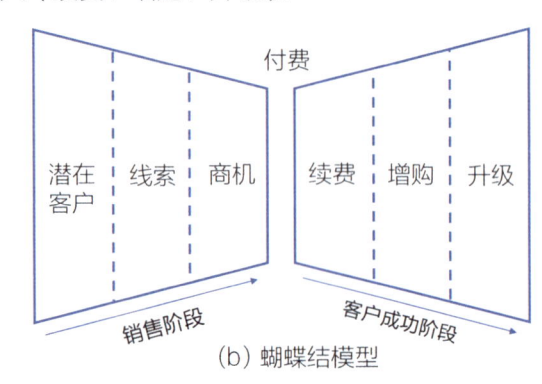

(a) 漏斗模型　　(b) 蝴蝶结模型

图 8-6　漏斗模型与蝴蝶结模型

1. 客户获取

客户获取阶段概览及关键指标如图 8-7 所示，想要获取客户，企业得先想办法被潜在客户看到，即需要进行足够多的曝光，获取足够多的流量。首先，通过在预算范围内进行的付费渠道投放、免费渠道推广能够帮助企业触达客户，从中获取具备付费能力且存在付费意愿的潜在客户，称之为线索。其次，当线索主动咨询或被销售人员触达，对 SaaS 产品、服务表现出比较明确的兴趣或付费意愿时，线索就被转化为商机。最后，由销售人员将商机转化为付费（客户）。

在客户获取之前，关于 Who（企业的目标客户是谁）与 What（客户为什么价值点付费）是必须要清晰的，也就是需要始终围绕 PMF 展开各环节的工作实践，避免因短期收入而影响企业长期健康的发展。

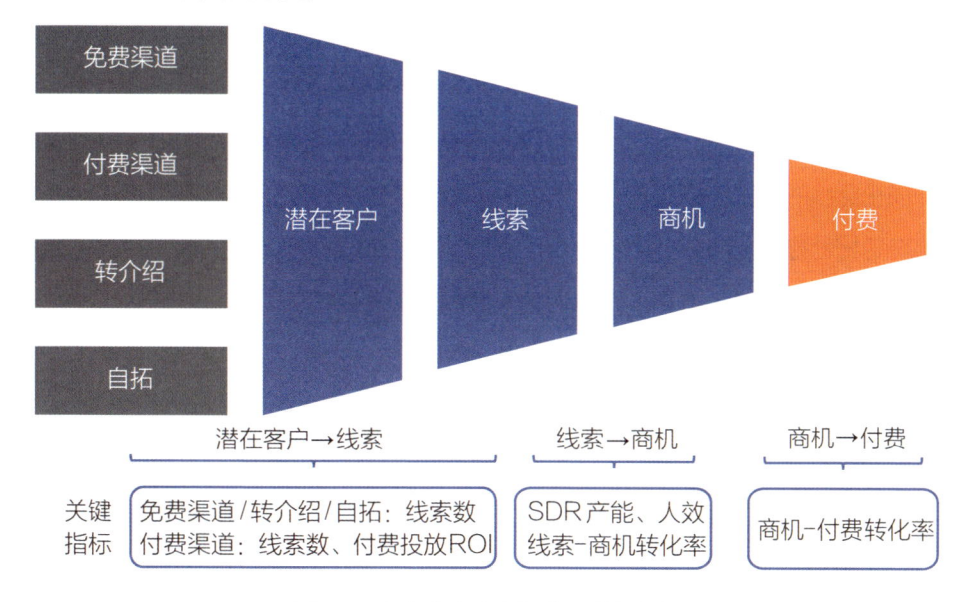

图 8-7　客户获取阶段概览及关键指标

1）潜在客户→线索

在一般情况下，SaaS 企业可以通过付费渠道（SEM 投放、信息流广告投放、App Store 和应用市场投放等）和免费渠道 [官网、SEO（Search Engine Optimization，搜索引擎优化）、多渠道营销、自媒体等] 来获客。在此基础上，企业可以通过自身品牌及口碑优势来获取更多曝光和流量，外加进行的付费投放推广，这样既可以强化企业自身品牌的影响力，又可建立与客户的连接互动，激发其兴趣，从而筛选出具备明确使用意愿和付费潜力的线索。

（1）付费渠道。

通过各种关键词和营销内容触达潜在客户，建立企业与客户之间连接的"触点"。这些关键词和营销内容，往往代表着客户的需求和兴趣点，应该被精准无误地在客户获取链路中传递。与此同时，随着市场经济环境与行业竞争格局的变化，付费渠道的成本不断增加，企业需要通过控制投放预算来获得预期数量的线索，并采取不同的投放策略以控制线索质量。

在此过程中，需要建立及时、准确的投放预算管理机制与各渠道下的线索数的监测体系，重点关注各渠道下线索数和投放 ROI。

（2）免费渠道。

客户会主动或被动地进入企业官网、小程序等平台，企业可以借助各类行为数据来理解其兴趣点、需求，进而挖掘出对企业产品、服务感兴趣的潜在客户。在此过程中，即便是暂时无明确需求的潜在客户，也可以通过社群和内容运营的方式将其沉淀至企业私域池，便于后续的触达与培育。

为了更好地监测与优化免费渠道下的获客策略，需要建立完整的客户行为链路分析与监测体系，重点关注各免费入口下的潜在客户数和线索数。

2）线索→商机

线索和商机往往被很多人混淆，这两者有什么区别？

正如上文所提到的，如果潜在客户被识别到有可能存在付费需求时，其就是线索。当该线索经过清洗或流转后，对 SaaS 产品、服务表现出比较明确的兴趣或付费意愿时，线索就被转化为商机。这个清洗的过程，往往会由 SDR 来负责。

对于规模较小的企业，SDR 所对应的职能会直接包含在销售岗位中。对于有一定规模的企业，才考虑单独设置 SDR 这个岗位。用一句话概括 SDR 的职责即"向客户介绍企业产品、服务，并了解客户情况，发现并挖掘其痛点和需求，最终配合销售人员完成签约"。

也许有人会问："这和传统的电销有什么区别吗？"从整个销售流程来看，SDR 能够帮助其更加规范，借助分工将复杂的工作切分，分配给最合适它的人，提高销售效率。同时对于暂时无法转化的线索，也可以由 SDR 进行培育、孵化，进而提高整体线索的利用率。

对于分析从业者而言，需要帮助业务人员建立科学、统一的线索分类/分级标准，同时协助业务负责人监测与评估 SDR 产能、人效，重点关注的是从线索到商机的转化率。

3）商机→付费

将商机最终转化为付费（客户），是客户获取阶段最重要的目标。能否准确识别客户需求并推荐与之对应的产品、服务，这非常考验销售能力。成单过程中不同阶段客户的关注点如图 8-8 所示。在整个成单过程中，从客户视角来看其关注点会经历以下几个阶段。

- **起始**：当下碰到的困难和问题是什么。
- **需求评估**：如何解决自身的需求，需要承担多少费用。
- **方案评估**：对比不同企业的产品、服务，并做出选择。
- **风险评估**：评估付费后的潜在风险，风险越大，则付费周期越长。

在上述过程中，假如销售可以有效捕捉客户所关注的要点，并针对性的予以解决，那么就可以显著缩短商机至付费的时间。

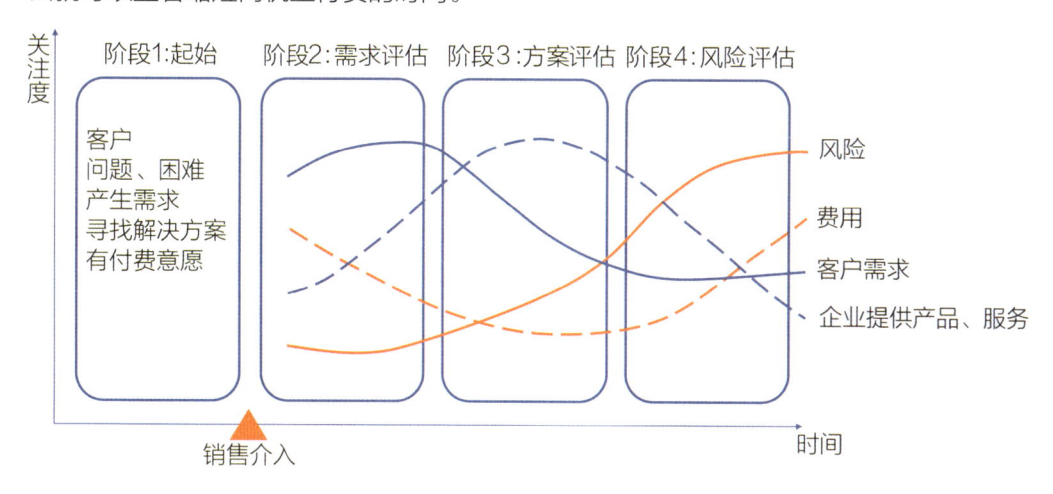

图 8-8　成单过程中不同阶段客户的关注点

除上文所述外，在实际业务中还存在转介绍和自拓的客户获取方式。转介绍依赖于企业产品在客户侧的口碑及传播，而自拓依赖于销售人员对于企业产品、服务价值的理解和对外的价值传递能力。

在客户获取阶段，企业对目标客户的判断和选择，也会整体影响企业的客户获取策略。这其中一个被经常讨论的问题：SaaS 到底应该做大型客户还是做中小型客户？我们分别来看一下。

（1）大型客户。
- **优势**：客单价高、流失率低、整体 LTV 高。
- **劣势**：数量少、成单周期长、难以通过标准产品满足需求。

（2）中小型客户。
- **优势**：市场规模大、成单周期相对短、更易通过标准产品满足需求。
- **劣势**：客单价低、流失率高、整体 LTV 低。

目前，大部分 SaaS 企业的市场策略会偏向于先从中小型客户切入，在获得一定量的客户积累且产品、服务能力成熟后，开始逐渐尝试聚焦和优化自身的客户结构。

如果我们仅从客户结构视角看，相对健康的 SaaS 企业的客户结构应该是如图 8-9(b)所示的橄榄球形，即中型客户占比较大，大型客户与小型客户占比较小。但实际上，大部分 SaaS 企业的客户结构通常是如图 8-9（a）所示的金字塔形。所以，从客户结构合理性和可持续性来看，其实际结构应该从金字塔形转变为橄榄球形。但这只是从客户结构来看的结果，实际企业当前的客户结构是否合理或符合预期，要结合当前企业所处的阶段和 PMF 执行质量来综合评价。

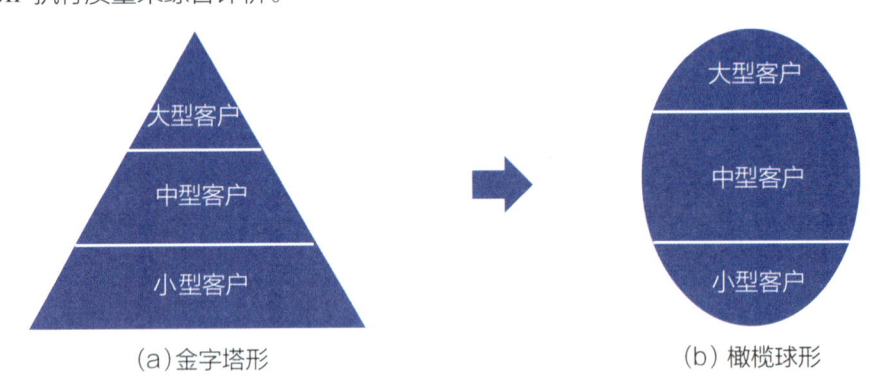

(a) 金字塔形　　(b) 橄榄球形

图 8-9　客户结构优化路径

另外，绝大部分的业务策略和动作都并非是孤立的，它们相互之间有关联。分析从业者需要从一段时间内业务的整体表现来评价，而不是只关注某个节点的表现。例如，在实际业务过程中，SDR 介于市场和销售人员两者之间，如何客观地衡量这三者之间的过程指标和价值产出，是一个需要被持续思考和解决的问题。具体来说，就是在预算有限的情况下，如何更有效率地获取较高质量线索？市场优先考虑线索数量，而 SDR 需要首先保证质量，最终销售人员既需要数量，也需要质量。

站位不同，对于同一个问题的看法与理解也会存在差异，分析从业者需要站在中立、客观的立场将整个业务过程量化出来，促使相关干系人对现状和问题的判断形成共识，进而才能协助业务人员解决问题。

2. 客户活跃

当年 Salesforce 将"客户成功"的概念引入大众视野，并从中受益良多。如今国内的很多 SaaS 企业也开始尝试用客户成功策略驱动业务增长，由此诞生一个岗位：CSM，主要对客户活跃与续费负责。

SaaS 的商业模式决定了收入与客户生命周期长度密切相关，因此在客户留存的基础上，需要尽可能获得更多的产品增购、升级。客户活跃期各阶段如图 8-10 所示，当客户付费后，绝大部分的工作都是围绕如何有效延长客户生命周期展开的，CSM 在这个过程中发挥了至关重要的作用，主要包括两个方面。

- 与客户建立联系、帮助客户正确使用产品，也就是通常所说的新手启动期交付服务。
- 当客户通过新手启动期后，需要周期性关注、拜访，帮助客户解决问题、挖掘潜在需求，收集客户声音、反馈并向后端传递解决。

客户付费 ➡ 客户交付（交付率）➡ 客户使用（活跃率）

图 8-10　客户活跃期各阶段

1）客户交付

将客户生命周期展开看，第一阶段就是客户交付。正如上文所提到的，CSM 在此阶段要做的工作有很多，那么如何客观反馈他们在此阶段所做的努力？或者说如何用指标来量化呈现交付现状？

在企业发展初期，建议使用交付率（周期内完成交付客户数 / 待交付客户数）来衡量。在该阶段，付费客户数量较少、SaaS 产品及解决方案所对应场景也较为简单，无论是指标监测计算还是理解应用，都相对简单。此处有两点需要注意。

- 交付需要时间限制（如付费后 3 个月内），时间长短取决于大部分客户完成新手启动所需时长，可通过专家经验或分析等方式制定并迭代。
- 交付标准设计，简单来说就是如何判断客户是否可以独立使用产品。

随着 SaaS 企业的发展，客户数量会不断增长，由于行业背景、客户规模与结构等条件变化，客户交付也会更加复杂。

- **行业背景**：不同渠道下流入的各式各样的线索被转化成新付费（客户）。
- **客户规模与结构**：SaaS 产品、服务不断迭代，导致新付费客户的规模大小与群体持续发生变化。

黑格尔在《逻辑学》的"存在论"中阐述了质量互变的思想，这个问题本质上是由量变引起质变产生的。也许有人会说："在确保人效达标的前提下，按需增加人数不就可以解决这个问题了？"但是任何时候，资源总是有限的，真正需要思考的是：在资源约束下如何做好客户交付？

当企业发展到该阶段，已经无法用前期粗犷的方式来开展交付工作。对于分析从业者，应该基于资源投入产出模型，在帮助业务负责人客观、全面洞察业务现状的基础上，寻找更经济的达成路径。在此阶段，基于资源有限性和需求差异性的约束，建议对客户进行分类、分层处理，从而为客户提供精细、精准的服务。

- **分类**：只区分不同类型，没有层次/层级的含义，通常可对付费（客户）按照其所处的行业进行分类。
- **分层**：除区分类型外，还包含层次/层级的含义，通常可对付费（客户）按照其为企业所贡献的收入/价值进行分层，也可按照其生意的规模大小进行分层。

分类、分层适用于不同的业务场景，有些时候也会将其组合起来使用。划分结束后，下一步要做的就和之前所做的动作类似：给出完成交付的标准及持续监测交付情况，并不断进行优化。

2）客户使用

客户在付费期的产品使用，最直观的表现就是持续活跃，这是客户真实经营状态的直接反映，企业则需要根据其不同的表现予以不同的策略干预。

- **活跃程度较低**：流失风险较大，需要提前介入去挖掘活跃程度低的原因，进而制定针对性的方案，帮助客户解决问题，让客户活跃起来。
- **活跃程度高**：一方面可以定期回访维系客情，观察是否有增购升级的可能；另一方面可以通过各个渠道了解客户经营过程，进而总结、泛化其经营方法，并将其赋能于其他同类客户。

因为 SaaS 的订阅收费模式，想要保持正向盈利也必须依赖于客户的续费。正如前文所说，SaaS 的本质是服务，服务的本质是续费，但续费是一个非常后置的结果指标，在实际业务中我们期望能够有一个有效且灵敏的过程指标来相对准确地反映续费结果，它就是客户活跃率。

正因为客户在付费期内的活跃如此重要，绝大部分业务策略都需要作用于付费期的客户，因此这是日常工作中关注度非常高的话题。在不同 SaaS 企业，对此所设计的业务流程和职能也各不相同，如何设计业务流程和职能，本质上是在解决有限人力下最优配置的问题。

交付只是客户生命周期内的初始阶段，在交付后至付费到期前，都可以划归为客户活跃期。在客户活跃期，CSM 的常规工作就是关注所负责客户的活跃情况，对活跃指标异常的客户及时介入处理，对失活的客户进行盘活，最终为这批客户在到期前的活跃情况负责。SaaS 企业需要通过两个方面来解决这个问题。

- **建立客户活跃度监测与流失预警机制**：客户活跃度可以按照日/周/月维度去监测关键动作的执行情况，流失预警则可采用决策树等模型来预测，模型的建立可参照第 7 章（7.3.2 节数据挖掘）所提到的方法。
- **客户干预**：当获得所负责客户的活跃情况及流失风险清单后，才能够针对性地展开后续的工作。例如，制定对应的拜访和服务计划，无论是哪种策略，最有效的沟通工具都是客户成功指导手册（也可以称为行业最佳实践），它通过萃取过往优秀客户的经营经验，形成针对不同行业、经营场景的经典案例，这是经营不及预期的客户真正需要的帮助。

3. 客户留存

客户留存将为企业带来更多的经常性收入，这是区别于传统软件商业模式最重要的一点。如果缺乏理想的客户留存水平，那么无论企业在客户获取阶段付出多少努力，都将无法维持有效的增长。"客户留存"蓄水池示意如图 8-11 所示，我们想要在一个水池中注满水，需要尽可能降低出水速度，并在此基础上提高进水速度（进水速度>出水速度）。

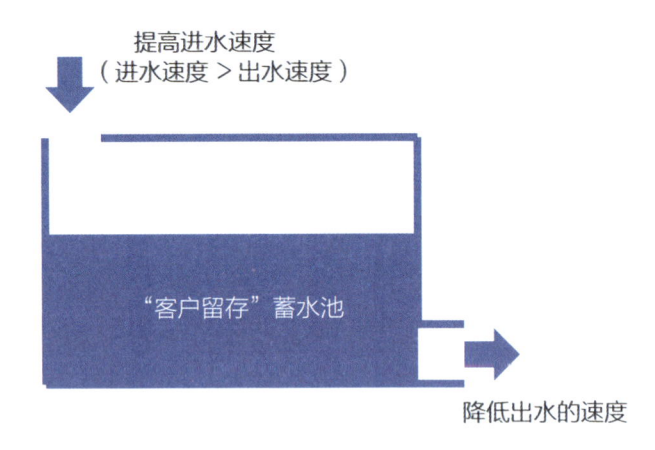

图 8-11 "客户留存"蓄水池示意

坦白说,客户留存是我们想要的结果,但前置的每个环节都与它息息相关。在实际业务中,我们应该帮助业务人员建立客户留存的先行性指标(客户健康度)的跟踪监测、预警,以便当该指标出现异动时,辅助相关业务人员前置性地处理并解决问题,从而降低客户流失风险。

除先行性指标外,客户留存的结果指标指的是什么?通常,在业务视角下主要关注两个指标。

1)客户续签率

客户续签率是从客户数量留存角度来评价的,计算方式为

$$客户续签率 = \frac{当期实际续签客户数量}{当期应续签客户数量}$$

例如,有 10 个客户在本月到期,其中有 6 个客户续签,那么本月客户续签率为 6/10 = 60%。

2)金额续费率

金额续费率是从客户付费、企业收入留存角度来评价的,计算方式为

$$金额续费率 = \frac{应续客户本期累计实付金额}{应续客户上期实付金额}$$

例如,客户 A 先付费 10000 元,使用到期后续费时付了 8000 元,那么金额续费率为 8000/10000 = 80%。

需要特别强调,无论是客户续签率还是金额续费率,在使用的时候都要注意加时间限制。例如,在实际业务中会存在客户提前续签的情况,那么提前续签在绝大部分时候

应归至到期月份下参与指标计算。

在业务决策层面，我们应该将整个客户生命周期内的这些关键指标（客户交付率、客户活跃率、客户健康度、客户续签率、金额续费率）关联起来分析。当针对具体指标异动、问题排查时，则可单看其中一个。

在分析过程中，常用的分析方法有同期群分析，采用这样的分析方法可以尽量避免长周期下，不同时期进场的客户自身质量对过程表现的影响，也可以较为灵敏地反映出业务策略和动作的效果。除此之外，在分析针对客户留存相关问题时，除上文所述的几个核心指标外，还需要尽可能收集各方的信息综合进行分析，例如：

- 如果 SaaS 企业的业务本身就面向一些中小规模的客户，即便是产品与服务提供得再好，由于中小规模的客户本身面临着市场、经济能力等诸多挑战，也会有各种各样的原因导致自身无法继续经营，这些因素也应该在分析中被充分了解并考虑进去。
- 如果客户流失发生在付费初期，那么可能的原因是拓客营销获取的客户与目标客户不匹配、产品能力与服务无法满足客户的需求等；如果是付费后、使用中后期的流失，则可能是操作使用体验不佳、无法获得预期内的使用价值等原因造成的。

所以，从业务视角出发，首先应该明确产品、服务的价值主张，围绕核心价值场景打磨能力，根据市场环境和客户需求的变化不断更迭，并主动寻求客户的反馈。无论如何，客户留存是 SaaS 业务的最终目标，这样 SaaS 企业才能走得更长远，否则客户就会"用脚来投票"。

8.2.2 经营视角

从经营视角切入，能够帮助我们从烦琐的业务细节中挣脱出来，以更直接和纯粹的角度来看。广义角度的经营非常复杂，它包含了筹划、谋划、计划、规划、组织、治理、管理等诸多含义。本节中所提到的经营是一个相对泛化的概念，我们将它来作为分析从业者除常规业务视角外的补充，它同时是我们能够与业务负责人，甚至更高级别的企业管理者进行有效对话的前提和基础。

本节主要以 SaaS 经营视角下核心关注的三个方向（收入、客户留存、获客效率）为主线展开。

- **收入**：最直接的经营结果，反映了企业的产品、服务是否创造了被客户认可的价值。
- **客户留存**：直接反映了 SaaS 业务的健康状况和增长潜力，可以透过 NDR 来观察与评价。
- **获客效率**：反映 SaaS 企业的增长质量，可以透过 LTV/CAC、CAC 回收期来观察。

1. 收入

对于任何一家企业，收入是永恒的话题之一。SaaS 企业除常规订阅收入外，还有各种创新、增值服务所获得的收入。前者为基本盘，是支撑企业估值的核心支点；后者则与不同企业所提供的创新、增值服务的形态相关，以有赞来举例，就包括支付服务、商品采购分销服务、消费者保障服务等。

1）收入概述

广义上的收入是指企业在日常活动中形成、会导致所有者权益增加、与所有者投入资本无关的经济利益的总流入。收入严格意义上需要满足一系列的规则（GAAP），如果简单来理解就是，客户做出了使用产品和付款的承诺（通常已经签订合同），产品或服务已经交付给客户，有充足的理由相信对应金额可以收回（如钱款已经到账）。

客户对于付款的承诺通常情况下是通过签订合同确认的，合同金额指签订合同时客户承诺将要付的金额（有法律约束）。与合同收入相关的指标如下。

- **TCV（Total Contract Value，合同总价值）**：完整的签约合同金额，包括多年合同的全部采购项金额。
- **ACV（Annual Contract Value，年度合同价值）**：单年的签约合同金额，只包括 1 年的采购项金额。

首先，签单本身仅表示与客户达成了合同关系，但客户不一定付款，财务上也不代表收入。其次，如果与客户签约的是多年期合同，那么往往在销售过程中客户会要求一定的折扣，这会对 SaaS 企业自身的品牌、价格体系及政策有一定影响。所以，我们在观察这两个指标时，需要将其结合起来看，关注多年期合同的数量及比例，同时需要关注 TCV 中非经常性收入的构成比例。在 SaaS 行业中，收入一般可以被分为经常性收入和非经常性收入。

- **经常性收入**：指能够持续产生的合同收入，对于 SaaS 来说主要是软件订阅的费用，通常从订阅开始时计入。
- **非经常性收入**：包括不限于一次性收入、没有被合同约束的可变收入等。

SaaS 业务最突出的特点及优势在于其收入的可预测性，它体现在经常性收入上。经常性收入意味着未来持续可获得的收入，SaaS 业务的经常性收入来自客户订阅，它具有稳定、可预测、高度确定的特点。经常性收入在整体收入中的比例越高，说明该 SaaS 企业的收入稳定性越高，可预测性也就越强。需要注意的是，此处仅说明该 SaaS 企业的收入稳定性和可预测性，并不能够代表相应 SaaS 企业的收入质量和发展潜力。

2）经常性收入分析

对于分析从业者，可通过对经常性收入的拆解与分析，帮助业务人员了解具体收入的进出变化，以及造成经常性收入波动的原因，从而助力业务人员快速定位并尝试解决问题。

（1）指标选择。

在观测之前，首先需要根据待分析的场景来选择使用 MRR（Monthly Recurring Revenue，月度经常性收入），还是使用 ARR（Annual Recurring Revenue，年度经常性收入）。

- 对于多数合同按月签订的 SaaS 企业，使用 MRR 来衡量月度订阅收入（少部分非按月签订的合同，可分摊到月来计算 MRR）。
- 对于多数合同按年签订的 SaaS 企业，则使用 ARR 来衡量年度订阅收入（同理，多年的合同可分摊到每年来计算 ARR）。

（2）经常性收入分析（以 MRR 为例）。

在通常情况下，我们会选择使用 MRR 进行分析，将 MRR 按照其来源进行归因、拆分与计算，可按照以下方式展开。

- **新增 MRR**：由新增客户带来的 MRR，通过它可以了解当前获取新客及对应的收入情况，进而可根据该指标来调整获客策略及计划。
- **扩展 MRR**：由存量客户的增购、升级产品或服务所增加的 MRR，通过它可以了解当前付费客户的增购、升级现状，往下拆分则可从这部分收入的增长及构成变化中看到对应的商业化策略是否奏效。
- **重新激活 MRR**：召回流失的老客户所重新获得的 MRR，它反映当前企业对老客户召回的策略和工作是否有效，以及这部分工作直接带来的收入有多少。

- **收缩 MRR**：由存量客户的减购、降级产品或服务所损失的 MRR，通过它能够看清目前客户减购、降级导致的收入上的损失，进而可结合业务继续下钻，然后对其进行改进。
- **流失 MRR**：由客户流失所损失的 MRR，通过它可以直接观察到客户流失导致的收入上的损失。
- **净新增 MRR** = 新增 MRR + 扩展 MRR − 收缩 MRR − 流失 MRR + 重新激活 MRR。

首先我们可以基于上述的归因、拆分与计算，按月绘制出 MRR 增长分析图，如图 8-12 所示。然后通过观察上述各细分指标，结合净新增 MRR、净 MRR 增长率等分析，帮助企业建立并完善以可持续的增长率为目标的驱动机制，同时可以从订阅收入角度实现预算和目标预测，进而为后续 SaaS 业务的增长提供有效的决策依据。

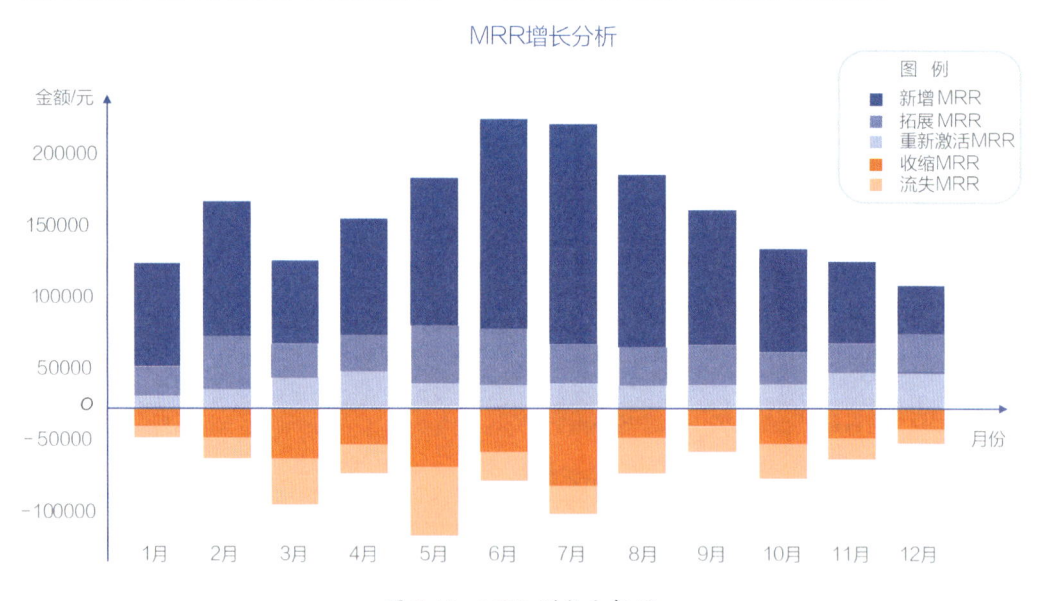

图 8-12　MRR 增长分析图

3）Rule of 40

Rule of 40 衡量了收入增速和利润率的关系。一般而言，SaaS 企业难以同时实现较高的收入增速和较高的利润率。原因在于：其一，高收入增速的背后可能需要高额的销售和市场开支作为支撑，从而拉低利润率；其二，当收入增速放缓时，优秀的 SaaS 企业需要具有较高的利润率和健康的现金流。

Rule of 40 将收入增速和利润率之和大于 40% 的 SaaS 企业衡量为优秀的 SaaS 企业，该指标体现了收入增速和利润率的权衡，综合反映了 SaaS 企业的增长潜力和盈利质量。如果用该指标来衡量，目前国内头部 SaaS 企业相比国外头部 SaaS 企业还有一定的差距。

2. 客户留存

通过 NDR，可以看到在特定时间内可以从现存客户上获得多少收入增长或流失多少收入，这直接体现了业务健康度和增长潜力。

1）如何计算 NDR

在开始讨论如何计算之前，有两点需要首先明确。

- SaaS 业务主要是订阅收费制的，其本质可被分成新客户和老客户生意两个部分，NDR 主要用于衡量后者。
- 充分理解 Cohort 分析，因为在计算 NDR 时一个重要的基本条件是，NDR 描绘的是同一群客户在不同周期内的收入留存表现。

根据 NDR 的定义，可以得出 NDR 的基本计算公式为

$$NDR = \frac{期末MRR}{期初MRR}$$

如果将其展开，可进一步拆解为

$$NDR = \frac{期初MRR + 扩展MRR - 收缩MRR - 流失MRR}{期初MRR}$$

通过具体例子来理解：假设月初 MRR 为 1000 元，月中客户升级导致这部分客户的 MRR 增加 200 元，也有部分客户降级导致这部分客户 MRR 减少 50 元，还有一部分客户当月到期并且不打算继续使用，这部分客户流失导致 MRR 减少 100 元。那么企业当月 NDR 为：NDR = (1000+200−50−100)/ 1000 × 100%=105%。

但在实际业务中，想要把 NDR 计算清楚并非易事。例如，在国内大部分 SaaS 企业是按年度订阅收费的，且不同时间下营销及销售政策各不相同，对应销售人员给到客户的优惠、赠送等情形在计算 NDR 的过程中应该如何处理？客户在计算周期内进行的退款抵扣升级、退款后再订购、订购使用后降级退款等情况应如何处理？这些都是极为复杂的。

想要解决这些问题，我们需要找到分析主线，秉承抓大放小的原则，将这些相关因素和问题点置于业务场景中详细思考，并与业务经营需要达成一致。需要说明的是，计算

NDR 并不是解数学题，更重要的是用 NDR 的思路和理念发现并改善业务实际问题，此时不应过度纠结于标准计算方法是什么。

2）如何应用 NDR

NDR 高于 100%意味着当前企业处于良性发展阶段，即客户能够为企业持续带来更多的收入。从外部市场的公开数据来看，优秀 SaaS 企业的 NDR 在 120%以上，中位数约为 105%。相反，当 SaaS 企业的 NDR 表现不好时，需要进一步拆解来看，到底是哪里出了问题，潜在的原因可能如下。

- 企业自身对于目标客群的不确定性导致。
- 企业所提供的产品与对应市场的契合度不高，还需要持续优化。
- 企业当下在客户留存方面存在某些漏洞和问题。

NDR 的异动并不可怕，但我们应当有足够的敏锐度捕捉到其中的变动，抽丝剥茧地探索和分析，并最终能够为业务，甚至企业决策提供有效的观点支撑。NDR 本质上反映的是解决客户留存问题的两条思路：提高增量客户收入（包含增购、升级）、减少存量客户流失。因此，将 NDR 作为 SaaS 企业核心指标来观测是必要的，它反映了企业客户价值的增减。但在业务执行层面来看，不应该直接使用 NDR 来监测。从过往实践的经验来看，业务执行层面应更多地关注 NDR 下一层的过程指标：客户续签率、金额续费率。

3. 获客效率

正如上文所述，SaaS 业务本质上可被分成新客户生意、老客户生意两个部分，NDR 是衡量老客户生意的关键指标，那么 CAC 回收期就是衡量新客户生意的关键指标。SaaS 业务要想长期持续发展，首先要考虑如何尽快回收获客成本，其次要考量所获得客户的质量。在企业活下去的前提下，只有签约正确的客户，才可能产生更高的 LTV，获客才更有实际意义。

CAC 回收期是指收回投资于获取客户的资金所需的月数。毕竟，只有在回收了 CAC 之后的收入才有可能是利润。为了计算和理解 CAC 回收期，我们需要先了解其相关联的几个指标：LTV、CAC、ARPA（Average Revenue Per Account，每账号平均收入）和毛利率。

1）LTV

LTV 是指客户在 SaaS 企业的整个服务期内所产生的总价值。LTV 可以帮助企业在市场、营销、销售、服务和产品研发等多个方面做出更整体视角的业务判断。LTV 研究是一个非常复杂的课题，在本文中不详细展开，我们尽量将其简化，使其更容易被理解。

需要注意的是，LTV 在定义和概念上是清晰的，但在实际业务中我们只能通过各种方式来对其进行测算。假设企业客户的 ARPA 没有特别显著差异，且不考虑客户在生命周期内的增购升级，那么就可以这样计算：

$$LTV = ARPA \times 客户生命周期$$

客户生命周期可以使用"1/客户流失率"来大致估算，最终计算 LTV 的逻辑就被变换成：

$$LTV = \frac{ARPA}{客户流失率}$$

在进行上述计算时，分子、分母需要保持单位一致，如果 ARPA 是按月计算的，那客户流失率需要保持一致。实际在计算时，根据企业的业务模式，结合与已流失客户合作年限，综合对客户生命周期进行计算和预测，进而计算 LTV。根据过往的测算经验，不同规模的客户，LTV 有着非常显著的差异，在测算过程中需要考虑到这一层因素。

关于如何测算 LTV，上文只提到了一种最简单的方法，网上公开的测算方案有很多，不同的方案间优劣不同，在文中不予以赘述。LTV 的测算和监测是一个长期工程，建议企业尽早关注并展开相应的研究与实践。

2）CAC

CAC 是指单个客户的获取成本，通过持续监测 CAC 可以帮助企业清晰地了解当前在获客侧的投入是否符合预期。在某个统计周期内，CAC 的计算逻辑为

$$CAC = \frac{总获客成本}{获得的客户数}$$

其中，总获客成本是指销售成本与营销成本，但在计算时仍然有以下几点需要考虑清楚。

- 销售过程中的打折和返点。
- 为签约而前置花费的客户成功等资源成本。
- 其他可归因的间接成本。

上述提到的问题，并没有严格的标准答案，如何考虑取决于我们想要解决什么场景

下的哪些具体问题。我们在计算经营类指标时，需要以最终想解决的问题为导向，避免局限于指标的定义与数据。对 SaaS 企业而言，随着企业的产品逐渐迈向成熟、品牌力彰显、市场获客效率的优化，CAC 往往都会逐步降低。

在明确 LTV 与 CAC 的计算、影响因素之后，可以将二者结合来观测，即 LTV/CAC。它可以在一定程度上反映 SaaS 企业的获客效率。市场普遍会认为相对理想的 LTV/CAC 应为 3.0~4.0，偏低则说明企业获客成本过高，销售效率较低；偏高则说明企业在销售端具备加大投入的条件，以获取更高的客户规模。

3）CAC 回收期

CAC 回收期是指收回投资于获取客户的资金所需的月数，它在一定程度上代表着 SaaS 企业的盈亏平衡点，决定了企业需要多少现金才能正向持续增长。CAC 回收期的计算逻辑为

$$CAC回收期 = \frac{CAC}{ARPA \times 毛利率}$$

例如，客户获取成本为 1 000 元，每个客户平均每个月贡献收入 100 元，企业整体毛利率为 60%，那么 CAC 回收期为：1000 /（100 × 60%）≈ 16.7 个月。CAC 回收期≤12 个月如图 8-13 所示。一般 CAC 回收期≤12 个月被认为是一个不错的指标，CAC 回收期越短，企业现金流状态就越好。

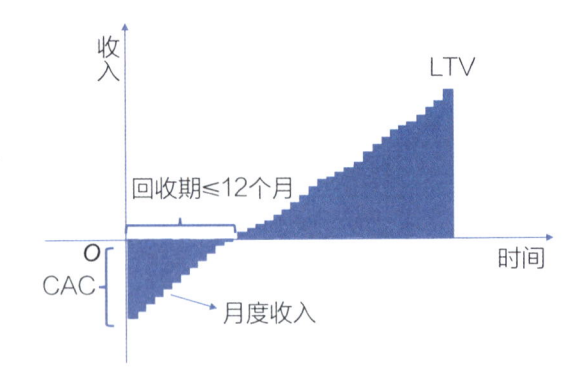

图 8-13　CAC 回收期≤12 个月

从纯数学的角度，如果想缩短 CAC 回收期，可以通过减小分子或扩大分母来进行。如果再结合业务过程来看，可以采用的策略如下。

- **减小分子**：降低 CAC 示意如图 8-14 所示，通过优化市场营销的投放 ROI、探索

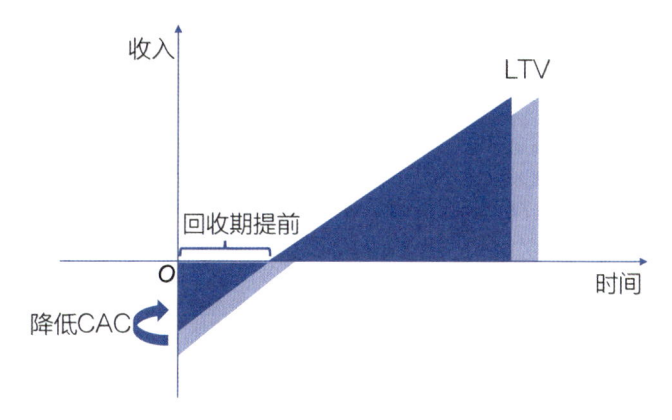

更多的免费拓客渠道等方式来降低 CAC。

图 8-14　降低 CAC 示意

- **扩大分母**：增加收入、提升毛利示意如图 8-15 所示，通过商业化策略调整定价，在充分了解客户需求的前提下提升客单价、服务好老客户，使其产生更多的增购与升级，在企业经营上控制成本提升毛利。

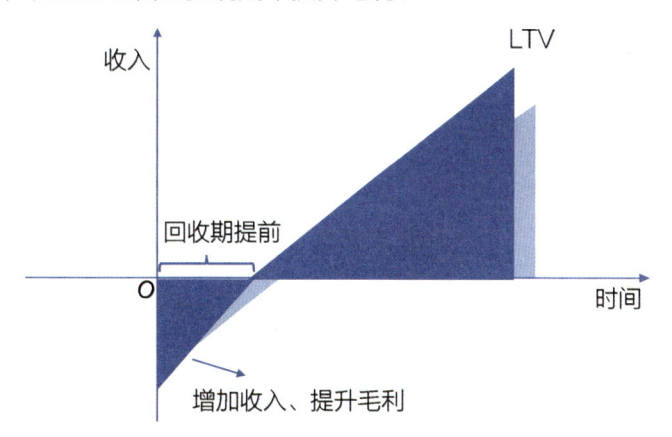

图 8-15　增加收入、提升毛利示意

SaaS 生意本质上是一场效率游戏，在市场营销端做好预算管理和使用、在销售端做好过程和人效管理、在客户成功端服务好客户，都有助于企业最终的经营效率提升。

8.3　客户新签

SaaS 企业在销售阶段要做的事情是，围绕 PMF 获取更多有效的线索并将之进行付费转化。本节主要围绕这个话题，分别从线索获取、销售转化两个方面展开。

8.3.1 线索获取

战略目标是以使命与愿景为主线的阶段性目标选择，即企业最大的几个命题"企业的客户是谁？""解决客户什么问题？""如何解决？"。将上述命题经过企业战略解码后输出成相对具象的目标客群及对应的画像，以确保对应负责线索获取的业务单元能够执行。例如，有赞的目标客户是分销、社群、会员、直播四个核心场景的电商类型的客户，以及线上线下一体化场景的门店类型的客户。基于客户的通盘业务规划和分阶段业务挑战，帮助客户梳理私域分布和策略重点，并提供适配的产品和服务组合，助力重视私域的客户创造增量价值并实现数字化升级。

明确上述内容后，在线索获取阶段还应该围绕 PMF 持续提炼客户画像和产品卖点，针对性地传递给相应目标客户，探索尝试新渠道，进而实现规模化的线索触达，最终形成完整可持续的线索获取方法。企业获取线索的渠道有很多，需要基于自身客户及产品的准确定位，选择、组合最适合的获取渠道。线索获取渠道如图 8-16 所示，在第 8 章（8.2.1 节业务视角）中的客户获取部分，我们简要地提到了多种免费或付费的线索获取渠道，接下来我们分别展开来看。

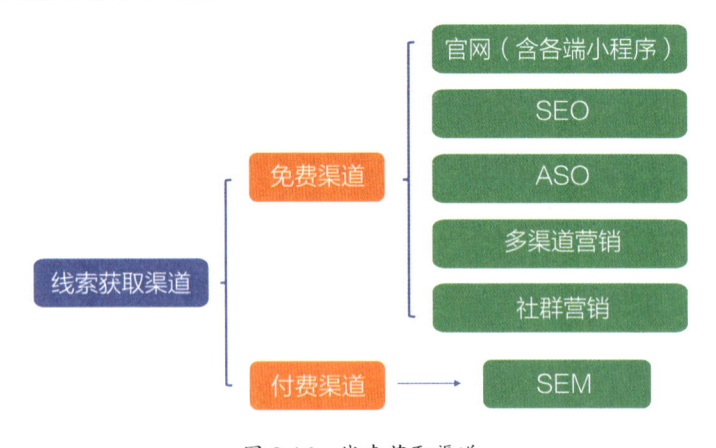

图 8-16　线索获取渠道

1. 官网（含各端小程序）

企业官网的建设，可用于企业信息发布、产品及服务展示，还提供了注册及试用入口、线上订购的通道，有效地帮助企业建立与客户之间的连接，同时树立企业品牌形象。可将官方作为品牌推广的渠道，合理地进行 SEO 优化推广，也可以进行竞价投放，增加搜索引擎中企业官网的曝光。图 8-17 所示为有赞官网。

图 8-17　有赞官网[①]

对于分析从业者而言，基础是建立完善的埋点体系，以便于清晰、准确获取潜在客户的行为数据，进而根据浏览、点击、停留、跳出等行为进行针对性的分析。官网的优化除可以提升客户体验外，还可以较为精准地评估潜在客户与网站交互背后的原因，补充完善潜在客户更多偏好及信息，为更精准的线索筛选提供有效的数据依据。

企业官网在大多数情况下更像一个载体，一方面，企业的营销战略中有对应的"官网定位"，即官网需要有什么功能/能力；另一方面，更多的线索获取渠道（如 SEO、投放）等，都需要企业官网来与之配合，所以企业官网的持续建设是线索获取的核心基础。

2. SEO

SEO 是一种利用搜索引擎的规则来提升企业网站在搜索引擎内自然排名的技术。目前文字搜索行为仍是互联网用户获取信息的首要入口，SEO 的目的是在不影响互联网用户体验的前提下，使企业网站在搜索引擎上的排名和收录数量得以提升，进而提升企业网站的访问量，最终实现网站的商业目的。

SEO 是获取线索的渠道之一，先通过 SEO 获取潜在客户和对应的搜索行为信息，再通过站内链路形成从潜在客户到线索的转化。相较于付费投放，SEO 的获客成本更低，获取的客户也更为精准。但想要做好 SEO 并非易事，除要设计优化好网站结构外，还要对网站页面、内容、外链进行调整优化，同时需要研究对应搜索引擎的排名算法，挖掘寻找合适的关键词。

3. SEM

SEM 是一种利用搜索引擎来进行网络营销和推广的方式。从严格定义的角度来看，

---

① 关于此图涉及的更多内容，请访问有赞官网查询、浏览。

SEM 和 SEO 是包含关系；但在通常情况下，一般当我们提到 SEM 时，特指搜索引擎中的点击付费广告，俗称"竞价排名"。再具体一点，国内主流的搜索引擎是百度，所以在国内提到 SEM，非严格意义上是指"SEM = 百度竞价排名 = 百度竞价广告 + 百度信息流广告 + 百度品牌专区"，下文所述的 SEM 均为此意。

SEO 和 SEM 各有优劣，在实践过程中通常会将两者结合起来，我们可以简要看一下这两者各自的特点。

- **SEO**：基于业务不断挖掘、寻找优化关键词，但是热门关键词需要网站有权重基础，所以 SEO 是个长期工程；SEO 的见效时间相对长，但其效果具有很长的持续性，SEO 做得好，付费成本 CPC 会降低。
- **SEM**：挑选关键词进行付费投放，理论上可任意挑选关键词，效果立竿见影；一旦停止投放，则立刻失效，且市场行业竞价越来越激烈，导致付费成本 CPC 上升。

企业可根据业务发展阶段和实际可投入的推广预算综合来进行选择，SEO 和 SEM 各有利弊，通常情况下，将这两者结合起来能够获得更好的推广效果。

4. ASO

ASO（App Store Optimization，应用商店优化）是一种提升 App 在各类应用商店、市场排行榜和搜索结果排名的技术。ASO 通过对应用名称、应用所对应的标签或搜索关键词、应用描述、应用 Icons、应用的用户评价、应用安装量等各种 App 细节的优化，使得 App 更容易被搜索到，从而增加 App 的下载量。当 App 被下载完成并打开后，通过简单地注册登录，企业就可以建立与这些客户的连接。

5. 多渠道营销

除常规的投放渠道外，企业还应当结合自身目标客户画像建立多渠道营销体系，同时对市场上新出现的渠道保持密切关注，并留一小部分预算来进行尝试。积极地进行多渠道营销尝试，有利于利用企业的品牌优势抢占渠道位置，进而能够有效地提高营销效率，扩大客户覆盖面，降低营销成本。

6. 社群营销

通过上述各渠道获得客户线索后，通过自动化营销链路的处理、沉淀，进而将之进行分层和定向识别，将近期有意向的客户线索流转至营销体系内来进行跟进转化，剩下的客户线索则流转至社群营销的体系中。

社群是建立在互联网基础上的一种全新的人际关系，是依赖于彼此的兴趣、爱好、身份、职业、审美观和价值观而建立的圈子。社群营销则是建立在社群里的一种营销方式，体现了社群的商业价值。社群营销相较于传统营销方式成本更低，并增加了企业与客户之间的互动性。在社群营销体系中，通过社群内容的创新，结合客户的需求痛点来推出案例玩法，持续触达客户、激发客户兴趣、将其转化成有效的线索，同时利用社交渠道的特点，连接客户并不断进行传播裂变。

整体来说，业务需要围绕企业战略和预算来制定详细的线索获取策略，在流量成本变高的今天，不仅要追求单个渠道下的 ROI，更要站在企业宏观的视角，围绕 PMF 和企业目标客户的认知迭代，高效、精准的进行线索获取。

8.3.2 销售转化

大部分线索最终的付费转化依赖于销售人员，因此企业要基于自身增长的战略需要，建立适合自己的销售体系。例如，有赞在电销、直销、渠道、大客等方向均有明确的体系化建设，以匹配企业整体的经营规划。

1. 销售体系概览

销售体系的建立是一个复杂的过程，它并不是一蹴而就、一成不变的。它和企业对目标客户认知的迭代、预算及销售成本对应策略的变化、销售力建设等诸多因素相关。不同销售渠道特征对比如表 8-2 所示。

表 8-2　不同销售渠道特征对比

销售类型	销售成本	匹配客单价	成单周期	覆盖地域	销售难度	规模化扩张速度
电销	☆☆	☆☆	☆☆	全国	☆☆	☆☆☆☆☆
渠道	☆☆☆	☆☆☆	☆☆☆	非直销城市	☆☆☆	☆☆☆
直销	☆☆☆☆	☆☆☆☆	☆☆☆	一线、二线城市	☆☆☆	☆☆☆
大客	☆☆☆☆☆	☆☆☆☆☆	☆☆☆☆☆	一线城市	☆☆☆	☆☆

销售体系如何建设？首先要分析企业整体的战略和目标，其次要考虑对应目标市场的现状，并结合企业对市场占有率的预期，综合这些考量之后才可以确定销售体系搭建

的目标与节奏。销售体系的主要内容如下。

1）电销

电销即电话销售，是指以电话为主要沟通渠道进行主动销售的模式。电销体系通常会被作为企业搭建销售体系的先行军，但随着企业获客成本不断升高、不同企业间销售电话频繁触达，客户对销售电话存在抵触情绪，导致大部分企业的电话接通率处于较低水平。部分电销人员自身能力相对较弱，执行统一的销售话术而缺乏对客户需求的挖掘与洞察，无法高效准确地命中客户需求和痛点，也是导致电销转化率低的原因。

虽然电销体系存在上述问题，但因其具备可在短期内进行销售团队规模化扩张的特点，所以目前仍然是企业不可或缺的销售渠道。

策略选择：电销更侧重于做精准营销，同时售卖产品需要相对简单，以便于电销人员在和客户沟通时能用语言阐述清楚，另外可借助科技手段（如 AI 外呼）来提升电销的效率。

2）直销

直销即直接销售，是指企业销售人员当面直接向客户进行主动销售的模式。直销因为需要直接外出当面拜访客户，所以对其销售技巧、自身产品熟悉程度、业务理解能力有着更高的要求。与电销相比，直销的成本显然更高，同时管理复杂度更高，这就意味着直销团队需要签更高客单价的单子才能够打平销售成本。

当然，直销体系也有着自身不可替代的优势。首先，因为直销人员需要面见客户，所以客户的体验感会很好；其次，直销人员能够与客户在当面沟通交流时产生更多的互动与联系，这在签单上有着一定的优势。相较于电销人员，直销人员还可以进行客户自拓，一定程度上也可以进行规模化扩张。

策略选择：一般企业会选择在一线、二线城市通过直销体系覆盖来确保对市场的渗透深度。

3）大客

大客指的是企业为开发或维护自身大客户而特别提供销售服务的模式，也称 KA（Key Account，重要客户）。大客户对企业来说是重要的客户资产，它除为企业贡献直接收入外，还会在对应行业内产生较大的行业影响力，无形中提升了企业的品牌口碑。能够开发并维护大客户的销售人员，其能力模型与一般销售人员相差较大。大客户销售人员对于个人能力、产品使用能力、解决方案能力、理解客户业务的能力等多个方面有着更高的要求。

4）渠道

渠道是指企业通过代理商将产品、服务卖给不同区域客户的销售模式。企业通过建立渠道体系，可以通过代理商快速低成本（相较于直销）地去覆盖更多的区域与市场，不同的代理商都有不同的资源和销售策略，因此渠道销售的灵活性更强。渠道销售体系规模化扩张，虽不及电销体系那么快速，但在企业业务快速扩张阶段，也是可以通过快速招募和发展代理商的方式，实现渠道体系的快速扩张的。

在渠道体系中，企业政策的执行、标准化过程管理、忠诚度和管理难度上均存在较大的挑战。但企业和代理商之间要有双赢思维，企业希望代理商能够持续地帮助拓展市场、售卖产品，代理商希望能够持续稳定地赚钱。

策略选择：做好代理商的"选、用、育、留"，同时提供配套的渠道赋能、培训与激励，使之能够正向循环。

2. 销售漏斗分析

无论在哪种销售体系，将潜在客户转化成付费客户，逻辑上都是分步逐渐推动的。在第 6 章（6.2.2 节定量分析）中我们提到的销售漏斗分析，就是在销售过程分析中最常用的一种方法。

1）销售漏斗

销售漏斗分析如图 8-18 所示，销售漏斗是科学地反映机会状态及销售效率的销售管理模型，它可以帮助企业量化销售过程，通过相对标准的作业流程推动客户做转化，通过改善销售过程中的若干个环节最终提升销售的转化率。

角色	客户阶段			
	潜在客户	线索	商机	付费
市场投放	潜在客户数	线索量、投放ROI	/	线索-付费转化率
销售	/	线索量	商机数	业绩
销售 TL	/	线索量、有效线索数	商机数、有效商机数	付费单数、业绩
分析	潜在客户数	线索量、投放ROI	产能、人效、线索-商机转化率	业绩、收入、人效、转化率

图 8-18　销售漏斗分析

在建立销售漏斗前，我们需要先梳理、确认完整的销售流程。真实的销售过程没有想象中那样标准，但我们需要根据销售阶段和顺序进行抽象并固化，然后建立销售漏斗进行管理及分析。销售漏斗的每个环节均有规定的销售动作和明确的销售结果要求。

2）销售漏斗应用

销售漏斗是销售过程管理的重要框架，无论是团队还是个人，都可以使用销售漏斗来对业务过程进行分析。

- **纵向对比**：可以展示纵向各个阶段的流失情况及阶段间的转化率，以及观察不同阶段的推进速度和节奏是否符合预期。
- **横向对比**：可以通过历史数据对比变化发现其中是否存在异常点，以确保当前阶段的转化处于健康水平。
- **分组对比**：可以看到不同分组下的销售漏斗是否存在异常。
- **预测分析**：通过对历史销售漏斗数据的观察和分析来预测未来销售漏斗数据的走势情况。

所以，当我们准备针对某个销售单元或销售链路展开分析时，首先要想清楚，分析目的和待解决问题是什么？接下来我们从不同的几个视角分别展开思考。

（1）业务负责人。

业务负责人更倾向于关注销售漏斗是否有效驱动了业务往既定的轨道和方向上发展，这是更本质的问题。例如，从观测的角度来考虑，虽然我们期望完整、清晰、有逻辑地来呈现销售漏斗以衡量、提升销售转化率，但因为客户的实际转化路径是错综复杂的，这两者之间存在矛盾但又不得不接受并理解它。哪怕说这个问题最终无法得到完美的解决，但仍然需要 Push 业务和一线执行的人员努力以这样的方式和思路开展工作。

（2）销售管理者。

从销售管理者的角度，更多时候关注的是目标达成层面或明显的业务异常问题。例如，通常会关注的是当前整体的销售进展和进度不达预期到底是哪些环节出了问题，与历史或其他渠道对比差在哪里，应该如何解决。

（3）销售人员。

销售人员从自身的角度，更多时候关注的是执行层面的问题。例如，在阶段 A 到阶段 B 之间的转化周期与预期不符，发生问题的原因是什么，应该如何解决这个问题。

3. 获取正确的客户

从企业经营的视角来看销售过程，除关注业绩与收入、销售效率等常规内容外，还需要持续 Push 销售相关决策人员思考：如何获取正确的客户？这个问题看起来很简单，但要在真实的业务场景中回答它并非易事。

1）客户留存视角

参照第 8 章（8.2.2 节经营视角）中提到的，NDR 为 SaaS 的客户留存的核心指标。所以，从 NDR 的视角出发来回答上述问题，就会变成"什么样的客户 NDR 能大于 100%？""这些 NDR 大于 100% 的客户是怎么签约的？"

分析从业者可以尝试从历史数据中处理并圈选出这部分 NDR 大于 100% 的客户，以及尽可能还原相关的客观事实部分的数据。但想要回答上述问题，除仔细观察、分析客观事实部分的数据外，还需要对这部分客户展开深入的走访调研，同时结合业务一线（销售、产品、服务等）多个视角下的输入，来综合给到最终的观点输出。

2）投入产出视角

具体从 LTV/CAC 这个投入产出的视角切入来思考。

LTV/CAC 可以很好地反映企业在新客户获取方面的营销效率，同时直观地展示出一个新客户的长期价值贡献和获取成本的比例。从这个视角出发来回答上述问题，则会变成"什么样的客户 LTV/CAC 会高？""LTV/CAC 高的客户是怎么签约的？"

LTV/CAC 的视角本质上就是 ROI 的视角，以更细颗粒度拆分，可被拆成"签约首年即可打平获客成本""签约首年打不平但是未来能打平获客成本""签一单亏一单，始终无法打平获客成本"等角度来进行分析，并最终尝试回答"如何签正确的客户？"这个问题。

8.4 客户留存

SaaS 业务之所以能够被看好，主要是因为其订阅收费的模式，这种模式被普遍认为是一种收入高、增速快、现金流充裕的商业模式。留住现有客户是产生经常性收入最为有效的方法，并且这决定了 SaaS 业务能否在市场上获得长期的成功。客户留存率如果持续低迷，那么 SaaS 商业模式就会被挑战，当前国内单纯 SaaS 产品的毛利率整体较低，如果客户只支付订阅年费，甚至是亏损的，更何况还要面对较为严峻的客户流失问题。

客户续费并非关注续费率是多少，它是非常复杂的一个命题，以至于很难有任何一个部门单独对其负责。影响 SaaS 客户留存的因素如图 8-19 所示，我们列举了一些可能的影响因素帮助大家来理解。

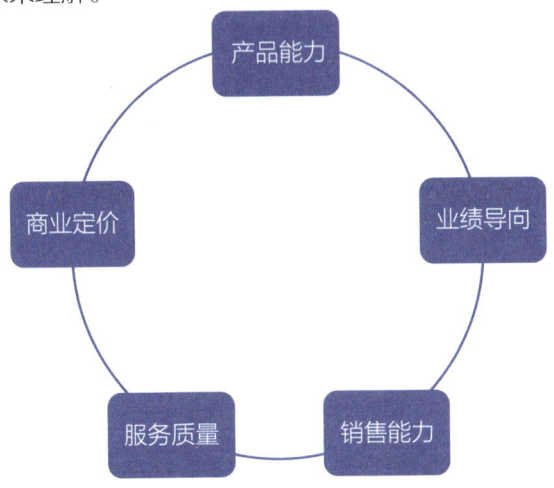

图 8-19　影响 SaaS 客户留存的因素

1. 产品能力

客户在不同场景、不同成长阶段的需求差异是很大的，而 SaaS 企业更倾向于使用标准产品来满足广泛的客户需求。面对不成熟的市场阶段，SaaS 企业无法通过自身的技术能力来覆盖每位客户的需求，客户很容易因某些功能不具备而流失，转向竞品。

这个时候需要根据 PMF 做出取舍，真正服务好目标客群才可以持续成长。

2. 业绩导向

在正常情况下，销售团队的目标是业绩，这可以快速帮助企业扩大市场份额。但相较于业绩增长来说，更重要的是沿着 PMF 路线找到可以长期共同成长的客户。在现实场景下，企业可能会因为业绩目标与压力而降低对 PMF 的预期和坚持。在生存和长期发展之间，首先要保证企业能够存活，但我们又必须清晰地意识到，长期如此是不可行的。

3. 销售能力

在过往分析过程中，会发现部分客户处于付费期但是活跃度低，甚至不活跃，这里面除客户自身的原因外，还有一部分是因为客户买错了（如过度承诺、解决方案与承诺不匹配）。

- **过度承诺**：在销售过程中，出于对业绩的追求，给到客户一些无法实现或满足的承诺。
- **解决方案不匹配**：客户本来需求的是 A，但销售卖给客户的是 B；因为业绩压力或其他原因，为了快速促成成交，能签就签，本来可以卖 2 万元，实际却只卖了 1 万元，且客户还太不满意。

低质量的销售过程产生了低匹配度的客户，那么低留存就是大概率要发生的事情。

4. 服务质量

在客户付费后就进入漫长的服务期，在这个过程中可能会存在服务流程复杂、服务断档、服务专业水平低、频次低等问题，这些都是造成客户体验差、弃用的可能原因。从 SaaS 企业角度来看，出于对自身收入和毛利的预期，可能会采用规模化服务的方式来降低服务成本，但随之而来的是服务过程不能让客户满意，服务质量无法得到保障等问题。

5. 商业定价

在某种程度上，这是一个矛盾的问题：企业希望追求更高的收入和利润，而客户希望得到更具性价比的产品、服务。这个时候商业化包装与定价策略就很关键。SaaS 企业除软件订阅收入外，还需要依靠增购、升级和创新、增值收入来拉升客户 ARPA，但这同时增加了企业的经营成本。面对大量中小型 SaaS 企业、头部互联网企业一起参与的 SaaS 行业的竞争，做好商业定价就成为一个影响留存的重要因素。

如果将上述五个因素归纳、总结，则可抽象为 SaaS 客户留存的三个挑战。

- 企业所提供的产品、服务不符合 PMF，没有卖对客户。
- 由于企业所提供的产品、服务的复杂程度和上手难度，客户在尝试后弃用。
- 企业提供的产品、服务不能够满足客户需求，不能够为客户提供所对应的价值。

本节主要围绕如何应对这三个挑战展开，在实际业务过程中我们不难发现，当客户流失的时候再去挽留已经为时过晚，所以客户留存的相关工作需要被更前置地开展起来。

除此之外，在客户留存这个大课题下，分析从业者需要协同业务人员一起来建立一套完善的客户流失预警机制。通过客户流失预警机制，可以帮助企业提前发现客户流失风险，测定客户流失的风险程度，在客户还未流失前提前介入干预，进而有效地降低流失风险，最终确保客户的留存。

8.4.1 PMF

客户留存的关键是企业所提供的产品、服务能够满足客户需求，这就要求企业的产品首先要达到 PMF，同时能够提供更好的使用和服务体验，最终能够长期为客户贡献价值。所以，PMF 是提升客户留存率的前期策略。

1. 市场需求分析

发现市场需求和清晰定义客户问题是开展 SaaS 业务最重要的两件事情。恰到好处的市场分析可以帮助企业找到清晰的市场需求和产品定位，进而制定相应的发展策略。在进行市场需求分析时，通常会从市场背景、市场规模、市场细分三个角度来展开分析。

1）市场背景

分析市场背景，主要是为了了解当前市场环境和行业政策现状，为企业决策提供更丰富、准确的信息。参照第 6 章（6.2.1 节行业分析）所提到的，常用的分析方法有"PEST 分析"和波特"五力分析"，在实践中，通常将二者结合进行分析。

2）市场规模

此处的市场规模主要是指目标行业或目标产品的整体市场规模。因为想要完全统计市场数据几乎不可能，所以一般我们采用推理的方式进行市场规模的估算。市场规模估算的思路如图 8-20 所示，做市场规模估算的本质，是将一个你不知道的数有逻辑地拆成几个你知道或容易推测的数。一般有两个思考的角度：Top-down（自上而下）和 Bottom-up（自下而上）。前者从行业切入，依次切分拆解至该行业下的某个细分领域或企业；后者则从一个具体的企业开始，寻找并研究与之相似的企业，并逐层向上，最终通过对该行业内大部分企业的研究来判断这个行业。

图 8-20 市场规模估算的思路

（1）Top-down：以规模为基础的估算。

从 Top-down 视角出发的市场规模估算，会更偏向于宏观、整体的考量。例如，如果目标市场份额相对稳定或市场份额的变动易知，那么我们可以在确认目标市场后，从目标市场更大一级的市场向下拆解、测算，最终推算到目标市场规模。也可以通过与目标市场发展高度相关的宏观数据来进行估算（宏观数据一般相对比较容易获取，如人口数据、宏观经济数据、各类市场指数等），但估算时需要特别注意这两者之间的相关性。

采用 Top-down 方法进行市场规模估算，估算速度会相对较快，但与之对应的估算精度会相对较低。

（2）Bottom-up：以客户为基础的估算。

从 Bottom-up 视角出发的市场规模估算，需要先了解并考虑到该市场下的细分领域。例如，可以通过将目标市场下所有细分领域加总后推算的方式，测得目标市场规模。这样的估算方式，适用于市场下细分领域可被穷举、各细分领域下的数据能够被准确获得的情况。也可以通过对目标市场的理解，采用"目标客户数 × 渗透率 × 目标消费单价"的估算逻辑进行估算。

采用 Bottom-up 方法进行市场规模估算，估算的结果会更加准确，当然估算的过程会相对复杂一些。

需要注意的是，在日常业务过程中，对市场规模的估算通常会交替使用多种方法，常见的则是将 Top-down 和 Bottom-up 两种方法结合，相互检验估算的结果。这样既可以使估算精度更高，又可以使分析从业者积累不同视角下更多的信息。这些信息能够帮助分析从业者初步了解该市场当下的发展态势、行业细分领域。需要再次强调的是，市场规模估算是基于事实的推测，所以不可能完全准确。我们在估算的过程中需要不断思考的是，怎么做才可以确保最终得出来的结论相对客观准确。

3）市场细分

在进行市场细分的分析时，最常用的分析方法是 STP 分析，STP 分析的具体内容可参看第 6 章（6.2.1 节行业分析）部分。市场细分分析是为了帮助企业寻找到合适的机会，所以在最终选择目标市场之前，企业需要对各个细分市场进行详尽的分析，通过市场潜力、销售潜力、销售预测和利润预测等多个角度来仔细评估，最后结合切入时机、企业的战略选择、资源、竞争力等多个角度进行决策选择。

2. PMF 阶段的原则

当企业有一个产品的想法时，在完成 MVP（Minimum Viable Product，最简化可实行产品）版本之后，接下来的一个阶段就是进行产品的市场验证，来确认产品开发的假想是否成立。大多数产品死于这个阶段，如果不进行 PMF 阶段直接推广，则很容易造成大量资源浪费，找不到真正需要解决的问题。只有验证了企业的产品是可以满足市场需求的，并且这个市场空间有足够大的时候，才可以去进行规模化增长。

PMF 应该是一个长期、持续的过程，想要保证产品在市场中持续的竞争力，在每一次产品迭代之后，都应经历 PMF 阶段，企业需要基于市场不断地去调整产品，不断地 PMF。这是一个不断验证、思考、调整、再尝试的过程。那么，在 PMF 阶段企业应该思考如下问题。

- 企业是否清晰准确地了解我们的目标客户？
- 在 MVP 版本中给客户带去的价值客户是否真的需要？客户是否还有未被满足的需求？
- 企业的产品是否真正找到它的市场？市场是什么样的？
- 企业的产品是否有客户愿意付费？

1) PMF 客户的质量比数量更重要

在选择 PMF 客户的时候，一定要使其满足目标客户的画像，不要为了满足实验数量的指标而去选择与目标客户画像不相符的客户。如果只注重客户的数量而忽视质量，由于每个客户的实际需求是不一致的，那么会导致企业 PMF 阶段得到的反馈"鱼龙混杂"、难以区分，而且非目标客户的需求反馈可能会带来误导。

2) 不要过早地结束 PMF 阶段

如果企业决定在没有证明 PMF 之前开始业务扩张，则会存在巨大的风险，想象的市场可能不存在，也有可能市场支持不了企业的生意。如果没有完整完成验证 PMF 阶段，过早地进行大规模市场销售，来卖一个市场不需要的产品，那么当业务增长发生问题的时候，很难知道是因为产品没有市场，还是因为销售策略不正确。

3) PMF 阶段的口碑最重要

PMF 阶段是一个验证产品市场匹配度的阶段，可通过客户口碑来判断是否匹配。客户口碑可以通过 NPS 调研来量化评价。另外，PMF 阶段是一个完成"零启动"的过程，如果面向的客户场景是集中式或熟人关系链类型的，那么 PMF 阶段的口碑可以通过客户的裂变持续带来新的客户。

4）PMF 阶段先做重，再做轻

在 PMF 阶段，总的原则是先做重，再做轻。即使本身的商业模式是很轻的产品模式，也不要前期期望产品解决所有问题，可以将销售、运营、服务都做得重一点，和客户保持密切且高频深入的沟通接触，将收集到的合适需求抽象标准化之后，慢慢在产品上来实现，从而在后期通过产品将销售及运营的动作变得更轻。

3. PMF 先行性指标

所谓 PMF，即在一个良好的市场中，能够有一种满足市场需求的产品。这句话的描述中有很多主观的描述，如"良好""满足"，如何衡量 PMF 呢？NDR 是其中一个相对合适的答案。客户对 SaaS 企业产生的增购、升级、续费等行为的背后，是客户对 SaaS 企业所提供的产品和服务最真实的反馈，也就是产品匹配了市场需求。

但 NDR 是一个非常滞后的指标，根据观测，该指标往往会滞后几个季度，甚至一年的时间。但 SaaS 企业的迭代速度很快，尤其是处于发展前中期的企业，要在困难条件下求发展，无法通过如此长的时间来等待 NDR 的监测及反馈后，再来优化或调整企业的策略。所以，在实际业务过程中，我们需要采用先行性指标来监测，在复盘总结时再通过观察实际的 NDR 来交叉验证先行性指标，最终帮助企业做出合理的决策。

PMF 的先行性指标框架如图 8-21 所示，根据国内外 SaaS 企业的研究，目前并没有相对统一的先行性指标，大部分企业会根据自身实际业务模式和产品，来使用如下方式定义先行性指标。

1）$P\%$：达到先行性指标的客户比例

P 值的设定并不是一成不变的。如何寻找合理的 P 值，首先取决于当前 SaaS 企业的目标客户是何种规模，通常初始 P 值为 60~70。如果当前 SaaS 企业的目标客群为中小型企业，则 P 值可以适当向下浮动，反之则适当上浮。

客户 + 时间 + 事件/操作

P%的客户在T时间内完成了事件/操作E

↓

达到了PMF的先行性指标

图 8-21　PMF 的先行性指标框架

2）E：与先行性指标相关的"某个事件/操作"或"一系列事件/操作"

这个事件/操作一定要是客观并可被量化的，同时应该体现出 SaaS 企业为客户创造的价值；可以是事件/操作组合，但尽量精简。

3）T：客户达到先行性指标的时间

T 值的设定，并不是越小越好，它需要契合 SaaS 企业所提供的产品的复杂程度，在一般情况下也代表 SaaS 企业实际能够帮助客户创造价值的时间。在此处制定这个值时，分析从业者需要对历史付费客户进行分群分组的分析，以观察不同细分客户是否达成与先行性指标相关的"某个事件/操作"，并分析其留存率。

需要注意的是，上述几个值并不是一成不变的。在分析过程中，应该持续关注并验证这些指标的值是否合适，这样能够量化体现出先行性指标的优势，并最终辅助业务作用于客户留存的达成。随着时间的推移，企业新签客户所对应的行业、规模、形态均有可能发生变化，它也是需要被关注的。

8.4.2　交付活跃

在销售阶段把正确的产品、服务卖给合适的客户后，企业应该尽可能快地帮助客户上手，使用其产品、服务。只有在客户上手使用后，产品、服务才能够为客户贡献价值创造，从而降低流失风险。在这个过程中，交付与活跃是两个重要的分析课题。

1. 交付的意义

交付是客户活跃的基础，而客户活跃是客户留存的保障。交付本质上构建了连接 SaaS 企业和客户的一座桥梁，通过交付可以实现如下内容。

1）兑现销售承诺

在 SaaS 销售过程中，客户会提出自身的诉求，对应的销售人员则在了解客户诉求的前提下将对应的解决方案告知客户，并促成了最终的付费，因此交付的过程理论上也是完成销售过程中的这个约定和承诺的过程。

在极端情况下，如果销售人员在前期过度承诺，那么交付时就难以完成交付动作，那就更别谈后续的留存了。所以，交付的首要目的就是兑现销售承诺。

2）提升客户 LTV

正如上文所述，在销售过程中所沟通的内容，最终都会落在交付阶段被兑现。在此过程中，可以将客户按照"签约质量 + 交付效果"分成四类。

- **签约质量好+交付效果好**：此类客户在交付过程中被识别后，企业可增加在这类客户中的投入，以延长客户生命周期，提升客户 LTV。
- **签约质量好+交付效果差**：本质上是由交付质量导致的，需要及时关注并优化交付过程，以避免此类客户流失的风险。
- **签约质量差+交付效果好**：本质上是由销售过程导致的，企业需要及时纠正销售过程中的问题，同时增加在交付过程中的投入。
- **签约质量差+交付效果差**：对于此类客户应该及时停止资源投入。

3）了解行业实践的机会

在交付过程中，CSM 能够近距离观察和了解不同类型的客户，围绕这些客户的需求，了解他们是如何起盘、如何进行业务拓展和扩张、如何完成精细化运营的。也正是通过这个过程，CSM 能够了解熟悉行业客户的典型问题和需求，进而积累和输出对应行业下成熟的解决方案。

2. 持续交付与活跃

回到客户视角来看交付与活跃，客户是否会留存，取决于客户实际获得的商业价值。换句话说，SaaS 企业只有持续地给客户创造价值，帮助客户成功，才有可能获得续费。

所以，企业要围绕"持续创造价值并交付"来展开客户成功的相关工作。

现实的情况是。SaaS 企业为了满足客户不断变化的需求，同时确保自身的竞争优势，会进行持续的更迭。所以，在交付过程中企业需要持续地对客户做交付。哪怕 SaaS 企业的产品、服务相对聚焦，随着时间的推移，也逐渐会有越来越多不同行业、不同规模的客户被签约进来。摆在企业面前一个很现实的问题：如何高效且有效地完成交付？这个问题本质上是客户、员工、企业三者之间如何维持价值的动态平衡。

- **对于客户而言**：期望能够得到相符，甚至超预期的服务。
- **对于员工而言**：期望自己能够有职业发展机会和空间。
- **对于企业而言**：要考虑的是相对可控的成本和更高的人效。

为了解决上述问题，需要对客户进行分层、分类交付，可以尝试从客户行业、客户规模等角度来进行划分。行业天然就是一个非常好的分类方式，同一个行业的细分领域下的引领者和最佳实践也各有不同；而从客户规模上来看，因为大中小三种类型客户实际所处的经营阶段和可投入资源是不一样的，所以诉求和目的可能不尽相同。从客户视角来看，分层分类交付是必要的；从企业视角来看，除上述客观存在的事实外，不同规模客户给企业带来的回报不同，从商业角度来考虑也应进行差异化的投入。

进行分层分类的持续交付后，客户能够得到更贴合自身诉求的服务，员工则可依据自身的选择更聚焦于想要发展的行业，积累更多的行业知识和行业实践，进而获得职业发展空间和机会，企业自身则可在相对聚焦的分组分工下提高对应的人效，从而降低服务成本。

3. 量化交付结果

关于如何量化交付结果，可以通过观察"客户中的交付完成的比例"来衡量。但在实际业务场景中，只关注这一个指标是不够的，更常见的是，将其按照不同颗粒度拆分下钻来进行观察分析。参照第 6 章（6.2.2 节定量分析）中提到的群体对比分析，已知 A 行业、B 行业客户交付现状示意如图 8-22 所示，可以将客户按照大/中/小型规模进行分类，分别观察过去 10～12 个月进场客户截至当前按月交付完成比例。

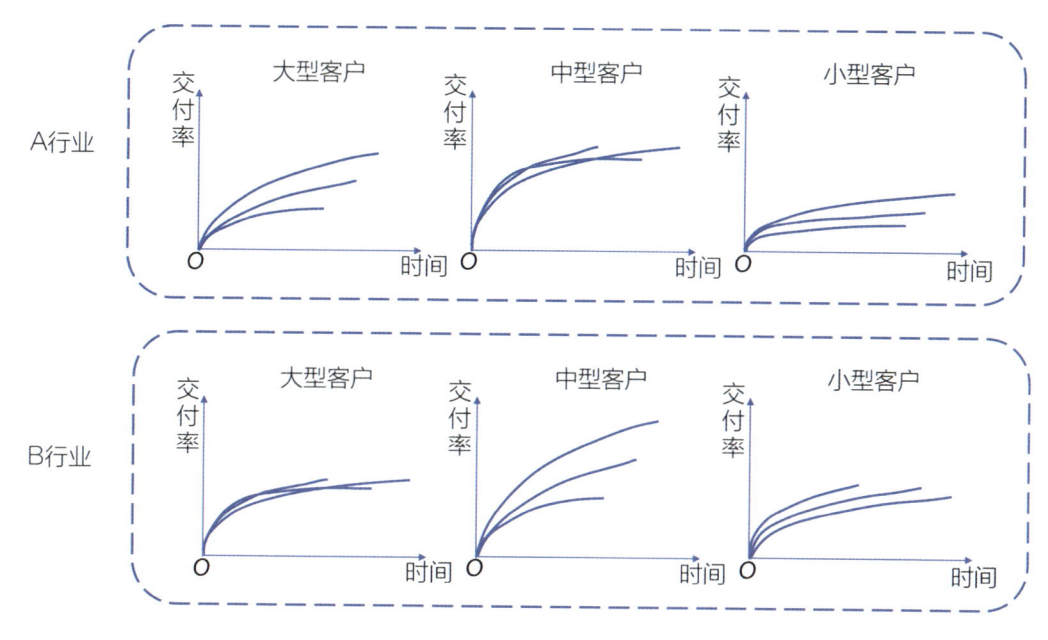

图 8-22　A 行业、B 行业客户交付现状示意

观察图 8-22 的结果可知：

- **A 行业**：大型客户的交付率有问题、中型客户的交付率正常波动、小型客户的交付率有问题。
- **B 行业**：大型客户的交付率正常波动、中型客户的交付率有问题、小型客户的交付率有所提升。

需要注意的是，市场行业、客户结构和企业所提供的产品、服务都在持续发生变化。从分析视角来看，需要不断了解市场行业的变化，观察企业新增、留存客户的结构变化，保持对 SaaS 企业本身业务的熟悉了解，这样在帮助业务人员量化交付结果时才能够更加得心应手。

8.4.3　流失预警

从企业成本的角度来看，获取一个客户的成本要远高于留住一个客户。当客户真的流失后，企业再想要挽回就比较困难。正确的做法是在客户即将流失前，提前通过一些特征识别出客户的流失风险，并及时采取措施来对客户进行挽留，这就是客户流失预警机制。企业在客户生命周期管理中，建立客户流失预警机制可以帮助提前发现流失风险水平，制定有效的干预策略。

1. 流失客户定义

要建立一套客户流失预警机制，首先要定义清楚什么是流失客户。在一般情况下，如果客户长时间不使用产品，那么这个客户大概率是流失了。但这个"长时间"是多长时间？"不使用产品"到底怎么定义？这些问题都是需要结合具体的业务场景来定义清楚的。

在 SaaS 业务场景中，一般流失客户定义为：订购产品、服务到期后未续订的客户。

2. 流失原因分析

客户为什么会流失？凡事必有因果，客户之所以会流失，大概率是因为自己的问题未能够被有效解决、自己的诉求得不到满足。具体一点，可能会有以下几种原因。

1）客户与产品、服务不匹配

如果销售人员所签约的客户并不是企业产品所对应的目标客户，那么客户的诉求和需求无法得到满足，企业所提供的产品、服务也无法为客户产生价值。这样的客户在订阅到期后，大概率是会流失的。

2）客户体验不佳

在市场行业竞争日益激烈的今天，良好的客户体验也是企业的核心竞争力。这里的客户体验一方面是指产品使用过程中的客户体验，另一方面是指在客户付费过程中和付费后的服务体验。糟糕的客户体验如下。

- **产品视觉交互体验差**：包括产品 UI/图标/界面设计、功能与流程设计等方面。
- **产品使用流程复杂**：包括产品基础模块的使用体验，如注册、创建、发布等方面。
- **服务体验差**：包括服务专业度不够、服务态度差、服务响应速度慢等方面。
- **产品有太多的 Bug**：包括产品经常出 Bug 或故障、处理恢复起来很慢等方面。

3）产品未充分融入客户业务流程

企业提供的产品、服务如果能够与客户原有的业务流程深度融合，则说明客户对企业的依赖程度较高，这样就越不容易产生客户流失。反之，哪怕企业提供的是很好的产品、服务，但客户不习惯在自己的日常工作中使用，那么这样的客户流失风险就会大大增加。

4）客户没有很快地体会到价值

相较于长期价值，客户更容易看到的是短期能够带来的价值。在客户刚付费的两个月内，客户是愿意花时间和精力来配合确保产品被快速推进落地的。但如果客户迟迟看不到产品、服务给他带去的价值，或者体会不到自己的诉求和期望被满足，那么客户极有可能认为企业所提供的产品、服务不够有用。

5）有一个更好的竞品出现

如果企业所提供的产品、服务在所处的市场行业中不能保持领先的优势，那么当市场上出现一个更好的竞品时，它将吸引并带走企业的大部分客户。

6）定价对于部分客户无法接受

企业所提供的产品、服务并不能够在所有客户中都产生对应的价值，这也就意味着其中一部分客户会觉得企业所给到的定价太高。是否要做商业化策略和定价的调整取决于企业自身，但定价的问题势必会导致一部分客户的流失。

3. 搭建流失预警模型

本质上，流失预警模型是通过分析客户行为预测其流失概率，可抽象为一个从特征到标签的分类算法问题，分类算法的具体细节可参照第 7 章（7.3.2 节数据挖掘）所提到的内容。

1）样本选择

SaaS 软件的服务期通常为 12 个月，到期则需要重新付费，这是客户流失的节点之一。我们选择企业过去 12~18 个月内的客户作为样本，他们是否流失的结果是已知的。这些样本经过特征工程后即可作为分类模型的输入样本。

2）特征工程

算法的上限是由特征工程决定的，任何形式的调优只是理论上无限接近这个上限。分析从业者在做特征工程时，一定要先对业务足够熟悉和理解，在此基础上，才有可能挑选出导致客户流失的关键特征。在本案例中，我们需要考虑的特征有以下几类。

- **客户基本属性**：客户 ID、行业、经营规模、地域、线索来源等。
- **客户行为数据**：登录天数、在线时长、登录频次、注册天数、付费天数等。
- **商业行为数据**：累计付费次数、累计付费金额、最近一次付费时间、最近一次付费金额、客单价等。
- **聚合指标**：深度指标（根据关键功能使用次数加工出代表客户的使用深度）、频次指标（根据产品特点加工出代表客户的使用频次）、趋势指标（根据客户近期使用产品现状加工出代表客户的近期使用情况）。

我们要在上述客户特征数据与流失结果之间进行探索性分析，查验每个特征与流失结果之间是否存在强关联关系，进而保留高度相关的特征，相关性的判断可参考第 7 章（7.3.2 节数据挖掘）所提到的内容。

3）算法选择

完成特征工程后，就需要选择对应的算法模型。由于是二分类问题，因此可以选择使用随机森林、决策树、逻辑回归等算法模型进行处理。一般我们可以首先预选一些模型，代入样本后进行训练，观察不同模型下的分类效果，然后从中选择一个效果最好的作为训练模型。

4）模型训练与预测

当我们选择好所要使用的算法模型后，就需要进行模型训练与调优。模型训练完成后，即可对客户进行预测，评估其流失的可能性。对于流失风险高的客户，我们需要及时推送预警，以便及时干预和挽留。

需要注意的是，根据过往的实践经验，我们建议使用客户到期前 6 个月的数据作为特征，用当月客户数据作为验证依据，建立客户流失预警时间窗口模型，如图 8-23 所示。

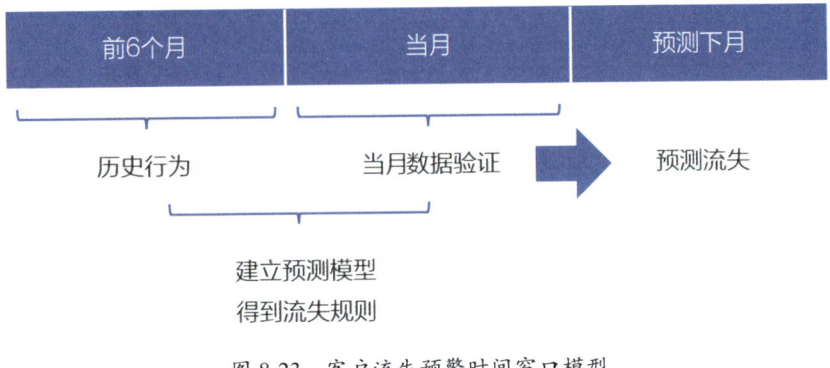

图 8-23　客户流失预警时间窗口模型

第9章 领导力

> 领导力是常常被忽视，甚至轻视，但又无法逃避的必修课程，要么继续逃课，要么潜心学习，两种选择带来的可能性却大为不同。

在探讨完各类技术型能力之后，考虑一下，他们是否足够满足长期职业成长的需要呢？显然还是不够的。本书将各种技术型能力以外的、影响在业务场景中以最小代价达成目标的能力，统称为领导力。

首先，达成业务目标是第一位的，否则做得再多其实际意义也并不明显。其次，如何确保最小代价，当很多事情结束时，围绕 ROI 总能找到各种各样不经济的可优化点，这些损耗经常会出现在反思和总结中，但是后续大概率还会出现。

由于分析岗位并不是一线业务岗位，其角色定位天然决定了需要依靠他人才能拿到业务结果，因此领导力在技术型能力与业务结果之间起到重要的连接作用。如果将技术型能力作为外功，那么领导力绝对是内功。武侠剧中功夫之大成者，其内功修为也必定极为高深，那么哪些能力是需要特别关注的呢？

围绕业务目标达成、最小代价损耗，应该构建哪些行之有效的领导力，才既可以有效达成目标，又可以在价值创造的过程中不断突破和超越自我呢？分析领导力模型如图 9-1 所示。

团队杠杠
① 持续打胜仗
② 塑造团队文化
③ 量化管理

个人影响力
① 用结果说话
② 持续复盘与总结
③ 系统思考

跨场景优势
① 善于有效沟通
② 关键项目推进

图 9-1 分析领导力模型

1. **跨场景优势**

以有效沟通为手段，加强个人的信息获取优势，争取能够主导关键项目推进并拿到结果，从而进行跨场景下的个人优势建设。相比较而言，很多分析从业者更习惯与计算机和数据为伴，而并不注重与人打交道，甚至无法做到与上级主管、业务人员等进行有效的沟通，这会极大限制与业务场景的融合深度。

跨场景协作能够激发新的思考与创新，形成更全面、系统的业务认知能力。企业真正关注的是谁能够负责并推进结果达成，因此分析从业者不能仅停留在协作角色，还要争取对结果负责，这能够很好地磨炼我们做成一件事情的能力。

2. 个人影响力

以目标和结果为基础，以复盘和总结为路径，以系统性思考为目的，持续突破自己的职业瓶颈。需要注意的是，影响力并不完全等同于管理权力！影响力与能够为业务贡献多大的独特价值是正相关的，更多的价值创造，也必然会带来更大的业务影响力。

这里强调独特是因为在很多场景下，研究分析实质上仅是在验证提出者的猜想，而不是产出超越业务预期的内容，如某业务负责人谈到最近业绩降了，需要检查分析这个问题，答案大概率是，某产品或销售单元业绩因为某些原因下降了多少，这其实并不是超预期的结论。站在企业视角，其产品服务如果不具备独特性，其自身价值就无法达成，分析结果也类似。

3. 团队杠杆

要想充分释放生产力，就需要为之匹配更领先的生产关系，因此我们需要认识与构建更具优势的团队文化，并以量化管理驱动价值创造。对于任何个人，能够贡献的价值始终是有限的，然而对成长的渴求是无止境的。那么，如何借助一个团队来撬动更大的价值产出，是在我们个人贡献遇到"天花板"时必须要思考的问题。但是搭建一个能打胜仗的团队，也并非易事，它要解决很多问题。

因此，本章的核心考量是，在横跨多个复杂业务场景下，除各种技术型能力外，可以依靠哪些行之有效的领导力来达成目标，尽可能避免零散、无逻辑的能力罗列，这对大家而言没有什么实际意义。

9.1 跨场景优势

相对于任何单一业务方而言，分析从业者天然的优势在于跨场景下的有效连接与洞察能力。这里并非仅是日常工作中的协作配合,而是以最低成本获得各角色的信息输入,从而形成信息优势,这是分析价值创造的必要基础。

如何理解跨场景连接呢?它至少体现在横向与纵向两个维度。

- **横向**:在多个平行业务场景,如产品、服务、销售、技术等,连接的基础是能够清晰理解不同业务场景所存在的价值与工作方式,并且有效融入协作流程。
- **纵向**:针对不同高度的用户,具备在不同认知层次的纵向思维跳跃能力。同样一个问题,与不同岗位职级用户沟通时的信息颗粒度、表达方式就明显不同。

大部分实践场景下需要同时具备横向和纵向能力的综合应用,纵向主要体现在个人影响力上(具体在 9.2 节进行讨论),接下来主要讨论横向的关键能力。

1. 有效沟通能力

在正常情况下,沟通对象在业务背景、岗位职级等要素上是具有明显差异的,沟通的有效性也就缺乏统一的标准,重点在于共同的目标是否能够以更高的效率达成。主要的挑战如下。

- **业务理解**:是否能够站在不同沟通对象视角,理解业务逻辑、重点规划、现存问题。
- **信息串联**:针对重点问题的全方位、动态的信息获取,构建信息优势,避免可能的信息盲区。
- **沟通技巧**:背景、职级差异带来的认知切换挑战,用沟通对象所熟悉的语言习惯进行表达。

沟通的最大挑战就是跨场景,但我们也必须承认跨场景更容易形成信息优势,这是产生决策增量的重要条件,有效沟通恰恰是构建信息优势的途径。

2. 关键项目推进

沟通解决的是协作过程中的连接(信息优势)问题,它并不是最终目的。项目是除研究分析命题外,另一个重要的价值创造点,是否能够融入、推进,甚至是统筹资源,非常考验核心胜任能力之中的系统化实践水平。

还有一点容易忽视的是,我们需要关注分析对于项目达成的可量化价值贡献,一方面体现为写作技术的功底,另一方面体现为核心价值的量化外显。在项目分工协作中,分析更像是乙方,在最终价值分配上是比较被动的,此时的甲方更像一个挑剔的顾客,

"压价"是非常自然的习惯,此时能够讲清楚可被共识的价值是重要且现实的。

9.1.1 善于有效沟通

沟通是实现跨场景连接的必要条件,日常协作中的大部分问题归根结底都是沟通不到位造成的,沟通漏斗如图 9-2 所示,通过沟通漏斗来具体感受一下信息流转中的损耗。

沟通漏斗是指工作中沟通效率下降的一种现象,指如果一个人想表达的是 100%,当在众人面前、在开会的场合用语言表达心里 100% 的东西时,这些东西已经漏掉 20% 了,实际说出来的只有约 80%,因为专业背景、习惯等差异性,能够被听到、被理解的比例会持续衰减,最终被别人记住的只有 20%,具体比例并不一定严格就是这样,但是可见的是沟通过程中信息衰减是非常严重的。

图 9-2 沟通漏斗

这时候,很自然的两个问题就是:沟通为什么会难?有什么方式可以让它更简单?

1. 沟通为什么会难

沟通的核心目标其实并不是说服,而是建立彼此之间的有效连接,让大家看到共同面临的问题全貌,并且理解各自的思考过程,这时候达成共同认可的结论就会更加容易。基于此,我们来看沟通难的原因是什么。

- **语言传输损耗**:在客观情况下,想表达的、实际表达出来的、被别人听到且理解的,都是有衰减的。
- **个体差异**:每个人脑海里的信息储备不同,包括知识储备、思维模式,因此个人的思考方式、表达习惯都有差异。

- **以自我为中心**：体现为别人就该懂、别人应该懂、自尊/自卑心理、站在道德制高点。

2. 沟通的基本原则

在谈沟通原则之前，我们先尝试从过往的经历中，总结回顾一些糟糕沟通的表现形式。

- 缺少共同目标的价值、背景铺垫和关键目标。
- 强调自己正确，缺少对其他人的尊重。
- 缺乏沟通技巧，无主次、无节奏。
- 无法控制个人情绪，经常情绪化地表达。

上述都是经常遇见的问题，相应地，如果能够规避，并且做好应对措施，将极大提高跨场景的沟通质量。可以参考的措施如下。

- 任何项目，都需要在干系人之间找到彼此共识的目标与价值，并且能够清晰地表达，避免指令性命令。
- 不要代入立场性的假设、观点，避免本位主义。
- 充分地分享相关信息，并提高信息流动效率。
- 倾听以理解对方所表达的内容，同时站在对方是否能够理解的角度，有技巧地沟通。

9.1.2 关键项目推进

从组织架构角度看，企业都是由许多不同层级的部门构成的，因此很容易形成一种思维：大家总是优先考虑本部门的需求、利益和目标达成，而不是优先考虑组织的整体价值创造，这是跨场景项目达成的最大挑战。对于跨场景问题，需要思考的是，如何把大家的部门价值观念升级为整体层面，从而形成共识与合力？

因此，这里关键要解决的问题是，如何让大家都认同某个共识的价值，这是作为统筹者的主要责任。下面我们聊聊常见的一些问题。

1. 位置决定认知

用一句话来形容就是，只见树木不见森林。其产生的主要原因在于组织结构的复杂性和个体缺乏全盘思考的意识。对于个体而言，获取本部门信息更容易，随着时间的推移，逐渐形成职能认知，并且不断强化。与此同时，由于获取全局信息的局限性、门槛，个体无法获得足够的全局信息，无法建立整体的认知，进一步强化其带有局限性的思考方式。

2. 求同存异

分工不同导致大家对于协作项目持有不同的看法，你认为重要的事情，结果其他人未必这么认为，这种差异是客观存在的，需要认识到并接受。但是我们不要过度放大这种差异性，相反要尽可能去寻找共同的部分，如团队或个人目标。当我们清晰地将项目本身的价值与大家的目标关联起来时，更容易取得预期的结果。对于这个问题，OKR 就是一个很好的方案，其设计天然是互相关联且公开透明的。

3. 执行不到位

"他们应该懂吧""应该很快就可以完成吧"……要避免这种模糊的表述，避免用自己的标准来形成对他人的预期，就像常见的分析工具、统计方法，自己觉得这就是常识啊，但对其他人并不一定成立。对于任何一项事情，都不要有模棱两可的地方。很多时候，我们认为已经将事情表达得很清楚了，但对方没有真正理解，甚至误解。沟通、交流、确认，都是跨场景协作中必须重复且需要被认真对待的环节。跨场景是一个重要的训练场，能否推进事项并达成目标，清晰地展现了个人的系统化能力变现水平，也更容易快速成长起来。

9.2 个人影响力

我曾经不止一次幻想过，突然拥有某种超能力：当我站在那里，动一动手指，问题就解决了。然而，现实是：

- 尝试了很多次，但要么问题没有搞清楚，要么假设条件变化太快，根本谈不上达到预期的结果。
- 平时总是忙碌于事情，缺乏学习、总结与沉淀。
- 在向上沟通时，总觉得已经想清楚了，但仍然很难做到有效沟通、达成共识。

诸如此类，个人影响力可以看作自我成长的一个缩影，能否在业务中持续取得超预期的结果，借助持续复盘总结来萃取打仗的策略与方法论，站在更高层面的洞察与系统思考能力……这些都是提高个人影响力的关键路径。

9.2.1 用结果说话

"纸上得来终觉浅，绝知此事要躬行"，这句话更能够体现执行与拿结果的含义，高效执行并获得超预期结果，胜过任何花哨的言辞。如果"打不赢"就没什么实质的意义，始终以结果为导向，完成任务只是基本职责，重要的是获得符合预期，甚至超预期的结果。分析的结论如果无法产生决策增量与可量化的价值，就难以赢得真正的尊重与信任。

1. 预期与超预期

任何一件事情在开始之前，都必须明确它的预期是什么，然后努力做到超预期。试卷满分是 100 分，60 分是及格线（预期），那么就要努力考到 80 分、90 分（超预期）。在实际工作中，预期主要体现在质量与时效两个方面，要么产生独有的决策增量（质量佳），要么时间消耗最少（时效好），最理想的情况是二者都满足。随着时间的消耗，用户的期待值是存在衰减的，甚至可能为负，这是很正常的一个现象。这跟商业逻辑一样，产品或服务是否具有竞争优势是前置性必须关注的，当任何一项优势都没有时，那就努力学习。

2. 积极、正向看待变化

企业虽然有使命与愿景作为牵引，但很多因素是持续变化的，因此其战略目标的动态调整必然带动组织能力、业务等要素的同步调整，总之唯一不变的就是变化。

- **外部影响**：宏观市场环境、法律法规、行业竞争格局、科学技术发展进度。
- **内部影响**：业务迭代、组织能力成长。

在这种持续变化的场景下，尽管我们每个人都懂得拥抱变化，但从内心来说，大体还是更倾向稳定不变多一些。现实总会告诉我们，任何时候期待稳定不变都是不现实的。时刻根据内外部变化，调整分析资源的投入重点，并快速匹配团队能力模型，才能够不断满足企业发展需要，这一点是不变的。站在我们个人视角，始终保持正向、乐观的心态是非常关键的，悲观者正确、乐观者成功。既然逃避不了变化，那就努力在变化中成就自己。

3. 快速学习

《第五项修炼》的作者彼得·圣吉说，"从长远来看，你的组织唯一可持续的竞争优势，就是比对手更好更快的学习能力"，这对于任何个人都成立。分析从业者面对的往往是跨场景的问题，很难在问题提出之前就充分了解业务，在时间有限的情况下，考验的就是快速学习能力。如果说积极、正向是一种态度，那么快速学习就是立身之本。面对未知的世界，快速学习能力可以让我们超越自己原有的边界和舒适区，并取得立足之地。

4. 时刻修正目标与方向

工作目标（OKR）是对未来的一种预测和规划，然而在开始把计划付诸实施、努力实现计划目标的时候，似乎总会遇到挫折、障碍、困难或失败，或许一个细节就会将全盘计划打乱。这些都是很正常的，毕竟我们对未来的把握能力是有限的。当环境因素及客观条件发生改变时，我们要对计划做出必要的、适当的修正。即使在实现目标的过程中没有出现问题，也应该在第一阶段的工作计划完成的时候，对计划的执行情况与环境因素的变化进行及时的评价和修正，在修正中推动计划进入下一个阶段。这样，一个静态的工作计划就可以变成一个动态的工作计划，大大增加了工作的灵活性和弹性，及时地修正可以保证工作计划的方向不会出现差错。

9.2.2 持续复盘与总结

曾经做过的事情，如果都仅仅停留在做过，那么未来它极有可能在同一层面不断重复发生。具体的经验或教训都与特定场景紧密关联，只有找到其中的关键条件，才有可能将其泛化为匹配新场景的知识。

- 当完成 1 个问题验证需求后，可以想想该类型的问题有没有更高效的解决路径？
- 当产出 1 份分析报告后，可以总结有哪些提高产出效率的方法？

在我们的潜意识中，如果只是在解决问题本身，那就是在偷懒。只有习惯于跳出事情本身，且不断向上思考时，才能够在更高站位看到不一样的风景。拿到结果可以作为工作任务的结束，但不是个人思考的终点，能否从其中萃取出新的、可复用的知识，直接决定了个人付出的努力和成本是否能够获得最大成效。

PDCA 工作法是讨论执行与改善过程的有效框架，在每一次工作任务中迭代是更可靠的选择，包括如下四个过程。

- 计划（Plan）：任务目标、执行方案的制定。
- 执行（Do）：根据执行方案进行具体落地，并不断修正以确保目标达成。
- 检查（Check）：总结执行计划的结果，看清楚哪些对了、哪些错了，并总结沉淀。
- 处理（Action）：对总结检查的结果进行处理，对成功的经验加以肯定，并予以标准化，对于失败的教训也要总结，引起重视。对于未解决的问题，可以在新的 PDCA 循环中去解决。

以上四个过程并不是运行一次就结束了，而是周而复始地进行，一个循环结束（解决一些问题），未解决的问题进入下一个循环，这样螺旋式上升。需要注意的是，大部分管理者只会将重点放在如何执行（Do）上，即 Know-How，疏于进行适时和恰当的反思、总结，那么如何进行检查（Check）呢？

1. 检查标准

过去的事实无法改变，因此检查其实是为了更好地解决未来的问题，主要关注以下三点。

- 回顾整个任务执行的过程，看清楚优势与不足、责任与问题。
- 站在第三者的视角，探究原因、查找漏洞，更客观地审视自己，寻找工作任务背后所折射的个人问题及所存在的困扰模式。
- 回顾初心，在起心动念上下功夫，不断拓展自己的认知边界。

2. 检查工具

KISS 模型是一个有效的个人或团队针对重点内容的梳理总结方法，也是我们团队每次复盘都必须要用的工具。

- **Keep**：需要保持的，复盘在项目或活动中做得好的部分，以后可以继续沿用这些技巧或方法在相关的项目活动中。
- **Improve**：需要改进的，这里指一些已经开始或采取的行动，但可能执行得不够好，还有需要改进提升的地方。
- **Start**：需要开始采取行动的，可能是之前并没有想到或运用的部分，但其实这些部分对整体项目或活动有帮助。
- **Stop**：需要停止的，往往是一些对项目起反向效果的行为或思路，避免在下次项目活动中再犯。

9.2.3 系统思考

为什么需要系统思考？

爱因斯坦说："你无法在制造问题的同一思维层次上解决这个问题。"管理学大师彼得·圣吉说："所谓系统思考，就是看见整体的修炼，让我们看见相互关联而不是单一的事件，看见变化的形态，而不是转瞬即逝的一幕。"

站在二楼更容易看清一楼的问题，我们需要升维思考、降维行动，升维即整体的、抽象的，是目的；降维则是局部的、具体的，是手段。真正驱动大家蜕变的就是核心用户，职级越高或越资深的用户也大概率具备更高的认知水平、更丰富的职业经验，想要与他们对话就需要不断自我升级，至少在某些方面要具备优势，否则这种对话就无法持续，并且很少会有"试错"机会，或者得到我们所期待的"包容"和"体谅"。

所有具体工作的过程和结果，都需要转化为系统性的认知，这样才是正向的循环。单从职场而言，就是不断寻找更高级核心用户及改造自我的过程，其实质是我们能匹配什么样的核心用户。

1. 思考的演进

先看一个问题：当业务方提出一个问题验证需求时，你的直接反应是什么？

- 不就是 SQL 提数嘛，快速完成就行。
- 需求背后真正的业务诉求是什么？需要怎么解决？
- 对于企业而言，规模化人工需求如何在成本、效率约束下求解？

这就是三个不同层面的思考，为什么会有很多人抱怨这个问题，大概率只是在第一层之下重复，即线性思考。线性思考的本质是探究事物之间的因果关系，它认为所有事情之间都存在因果关系。在某些场景下，能够对我们的大脑减负，例如：

- 汽车没油了，这个时候找个最近的加油站就可以。
- 肚子饿了，那就去找个地方吃点东西。

这是很多场景下很实用的思考方法，但它并不会从系统层面去看问题，当然并不是所有问题都有必要从系统视角来考量的。通常，我们在工作与生活中遇到的问题都会比较复杂，例如：

- 减肥，应该选择节食、锻炼、手术？答案并没有这么简单，身体状况、工作压力、所处环境等都是需要被前置考虑的。
- 业绩，应该增加市场投入以获取线索、招聘更多销售、提升留存与增购？似乎都可以，但实际操作层面会非常复杂。

系统思考就是从整体上看待我们身边的各类系统，对影响系统行为的各种力量及其相互关系进行分析、解读，以培养对动态变化、复杂性、相互依存关系和影响力的理解、决策和应对能力。对于上面的减肥例子，我们就需要站在身体健康角度来综合考虑。在实践角度，当我们在思考问题时，尽可能在两个方向不断尝试。

1）关注全局而非局部细节

名言道："不谋全局则不足谋一域"。要想真正了解一个系统，必须将系统作为一个整体来看待。将其割裂开来，无论是从时间上还是从空间上，都是非系统思考的。本书为什么开篇讲使命、愿景、战略目标与解码、年度经营规划，又为什么将行业分析、定量分析与财务分析放在一起，其实质就是想说明这个观点，企业视角的"全局"就是宏观经济大环境、行业竞争态势，它同时是分析视角的全局。

通常意义上谈如何理解业务，所考察的也是系统思考能力，在面试过程中如果被问到"你如何理解某个业务？"应该怎么样回答？如果只是着眼于细节，或者漂浮于宏观无法落地，都很难得到青睐。

2）关注本质而非表面现象

系统思考是一种深层次、更本质的思考，它可以让人们看清潜藏在事件或趋势背后的本质，而不是仅仅停留于关注个别事件的表面层次上。问题验证与报表体系建设背后真正的挑战是企业共识效率，而非其本身是什么。这是经常被忽视的，之所以并不受重视，其重要原因在于用错了尺子，通过是否产生决策增量（通常用于评价研究分析结果）来度量共识效率，显然是不对的。

2. 工具与方法

在平时的工作场景中，站在全局的视角思考问题与找到解决方案，是一个容易实现且十分有效的方式。同时对于每个问题都能够透过其表象，尝试寻找隐藏其中的模式与结构，接下来就是持续训练。

1）全面思考

在开会时，经常会有团队人员表达一些想法，大意是"需求这么多，没有资源，不要做了吧"。我心里就在想："就不能跳出自己的一亩三分地，更全局地考虑这些问题吗？当然，我很少会直接说出来，也许在有些人眼中，我也是这个样子。现实可能就是这样，要求其他人有全局意识，但自己依然在本位思考。企业是由非常多的部门组合起来的复杂系统，共同支撑业务的正常运转。任何部门，甚至个体，都可能在某些具体事项上影响业务运转。

- 市场索部门吐槽销售部门跟进不及时、话术不好，导致没有成单。
- 销售部门吐槽线索质量差，影响自己的业绩达成。
- CSM 抱怨新客户质量太差，导致续费率太低。
- 产品研发部门抱怨客户需求太琐碎，浪费资源。

站在每个部门或个人视角而言，都可以理解，但是无助于问题的真正解决。进行系统思考的人，既要看到自身的因素，也要看到自己与他人之间的关联。我们在第一篇谈到的经营管理会议（OKR 运营、经营分析报告），就是在驱动业务负责人站在企业的层面看待整体业务进展，从而凝聚共识、寻找执行路径。

2）深入思考

最早在治理业务报表体系的时候，我就发现一个现象：大概有 50%左右的报表是根本没有人看的，那么它是怎么产生的呢？大体上是业务人员有个想法，想看指标 1、指标 2、指标 3，然后分析从业者就不加思索按照要求做了。这里面存在什么问题呢？

- 业务人员缺乏对业务整体、深入的理解，只是根据自己的想法提问题。
- 分析从业者"无脑"做需求，也缺乏对业务目的的理解。

正是由于大家常常缺乏 Know-Why 的思考习惯，因此出现了资源的大量耗费，还总被需求牵着走。解决类似问题的方法是，透过表面现象，识别出类似问题产生的内在逻辑，并且采取有效的应对措施，让问题不再出现。冰山模型如图 9-3 所示，我们可以通过冰山模型来训练思考能力，同样以报表体系建设为例。

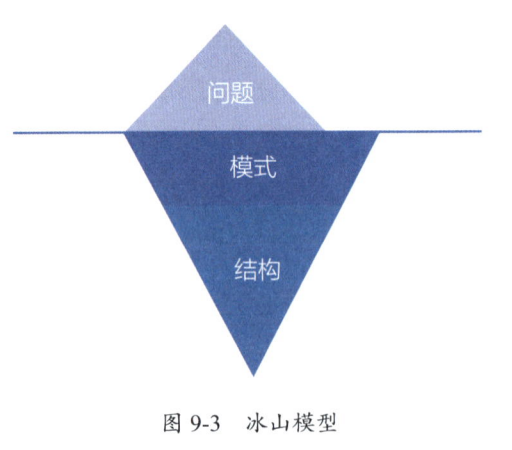

图 9-3　冰山模型

- **问题**：这是最表面的部分，是我们可以直接看到的内容。
- **模式**：对于看到的问题，尝试深入思考，这些问题的核心目的是什么？要解决什么业务问题？是不是还有很多问题没有被发现、提出来？应该怎么样解决？要得到这些答案，我们要做的并不是对这些具体的事件进行原因分析，因为那样仍是局限于某一个点上。我们需要把握问题的本质，并且将相关的因素串联起来看。
- **结构**：在明确了相关事件背后的模式之后，我们需要进一步分析、梳理这些趋势或模式背后的因果关系，也就是有哪些影响因素，它们之间存在哪些相互关联和反馈作用，以及它们的成长路径、变化态势是怎样的。

这些东西被我们称为"系统的结构（Structure）"，它们是理解系统会发生什么及为什么发生的关键，让我们不仅"知其然"，还"知其所以然"。实际上，在系统结构里，几乎任何两个变量之间的连接都隐藏着一定的规则。在大多数时候，这些规则都是隐而不现的，我们也很少有机会对其进行反思、检验。

因此，通过系统思考，让深藏于我们内心的"心智模式"能够浮现出来，从而有助于实现一些根本性的创新与变革。

9.3 团队杠杆

有赞有一条金句：一个人可以走得很快，但一群人可以走得更远。

对于个人而言，能够做到围绕核心用户决策场景的价值输出已经具备很高的职业水平了。但分析的价值主张想要最终变为企业的竞争优势，需要一个能打苦仗、打胜仗的团队。这是一个很复杂的问题，并不是说快速花高价组建一支豪华阵容的团队就解决问题了。它的核心考量是要匹配企业的竞争需求，既要满足当下的业务发展需要，又要牵引企业决策能力不断向前。

在具备足够的个人能力与经验积累后，借助团队杠杆可以有效突破个人价值创造的瓶颈。相对于业务方而言，分析的战场更为艰难，但这是绕不过去的路。借用克劳塞维茨在《战争论》中的一句话："要在茫茫的黑暗中，发出生命的微光，带领队伍走向胜利。"之前与很多从业者聊天，都会有类似的切身感受。
- 存在感很弱，在业务场景下几乎没什么影响力。
- 研究分析结果能不能影响业务结果、有多大影响，基本上没有感知。
- 在业务方眼中，分析就是取数、做报表，然后机械性地重复。

我有一段生动而痛苦的经历，当做完一个分类模型后，领导问我："你的观点对业务有什么贡献？"我一时竟无言以对，结果就拿到了很低的绩效反馈。类似问题在大部支持型团队中都存在，但其实问题抛给任何一个角色，都很难能够直接回答自身被广泛认可且可量化的价值是什么、有多少，如产品、服务、大数据……更具体一点，如果用收入来衡量，那么大家对业绩的贡献是多少？很难有谁能够通过量化的方式直接说清楚，且能得到认同。

大概在 2021 年年初，我意识到这么看并不能解决真正的问题，或者这个问题并不一定是真问题，其导向性也不对。一般企业都是由多角色协作才能够完成最终价值变现的，分析是其中一个环节，我们需要关注业务协作链路，并尽可能对每个环节的价值创造进行量化，这样才有助于看清影响业务的真正问题并优化它。

9.3.1 持续打胜仗

打胜仗的实质是分析团队如何有计划、有落实、有结果地实现其价值主张，需要回答实现路径是什么。核心胜任能力是必要条件，即使全部都具备，也并非就能够打赢。条件与结果并不是一件事情，这也是我们经常学了很多，却依然成绩平平的原因。

更合理的思考是，站在价值创造的视角，深度理解企业的战略目标与年度经营规划，并寻找分析价值创造的破局点。企业战略是需要随着各种客观环境变化而进行调整的，与之相对应的团队的打仗策略也同样需要适时调整，这个团队必须站在战场的前沿，表面上考验的是执行，背后却是决策优势。这也再次说明了为什么要先关注企业价值的相关要素。

记得在 2018 年有赞年会上，看见很多同事拿到 POSER 单项奖、最佳有赞人。那个时候，我就给自己定了一个目标，我和团队小伙伴一定要拿到这个奖，这就意味着整个团队要取得很好的绩效结果，这也是我的重要驱动力，结果是：

- 2019 年，个人 POSER 成长最快奖。
- 2020 年，个人优秀干部奖、团队×××POSER 单项奖。
- 2021 年，团队×××最佳有赞人、个人伯乐奖。
- 2022 年，团队×××单项奖。

经过 4 年的磨炼，我自己慢慢改变了很多，终于可以跳出个人的胜负欲。也正是从 2019 年开始，所有我个人奖项的奖金都属于整个团队，上述奖金都放进了团队小金库，每一笔支出都被记录下来。我始终想打造一个足够优秀的团队，那是对我自己最大的激励。除在团队文化、量化管理上的改进外，打胜仗的基础条件就是贴近业务。

1. 贴近业务可以解决什么问题

国内 SaaS 企业的主要价值变现一般是由销售人员直接完成的，其他角色都是在强化销售人员的变现能力与效率，也就是说只有销售环节的价值变现持续增长，上游协作链路才拥有自我价值变现的空间上的可能性，这就决定了上游所有环节都需要以企业价值变现为起点和终点来思考，这也就是上游角色，包括分析从业者，要理解业务、密切协作的本质原因。

我们再换个视角，企业价值变现持续增长，并不能直接说明各个协同角色一定有什么贡献，也无法说明各角色有多大贡献。分析从业者需要找到自身在协作链路的核心价值创造是什么，并且与企业价值能够咬得住，这样无论从分析从业者的成长，还是企业能力的成长来说，都是有益的。

2. 如何落实贴近业务这件事

尽可能选择不相信大家的主动性，因为它并不总是可靠的。在所有的场景中，需要思考的首先是机制建设，其次才是主动性。

- **信息获取**：如何保障分析从业者持续、全面、及时的信息收集能力？
- **问题质量**：如何获取高质量的问题？
- **评价标准**：如何保证公平，同时牵引团队前行？
- **业务管理**：如何强化对业务侧的影响力？

这些仅仅依赖主动性是不够的，也无法解决企业层面的问题，甚至"一碰就碎"。尤其是信息获取，我曾经在公众号（读数）中讲过，真正制约分析从业者成长的是"孤岛问题"，即不知道自己不知道什么。缺乏对各类信息掌握的全面性、及时性，是无法有效辅助决策的。机制要通过自身的运转来达成我们预期的目标，当然了，我们要选择合适的机制建设方式，而不仅仅是对的机制。例如，在规模、成本与效率约束下，先要在可接受的范围内解决问题，而后才是逐步对成本与效率的优化，期待"毕其功于一役"是不现实的。

9.3.2 塑造团队文化

我脑子里一直有两个问题：

- 因为有我，这个团队变得更好了吗？
- 因为有我们，企业的分析决策能力更有竞争力了吗？

这是我内心始终在思考和尝试回答的问题，而验证好与不好的标准，除可量化的价值创造外，还有个体的成长。也就有了我的一句口头禅：我们从来不单挑，要打就一起上。这当然不是真的打架，它真正的逻辑，是我们对于目标（去哪里）与实现路径（怎么走）的深度共识，这是一种很强大的驱动力量。GROW 模型如图 9-4 所示，借助这种内驱力，GROW 模型才可以正向滚动起来，持续不断地产出预期结果。

图 9-4　GROW 模型

1. 共创方向与目标

在一般情况下，团队的目标由负责人拆解、制定后，同步给部门相关人员，我们有时候也习以为常。但是常常缺少对于一个问题的回答：对于分析从业者而言，对其自身意味着什么？我们做每件事情，都需要回到成长原点思考，它对于我们的意义是什么？

另外，成长原点是什么？成长原点是我们内心对于事情的取舍原则，它有点像价值观，需要回答要不要做某件事情、该投入多少精力……我们能够在多大范围内凝聚团队发展方向和目标共识，就能够激发多大的内驱力，从工作本身进化到为自己成长奋进，这远比每天盯着目标更有意义。共创能够最大限度地实现团队与个人成长方向的一致性，这是团队管理最基础且最关键的一环。共创具备更强的牵引力，每个人都愿意自己的目标实现，即拿到结果。一旦团队习惯于打胜仗，就会形成一种惯性，即习惯于优秀。

2. 追求工作量化

分析从业者最害怕的一件事情是什么？我觉得是，辛苦付出之后没有任何结果，或者不被客观地评价与反馈。这种现象在工作产出反馈、绩效评价等场景中经常可见，也很容易限制团队战斗力的充分释放。2018年至今，我们持续推进工作内容的量化，有两个方法可以尝试。

- 任何时间的消耗都应该反映到具体产出物之上，拒绝"打黑工"。
- 营造公平氛围，利用统一的工作量化方式快速形成团队惯性。

对作业流程的量化呈现、优化是一直在持续改进的工作，每个人的付出都会体现为某个具体产出物。这个时候其实并不需要太多对日常工作的管理成本，同时有利于培养分析从业者的积极性，可以更加自主地选择要做的事情及其优先级。工作量化的内涵如图9-5所示，通过两条线，我们可以很清楚地感受工作量化的意义。

- **竖线**：你认为的（左侧）与用户认为的（右侧）是完全不同的概念，二者之间的差距会造成巨大分歧，工作内容的合理量化能够最大限度地缩小二者之间的认知差距。我们需要通过业务执行拿到结果，所以需要尽可能主动缩小差距。
- **横线**：绩效考评，甚至任何一项工作内容，常常需要与上个周期内的工作状态比较，进而判断是不是做得更好了。很多事情开始前，需要知道好的标准是什么。当缺乏被认可的标准时，就需要主动设计并传达给相关人员，确保大家的认知是一致的，否则就必须接受先有结果后有标准的现实。

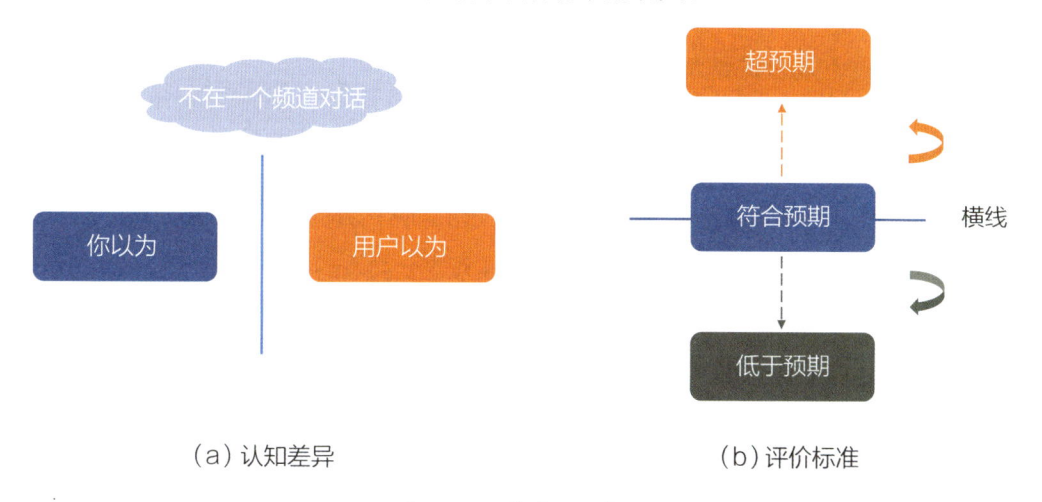

（a）认知差异　　　　　　（b）评价标准

图9-5　工作量化的内涵

任何时候，依靠团队的共识去践行价值，比任何个人都更靠谱、更值得期待。

3. 尊重与信任

除薪资与成长外，大家愿意留在一个团队的理由是什么？那就是尊重与信任。在团队中，要避免个人主观意识对团队的负面影响，所有事情要回归到对客观事实层面的思考与沟通上，同时面对日常复杂、繁重的工作，从团队角度，需要帮助大家消化一部分工作压力，给予尽可能多的温暖。团建、生日、周年纪念日具有特别重要的意义，一定不要疏忽。

- 团建：可以一起拼，也可以一起玩。
- 生日/入职周年纪念日：记住每个人的重要纪念日，我们心里都要装着彼此。

4. 职业红线

职业红线是一个比较严肃的问题，尝试回顾几个场景。

- 一份分析报告，出现明显的数据错误。
- 与其他同事、朋友，甚至在招聘面试中，谈到了部分业务敏感数据。

诸如此类，都是我们应该尽可能注意的职业红线，对数据质量负责，把好数据安全关，是我们的基本职业素养。任何一次疏漏都可能严重影响用户的信任，之后需要花费数倍的资源投入才有可能挽回损失。可能只是数据错了，然而站在用户角度，尤其是管理层角度，往往会使用更严苛的视角来看待这种问题，这是不同位置的差异，大家的时间成本不同。

敬畏信任，也将获得更大的信任。

9.3.3 量化管理

SE 环回答了分析价值创造的系列问题，但对于团队内部而言，应根据阶段性需要制定被共同认可的量化评价方式，最大限度消除主观感受类型的评价。

当 2018 年年底复盘时，在 KISS 环节的 Stop 模块，"不要再打黑工"是最高频出现的反馈，可见过去大家默默做了太多没有被看见的事情，这是非常糟糕的！除了负面情绪，收获不了任何对后续改进有用的输入，也正是这个时间点，我开始尝试逐步推进工作流程治理、量化。

在追求量化管理的过程中，并不是说一味追求准确就是对的，根据企业（业务）发展阶段、团队成长水平、实施成本等来综合考量，同时由于研究分析类型的产出并非可以直接标准化，因此过度的量化反而会起到负面作用。例如，假设分析报告产出时效是 4 个工作日，那么能否用它来直接判断工作效率的快慢呢？可以参考但不能作为硬性标准，原因在于问题的复杂程度是不同的，强行限制会影响探索主动性。

1. 资源结构管理

很多时候，大家都将分析作为寻找问题突破口的"大力丸"，然而结果往往会让人极度失落，这是很多人的常态。我们需要回答如何理解企业（业务）发展阶段这个问题。在企业发展过程中，增长通常被划分为三个阶段：0～1 阶段、1～10 阶段、10～100 阶段。

1）0～1 阶段

0～1 阶段就是常说的 **PMF 验证阶段**，要找到产品与市场的匹配点，找到用户的"Aha 时刻"。其中，验证的方法就是常常被提到的 MVP，验证标准简单粗暴，那就是用户主动来、用户增长快、用户愿付费。0～1 阶段企业增长的本质就是需求被验证、被满足。

2）1～10 阶段

当需求被验证之后，关于如何获客、激活、留存及获取更多利润，就是 1～10 阶段企业所要关注的增长本质，也就是 SaaS 业务的 GTM 阶段，分析的大量业务驱动策略是产生在这个阶段的。

3）10～100 阶段

处于 10～100 阶段的企业对于增长的本质有更成熟的认知，通常会把增长本质划分为两种类型：**结构化增长和战略性增长。**

- **结构化增长**：主要在获取更多用户、锁定用户、经营用户价值上来进行精细化运营。
- **战略性增长**：从战略层面来看，找差异、做整合是增长的主旋律。

在结构化增长和战略性增长的双重作用下，10～100 阶段的企业迅速找到赚钱和产生更多利润的变现方法（即使有亏损，也是暂时性的，当边际成本非常低的时候，就会扭亏为盈）。不同企业阶段分析资源分配如图 9-6 所示，处于不同阶段的企业，其对于分析的能力要求也是不同的，当我们加入一家创业公司（0～1 阶段）时，想要做大量复杂问题研究与实践，这本身就是不太现实的，数据赋能无法超越业务成长阶段而存在。

阶段图示：

- 0~1阶段
  - 内容：以问题验证、报表建设为主
  - 资源：消耗极高，几乎为剩余可支配资源，预期在80%~100%之间

- 1~10阶段
  - 内容：以研究分析为主，兼顾问题验证、报表建设等
  - 资源：研究分析资源占比在50%~70%之间

- 10~100阶段
  - 内容：以经营分析+研究分析为主，兼顾问题验证、报表建设等
  - 资源：经营分析+研究分析资源占比为70%以上

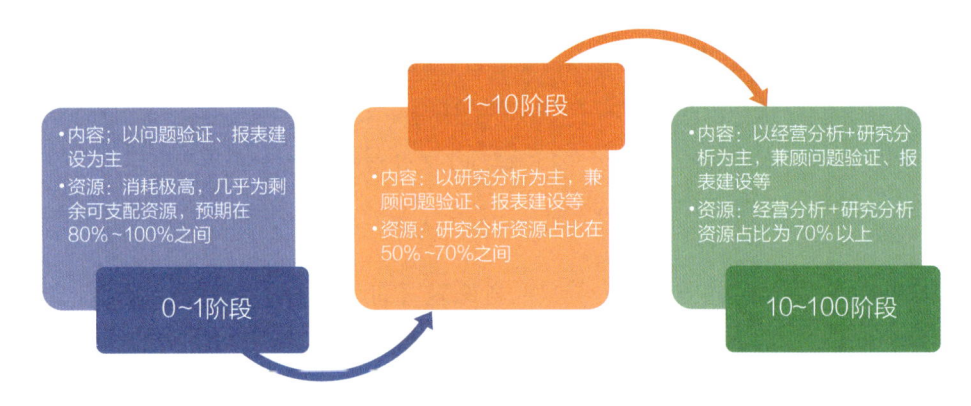

图 9-6　不同企业阶段分析资源分配

2. 工作产出管理

很多团队管理者喜欢将规则放在自己心里，或许这样评价尺度更能够"随心所欲"，这对于面临成长渴望与焦虑的职场人而言，是难以接受的。在绩效反馈时收到"多贴近业务""技术能力要多注意提升""多注意沟通"……这些都是很难在管理者与员工之间形成共识的，对于成长优化也没有什么意义。

正是基于上述原因，在工作内容产出与评价方面，我才能保持持续的驱动力与热情。参照第 4 章关于认知建设的讨论，分析所面对的问题都需要以规模、成本与效率作为约束条件来求解，与之对应，工作量化也是围绕其展开讨论的，量化管理维度与量化管理明细如图 9-7 与表 9-1 所示，我们从问题类型、问题数量、处理效率与价值反馈四个维度来进行工作量化呈现。

工作量化维度图示：价值反馈、问题类型、处理效率、问题数量围绕"工作量化"

图 9-7　量化管理维度

表 9-1　量化管理明细

统计周期	员工	问题类型	问题数量	处理效率	价值反馈
2022-06	张三	问题验证	5 个	1.1 工作日/个	
		报表体系	3 个	2.5 工作日/个	
		研究分析	2 个	4 工作日/个	2 个有用
		经营分析	1 个	3 工作日/个	1 个有用

进一步，我们将表 9-1 中研究分析与经营分析产出，进行统一汇总呈现。分析产出管理如表 9-2 所示，历史所有分析类型产出都可以快速被大家看到，包括价值反馈（是否对业务有正向价值，参见 SE 环-Evaluation）、是否推广（参见 SE 环-Expansion）。

表 9-2　分析产出管理

一级分类	二级分类	产出类型	名称	价值反馈	是否推广	主责员工	参与员工	产出日期
社交电商	经营管理	经营分析	经营分析报告（6月）	有用	否	张三	李四	2022-06
		研究分析	NDR 测算与拆解分析	有用	是	张三		2022-06
	新机会	研究分析	客户画像研究	没用	是	张三		2022-07

表 9-1 和表 9-2 是我们团队日常管理的简化版，对于任何个人而言，时间消耗都会映射到某个具体产出内容之上，其实就是自我管理过程。回到开始我们讲的团队管理，所要解决的是最终绩效考评与具体的工作内容之间的相关关系，不同阶段的考核重心如图 9-8 所示，基础建设、策略贡献与结果贡献标识着三个不同的分析能力阶段，即

- **基础建设**：关注以问题验证、报表体系为主的规模化、高效化的处理能力。
- **策略贡献**：在兼顾基础建设基础上，关注研究分析产出对业务策略的可量化贡献。
- **结果贡献**：在兼顾策略贡献基础上，关注以经营分析+研究分析为主的产出对业务最终结果的可量化价值贡献。

图 9-8　不同阶段的考核重心

本篇小结

- 分析技术的起点是高质量问题，然后依据问题选择不同类型的方法（行业分析、定量分析与财务分析）进行充分的洞察，最后需要重视写作呈现，优化信息传递效率。
- 从规模、成本与效率的视角，更容易看清楚工具技术的价值与评价方式，时刻关注它最终的价值落点。
- 业务技术人员要回答的是如何理解业务的问题，通过什么样的路径可以看清楚 SaaS 业务，并聚焦最重要的问题，同时这种认知方式可以迁移到其他商业场景。
- 跨场景是具备地利优势的战场，对于个人成长而言，除以结果来提升个人影响力外，如何借助、用好团队杠杆，是有意义且具有挑战性的命题。
- 每个人对于分析的思考与认知都不尽相同，但这并不重要，大家都可以有自己的取舍。

后记

在这本书里，我们并不纠结于具体细节的展开，我们尝试以综述型的方式分享一些在实践层面重要的内容，只有对于分析的认知起点与逻辑、价值主张及核心胜任能力有体系化的理解后，才有利于跳出具体问题进行思考，职业成长效率是最重要的。

1. 不断迭代认知

过去，常常想不清楚关于分析职业的"Who-What-How"，究其原因是视角的不足，身处其中很难看得清楚。在逻辑层面，我们都知道分析对于企业的价值，却依然难以获得所期待的影响力与职业成长，背后的原因其实就是认知水平不足、价值创造不够，在问题本身的层面是难以有效解决问题的，站在二楼更容易看清楚一楼的情况。Know-How 相对容易，但是 Know-Who 与 Know-What 更难且需要持续迭代，它们是长期价值创造的前置思考。

站在分析职业角度，单纯依靠方法、工具、业务和领导力积累难以突破成长瓶颈，如何强化企业价值变现效率才是核心要思考和努力的。这本书的核心是，传递一种看待分析的视角，围绕企业的使命与愿景、战略目标与年度经营规划，并结合分析的价值主张，确保分析价值创造与企业经营方向保持一致，在正确且重要的方向持续演进。

2. 机制建设是关键保障

价值创造过程除需要热情与主动性外，更需要机制层面的保障，SE 环就是源于这几年打仗的一项沉淀，真正意义上将分析融入业务作业流程与组织能力建设，使得个人学习成长、业务决策效率和组织能力均可受益。对于多年的分析从业者而言，回归到价值创造层面来审视、取舍自己所忙碌的事项，将自己的价值输出与核心用户/企业所需要的价值输入进行更有效的连接，从而实现自我的不断跃升。

分析要成为可以燎原的"星星之火"，需要不断驱动分析型企业的正向演进，强化组织竞争优势。

3. 以实践为导向的知识体系化

在清晰理解上述内容后，需要考量分析的核心胜任能力有哪些？如何体系化地掌握与持续动态更新？本书将其划分为分析技术、工具技术、业务技术与领导力四个类型，日常所用到的基本都属于它们不同颗粒度层面的内容。关于专业知识的积累，需要以实践价值为导向，即能够帮助创造更多的可共识价值输出，要避免脱离方向的奔跑，在错误的方向上越努力越错误。

什么是可实践？其实就是在明确核心用户与期望创造什么价值之后，对于所需能力集合的思考与萃取。

4. 分析的未来

值得庆幸的是，商业竞争必然会持续演进，未来是决策质量、执行效率之争，这个过程会带给分析职业极大的发挥空间与机遇，尤其是在国内企业逐步迈向高质量竞争的过程中，对于决策质量、效率的需求会更加急切，分析需要不断强化企业竞争优势壁垒。相对于其他能力建设，数据洞察更能增加竞争优势的胜算率。

最后，希望这本书回答了一部分职业困惑，对大家的成长有所助益。至此，将不必执着于分析！

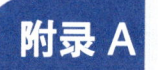

附录 A　缩略词及中英文对照

英文缩略词	全称	中文对照
ACV	Annual Contract Value	年度合同价值
AI	Artificial Intelligence	人工智能
ARPA	Average Revenue Per Account	每账号平均收入
ARPU	Average Revenue Per User	每用户平均收入
ARR	Annual Reccuring Revenue	年度经常性收入
ASO	App Store Optimization	应用商店优化
BSC	Balanced Score Card	平衡计分卡
BU	Business Unit	业务单元
CAC	Cost to Acquire a Customer	客户获取成本
CS	Customer Success	客户成功
CSM	Customer Success Manager	客户成功经理
CV	Cross Validation	交叉验证
DW	Data Warehouse	数据仓库
ETL	Extract-Transform-Load	数据抽取、转换和加载
GMV	Gross Merchandise Volume	商品交易总额
GTM	Go To Market	进入市场
IaaS	Infrastructure as a Service	基础设施即服务
K12	Kindergarten through Twelfth Grade	代指基础教育
KA	Key Account	重要客户
KPI	Key Performance Indicator	关键绩效指标
LTV	Life Time Value	终生价值
MAU	Monthly Active User	月活跃用户数量
MECE	Mutually Exclusive Collectively Exhaustive	相互独立、完全穷尽
ML	Machine Learning	机器学习
MRR	Monthly Recurring Revenue	月度经常性收入
MVP	Minimum Viable Product	最简化可实行产品
NDR	Net Dollar Retention	收入净留存率
NLG	Natural Language Generation	自然语言生成
NLQ	Natural Language Query	自然语言查询
NPS	Net Promoter Score	净推荐值
OKR	Objectives and Key Results	目标与关键成果法
PaaS	Platform as a Service	平台即服务
PMF	Product Market Fit	产品市场匹配
ROC	Receiver Operating Characteristic	受试者操作特征

续表

英文缩略词	全称	中文对照
ROE	Rate of Return on Common Stockholders' Equity	净资产回报率
ROI	Return On Investment	投资回报率
SaaS	Software as a Service	软件即服务
SDR	Sales Development Representative	销售开发代表
SEM	Search Engine Marketing	搜索引擎营销
SEO	Search Engine Optimization	搜索引擎优化
TCV	Total Contract Value	合同总价值
UE	Unit Economics	单元经济模型

参考资料

[1] 谢宁. 华为战略管理法 DSTE 实战体系[M]. 北京: 中国人民大学出版社，2022.

[2] 罗伯特·卡普兰，大卫·诺顿. 战略地图[M]. 广州: 广东经济出版社，2005.

[3] 闫静. 经营者的财务金三角[M]. 北京: 机械工业出版社，2021.

[4] 邱昭良. 如何系统思考（第2版）[M]. 北京: 机械工业出版社，2021.

[5] 马歇尔·卢森堡. 非暴力沟通（修订版）[M]. 北京: 华夏出版社，2021.

[6] 高杉尚孝. 麦肯锡问题分析与解决技巧[M]. 北京: 北京时代华文书局，2014.

[7] 格雷戈里·S·纳尔逊. 数据分析即未来[M]. 北京: 机械工业出版社，2020.

[8] 托马斯·达文波特，珍妮·哈里斯，罗伯特·莫里森. 工作中的数据分析[M]. 杭州: 浙江人民出版社，2018.

[9] 道格拉斯·W·哈伯德. 数据化决策[M]. 广州: 广东人民出版社，2018.

[10] 胡文语. SaaS 攻略: 入门、实战与进阶[M]. 北京: 机械工业出版社，2022.

[11] 周志华. 机器学习[M]. 北京: 清华大学出版社，2020.